학생부 바이블
인문계열

CampusMentor 캠퍼스멘토 X 요야 MOYA

학생부 바이블 인문계열
저자소개

이남순
동백고등학교 진로전담교사 재직중

집필이력
'교과세특 탐구주제 바이블'
'기업가정신으로 플레이하자'
'꿈틀꿈틀 기업가정신 워크북'
'서술형평가 ROADVIEW'
'고3 담임 매뉴얼'

활동이력
경기도중등진로교육연구회 연구위원
경기도중국어교육연구회 연구위원
전국연합학력평가 출제위원
경기도진학지원단
대교협 대표강사

김준희
구성고등학교 진로전담교사 재직중

집필이력
'교과세특 탐구주제 바이블'
'경기도 진로교육생태계'

활동이력
경기도 대입진학지도 리더교사
교육부 네이버지식iN 학교생활컨설턴트
경기도 진로교육 실천사례연구대회 심사위원
2015 개정 교육과정 고등학교 '진로와 직업' 인정도서
심의위원

강서희

안양여자상업고등학교 진로전담교사 재직중

집필이력

'교과세특 탐구주제 바이블'
'홀랜드 유형별 유망 직업 사전'
'페이스메이커'
'미디어 진로탐색 바이블'

활동이력

2015 개정 교육과정 고등학교 '진로와 직업' 인정도서
심의위원

개발이력

'원하는 진로를 잡아라' 보드게임
'드림온 스토리텔링' 보드게임

근장현

대지중학교 진로전담교사 재직중

집필이력

'대한민국 미래교육 콘서트'
'교과세특 탐구주제 바이블'

활동이력

경기도 진로진학상담교사협희회 부회장
2015 개정교육과정 '진로와 직업' 교과서 심의위원

수상이력

장관표창(2회), 교육감표창(15회), 교육장 표창(8회) 등

전소영

별가람고등학교 영어과 교사 재직중

생활기록부 지원단

활동이력

창의인성영어수업디자인 연구회
학교생활기록부 업무담당자 단톡방 자료 공유
학교생활기록부 업무 관련 블로그 운영
  blog.naver.com/ruby500
생활기록부기재요령 현직교사 연수 유튜브 강의 제작
  youtu.be/lXmMtOaiuol

이남설

수원외국어고등학교 진로전담교사 재직중

집필이력

'교과세특 탐구주제 바이블'
'진로 포트폴리오 하이라이트(고등학교)'

활동이력

경기도 대입진학지도 리더교사
고3 전국연합학력평가 출제 및 검토위원
주요 대학 교사 자문위원
진로진학상담 무작정 따라하기 카페 운영자

개발이력

'교과세특 및 진로기반 학생부 프로그램'
'진로진학상담 수시프로그램'

이명주

서정고등학교 진로전담교사 재직중

활동이력

경기도대입진학지도 리더교사 지원단 (2018~현재)

수상이력

대안교실 활성화 표창(2019)

서문_ 학생부 바이블을 출간하며 ✏️

드디어 학생부 바이블이 탄생했습니다. 기존 출간된 학교생활기록부를 다룬 책들과는 차별화된 새로운 관점에서 만든 책입니다. 어떤 내용으로 구성해야 일선에서 지도하는 현직 교사, 자신의 진로를 위해 노력하는 학생들과 학부모님, 모두에게 도움을 줄 수 있을까를 고민하고, 또 고민하면서 현직 중·고등학교 교사들이 힘을 모아서, 1여 년이 넘는 시간동안 서로 머리를 맞대고 노력한 결실입니다. 학생부종합전형은 학교 생활에 충실한 학생 중에서 적성이나, 소질, 잠재력 등을 종합적으로 평가해서 선발하는 전형입니다. 따라서 학생부종합전형을 정확하게 이해하고, 학생들이 스스로 질문하고, 답을 찾으며 학교 교육과정에 능동적으로 참여하는 것이 가장 기본적인 사항이라고 할 수 있습니다. 이 책의 초점은 여기에 있습니다.

이 책은 인문, 사회, 자연, 공학, 의약, 예체능, 교육 등 7개 계열별 맞춤형 진학 설계 가이드북입니다. 학생부종합전형의 특징과 각 대학의 평가 요소, 변화하는 학교생활기록부에 대한 내용을 7개 계열별로 상세하게 정리했습니다. 이와 함께 학생부 각 영역에 대한 대학의 평가 관점, 학생들의 학생부 관리 방법을 함께 실었습니다. 또한 학생들을 지도하는 교사들을 위해 각 영역별 기재 방법을 상세하게 설명하고, 창의적 체험활동의 자율동아리, 진로활동 등에 대한 계열별·학과별 추천 활동과 맞춤형 기록 사례를 구체적으로 제시했습니다. 앞으로는 학생부종합전형에서 교과학습발달상황이 더욱 중요한 평가의 대상이 됩니다. 이에 발맞추어 국어, 영어, 수학, 사회, 과학 교과군 모든 과목의 세부능력 및 특기사항의 기재 예시를 제시하여 이 책을 활용하는 사람들에게 보다 효과적인 도움을 줄 수 있도록 구성하였습니다. 이와 함께 인문, 사회, 자연, 공학, 의약, 예체능, 교육 등 7개 계열에 해당하는 대표적인 직업 및 학과와 그에 적합한 선택과목을 제시하여, 학생들이 자신의 진로로드맵을 작성하는 데 참고할 수 있도록 했습니다.

학생부종합전형의 핵심 평가 자료는 학생부입니다. 따라서 이를 어떻게 관리하느냐에 따라대학 합격 여부가 결정됩니다. 자신이 원하는 대학교에 합격하는 것은 모든 수험생들의 바람입니다. 그러나 학생부종합전형에서는 더 이상 열심히 공부만 하는 모범적인 학생을 원하지 않습니다. 물론 성적도 우수해야 하지만, 이와 함께 학업역량, 진로역량, 공동체역량 등을 골고루 갖춘 학생을 원합니다.

'아는 만큼 보인다'라고 했습니다. 학생들이 자신의 희망하는 학교에 진학하기 위해서, 교사들이 진학 지도를 올바르게 하기 위해서는 학생부종합전형에 대한 충분한 이해가 필수적입니다. 이 책을 꼼꼼히 읽고, 학생부 변화의 방향에 발 빠르게 대응한다면 성공적인 진학을 향한 과정에 한 발짝 먼저 다가설 수 있을 것입니다.

지금 이 시간에도 열심히 학생들을 지도하시는 일선의 교사들과 자신의 꿈을 이루기 위해 공부하는 학생들, 그리고 진심으로 이들을 위해 노력하시는 모든 학부모님을 응원하며, 이 책이 큰 도움이 되기를 진심으로 바랍니다.

1.
이 책은 대학 입시의 주요 전형인 학생부종합전형을 준비하는 데 필수적인 학교생활기록부의 이해를 돕고자 인문계열 특성에 맞게 학교생활기록부에 필요한 정보를 담고 있습니다.

2.
인문계열 학과 정리, 학생부종합전형의 특징과 학교생활기록부의 항목별 내용을 구체적으로 정리하여 인문계열에 적합한 학교생활기록부를 디자인할 수 있는 정보를 제공하고 있습니다.

3.
특히 2장에서는 학생부종합전형의 이해를 돕고자 학생부종합전형의 이해와 학생부종합전형에서 대표적인 평가요소인 학교생활기록부의 항목별 주요 포인트 및 활용 방안에 대해 소개하여 교사 및 학생이 맞춤형 활동과 학교생활기록부 작성에 도움을 주고자 하였습니다.

4.
학교생활기록부는 출결상황부터부터 행동특성 및 종합의견까지의 항목별 내용, 기재 요령 그리고 대학의 관점에서 바라보는 학교생활기록부의 주요 포인트를 분석하여 학생 및 교사가 해당 항목을 관리할 수 있도록 하여 학교생활에 선택과 집중을 할 수 있도록 정보를 제공하고 있습니다.

5.
특히, 인문계열에 적합한 학과별 추천 자율활동, 동아리활동, 봉사활동, 진로활동을 소개하고 더 나아가 관련 활동을 실시한 후 바람직한 학교생활기록부의 다양한 예시를 제공하여 학생에게는 활동의 방향성을 제시하고, 교사에게는 학생 지도 및 학교생활기록부 작성에 로드맵을 제공하고자 하였습니다.

6.
변화하는 교육정책에 따라 더욱 중요성이 커진 교과학습발달상황에서는 해당학과에 필요한 과목별 성취기준 및 단원별 학교생활기록부 예시를 제공하여 해당학과의 진학을 위해 어떤 활동을 해야 하며 후속활동에는 어떤 것이 있는지에 대한 정보를 담고 있습니다.

7.
마지막으로 급변하는 시대에 변화하는 학과의 이해를 돕고자 인문계열에 해당하는 학과 소개 및 개설 대학, 관련 학과, 그리고 졸업 후 진출 분야를 중심으로 직업과 선택과목 로드맵에 대한 정보를 담아 교사의 학생 지도 및 직업과 선택과목 로드맵에 대한 정보를 담고 있어 교사의 학생 지도 및 해당 학과를 진학하고자 하는 학생에게 도움을 주고자 하였습니다.

학생부바이블 인문계열 INDEX

학생부 바이블
인문계열

CHAPTER

사람을 생각하고, 생각의 힘을 키우는 인문학

4차 산업혁명 시대 속 인문

4차 산업혁명이 바꿔가는 미래는 이미 와 있었다.
단지 우리가 피부로 느끼지 못하고 있었을 뿐이다.

4차 산업혁명의 핵심기술인 인공지능, 로봇은 이미 우리의 일상생활에 침투하여 점차 인간이 하는 일을 대체하며 능력을 발휘하고 있다. 인공지능과 로봇은 이미 두뇌 스포츠, 서비스, 금융, 의료, 기상, 법률상담, 운송 등의 분야에서 활동 중이다.

이렇게 인류가 경험하고 있는 네 번째 산업혁명은 현재 진행형이기 때문에 국가마다 조금씩 다른 양상과 특징을 보이지만 전 세계적으로 무서운 속도로 진행되고 있다는 것은 부인하기가 어렵다.

영국은 세계 최초의 로봇 요리사를 개발했고, 미국과 우리나라에서는 인공지능 의사가 등장했다. 우리나라 길병원의 닥터왓슨은 암을 진단하고 있다. 그리고 중국은 세계 최초로 사람이 타고 다니는 '이항184'라는 1인용 드론 택시를 개발하였으며, 사물인터넷을 이용한 커넥티드 카와 자율주행 자동차는 세계 각국에서 앞다투어 출시, 개발 진행 중이다. 또한, 전 세계적으로 다양한 산업 현장에서도 스마트 공장으로의 전환이 빠르게 이루어지고 있다.

앨빈 토플러는 "미래는 예측하는 것이 아니라 상상하는 것이다. 운명은 결정되어 있는 것이 아니다. 우리가 지금 어떤 결정을 하느냐에 따라 우리의 미래는 크게 달라진다."라고 했다.

현재 우리나라도 4차 산업혁명의 초입에 와있는데, 앞으로 20년 후의 우리가 어떻게 되느냐는 우리의 선택에 달려있다.

싫든 좋든 이미 4차 산업혁명은 시작되었고 향후 머지않은 미래에 사회로 진출할 때가 되면 로봇과 함께 직장동료로 지낼 수도 있다. 이렇게 4차 산업혁명의 거대한 흐름 속에서 자신에게 위기가 될지 기회가 될지는 이를 어떻게 받아들이고 대응하며 준비하느냐에 따라 달라질 것이다.

4차 산업혁명의 개념을 주창한 클라우스 슈밥 세계경제포럼(WEF) 회장은 "일반행정, 세무사, 보험설계사, 법조인 등 중산층이 많이 종사하는 직업이 인공지능으로 대체될 가능성이 있다"라며 "4차 산업혁명으로 전통적인 직업 개념이 달라지기 때문에 평생 직업을 서너 번 바꿀 수 있도록 꾸준히 자기계발을 하는 것이 중요하다"고 밝혔다. 그는 "고도의 기술을 가진 사람들에게는 분명 고용 기회가 더 많을 것"이라고 덧붙였다.

2025년 대학 전공계열별 인공지능에 의한 고용대체율 *자료 : 한국고용정보원

계열	고용대체율
의약	51.7%
교육	48.0%
예체능	46.1%
사회	44.7%
공학	42.5%
자연	41.1%
인문	40.2%

한국고용정보원 자료에 의하면 앞으로 10년 뒤 대학 전공 가운데 인공지능·로봇 기술로 인한 구직난을 가장 심하게 맞을 계열은 의약·교육인 것으로 나타났다. 의사·약사·교사 등 현재 가장 안정적이라고 꼽히는 직업을 목표로 하는 학생들이 가장 큰 영향을 받을 수 있다는 뜻이다. 반면 인문은 인공지능에 의한 고용 대체율이 낮게 나타났다.

따라서 앞으로 떠오르는 첨단기술과 새로운 서비스 산업에 대한 시장 흐름을 파악하고, 그에 따라 자신의 진로를 선택하는 안목을 기르는 것이 중요하다. 그럼 어떻게 대응하고 준비해야 할까? 인공지능, 로봇이 대체할 수 없거나 로봇을 통제하는 직업에 주목하고 내가 가진 역량을 다양하게 활용하여 복수의 직업을 추구해야 할 것이다. 국가와 국적에 구애받지 않는 전문성을 추구하고 직업을 영위하는 방식도 기업의 직원고용에 국한되지 않음을 이해할 필요가 있다. 즉, 4차 산업혁명의 흐름을 이해하고 이러한 추세에 맞는 진로 준비와 미래 핵심 역량을 갖추는 것이 무엇보다도 중요하다.

인문학적 소양을 갖춘 인재

 창의성과 융복합성

한국직업능력연구원은 4차 산업혁명 시대에 요구되는 역량으로 창의성, 융복합성 역량이 중요하게 부각되고 있으며, 직업소멸·분화·생성의 속도가 빠른 미래 사회에서 학생들의 "진로탄력성", "창의성", "융복합성"을 함양시킴으로써 자신의 삶을 스스로 디자인할 수 있는 생각의 힘을 키우고 지속가능한 진로개발을 이룰 수 있는 방향으로 변화되어야 한다고 강조하고 있다.*

*4차 산업혁명을 대비한 청소년 진로교육의 방향, 이지연, 한국직업개발원, 2016

진로탄력성 : 급변하는 환경에서 자신의 진로를 관리할 수 있는 능력, 진로자립의 결과(Collard et al)
좌절되고 혼란스러운 상황 속에서도 적응해 나아가는 능력(London & Noe)

2015 개정교육과정에서 추구하는 인간상에서도 창의융합형 인재를 강조하고 있다. 바른 인성을 갖춘 창의융합형 인재*란 '바른 인성을 가지고 인문학적 상상력과 과학기술 창조력으로 새로운 지식을 창조하고 다양한 지식을 융합하여 새로운 가치를 창출할 수 있는 사람'을 의미한다. 창의성은 창의융합형 인재의 중심 가치이며, 창의적인 사람은 새로운 의미와 가치를 생성할 수 있어야 한다. 이는 융합적 사고를 필요로 하며, 융합은 다양한 지식과 아이디어를 연결하는 능력으로 통합과 유사한 의미를 가진다. 즉, 창의적인 사람은 융합적 사고를 바탕으로 새로운 의미와 가치를 생성할 수 있어야 한다.

*2015 개정교육과정 총론 해설(p.41~p.42), 교육부, 2015

**바른인성을 갖춘
창의융합형 인재**

자주적인 사람
더불어 사는 사람
교양있는 사람
창의적인 사람

지식정보처리 역량

창의적 사고 역량

자기관리 역량

의사소통 역량

심미적 감성 역량

공동체 역량

Q 창의적 사고 역량이란?

: 다양한 영역에 대한 폭넓은 기초 지식과 자신의 전문 영역에 대한 깊이 있는 지식을 바탕으로 새롭고 독창적인 아이디어를 산출해내고, 다양한 분야의 지식·기술·경험을 융합적으로 활용할 수 있는 능력을 의미한다. 여기에는 인지적 측면의 창의적 사고 기능으로 유창성, 융통성, 독창성, 정교성, 유추성 등이 포함될 수 있다. 또한, 정의적 측면에서 창의적 사고의 성향으로서 민감성, 개방성, 독립성, 과제집착력, 자발성 등이 포함될 수 있다. 이 외에도 서로 다른 분야의 지식과 기술들을 융합하여 의미 있고 새로운 것을 산출하는 사고 능력으로서 융합적 사고도 하위 요소로 포함될 수 있다.

*2015 개정교육과정 총론 해설(p.38), 교육부, 2015

Q 심미적 감성 역량이란?

: 다양한 가치에 대한 개방적 태도와 반성적 성찰을 통해서 자신과 타인과 사회현상들에 대해 공감적으로 이해하고, 문화적 소양과 감수성을 통해 삶의 의미와 사물들의 아름다움과 가치를 발견하고 향유하며, 이를 바탕으로 질 높은 삶과 행복을 누릴 수 있는 능력을 의미한다. 여기에는 문화적 소양과 감수성, 문화적 상상력, 타인의 경험 및 인간에 대한 공감능력, 다양한 가치에 대한 존중, 정서적 안정감, 의미 있고 행복한 삶의 추구와 향유 등이 하위 요소로 포함될 수 있다.

*2015 개정교육과정 총론 해설(p.38), 교육부, 2015

맥킨지 연구소에 의하면 '기술은 현재 사람들이 종사하는 일의 45%를 자동화할 수 있으며 창의성과 감성 지능, 분석적 사고와 같은 높은 기술을 필요로 하는 직업은 자동화가 더 어렵고 오래 살아남을 가능성이 크다.'고 한다.

클라우스 슈밥 WEF 회장도 '기술 혁명으로 인한 급격한 사회·경제적 변화로 직업에 대한 개념이 근본적으로 달라질 것'이라며 '각국은 대량 실업 등 최악의 시나리오를 피하려면 로봇이 대체할 수 있는 단순 기술을 가르치기보다 창조력과 고도의 문제해결능력을 기르는 교육·훈련에 집중해야 한다.'고 강조한다.

스티브 잡스 역시 '서로 이질적인 것을 연결해서 새로운 가치를 만들어내는 것이 창의력이다.'라고 강조했다.

창의성

" 독창적 상상력, 독특한 발상력 "

" 평범을 비범으로 바꾸는 능력 "

" 평범 속에서 비범을 찾아내는 능력 "

" 새롭고 유용한 것을 독창적으로 만들어내는 능력 "

*록펠러 - 사진출처: Wikipedia

" 불타는 열정 "

" 좌절하지 않는 인내심 "

" 거침없는 상상력과 호기심 "

" 엉뚱한 사고를 칠 수 있는 배짱 "

*번트슈미트 -사진출처: www.meetschmitt.com/speaker

" 다양한 지식과 생각을 상황과 맥락 안에서 하나로 통합시킬 수 있는 능력 "

" 인문·사회·물리·생물 등 다양한 범주의 학문분야의 구분 및 경계가 파괴 "

" 기술과 아이디어를 중심으로 융합과 혁신의 다양성이 확대 "

" 다양한 개체들(사람, 하드웨어, 소프트웨어, 데이터, 기계, 서비스, 생태계 등)을

복합적으로 연계할 수 있는 시각과 역량 필요 "

*4차 산업혁명을 대비한 청소년 진로교육의 방향, 이지연, 한국직업개발원, 2016

"기술만으로 충분하지 않다. 기술과 인문학, 그리고 사람이 합쳐야 한다."고 스티브잡스가 강조한 것처럼, 사람을 생각하고 생각의 힘을 키울 수 있는 인문학의 중요성에 대해 재차 강조해도 전혀 무리가 없다.

인문학적 감각과 과학적 재능이

강력한 인성 안에서 결합할 때 발현되는 창의성은

벤저민 플랭클린과 알베르트 아인슈타인 전기에서

내가 가장 흥미로워한 주제였다.

그리고 나는 바로 그것이

21세기 혁신적인 경제를 창출하기 위한 열쇠라고 믿었다.

*스티브잡스 -사진출처: Wikipedia

구글의 전 부사장인 테이먼 호로비츠는 "IT 분야에서 성공하기 위해서는 인문학을 전공하는 게 유리하다."라고 말했고, 마이크로소프트 창업자 빌 게이츠도 "인문학이 없었다면 나도 없었고, 컴퓨터도 없었을 것이다."라고 말하며 인문학의 중요성을 강조했다. 그리고 창립자 마크 저커버그 역시 그리스 로마 신화 고전을 원서로 읽을 정도로 인문학에 관심이 크다.

인문학은 인간에 대한 고민과 통찰에 대해 생각하는 학문이다. 사람들이 어떤 생각을 하며 사는지, 어떤 생활패턴 속에 사는지, 인류에게 이로움을 가져다주는 방향성을 제공해 주는 요소들은 무엇인지에 대해 생각해 내고 고민하기 위해서는 인간에 대한 이해도와 창의성이 필요한데, 이러한 것들은 바로 생각의 힘을 키울 수 있는 인문학적 소양에서 온다.

이렇듯 4차 산업혁명 시대에서 필요로 하는 인재는 단편적인 지식을 원하는 게 아니라 인문학적 상상력과 과학기술의 창조력을 갖춘 새로운 지식을 활용해서 새로운 가치를 창출해 낼 수 있어야 한다. 즉, 인문학적 감성과 창의적 기술의 융합은 기술 개발의 방향과 속도 그리고 새로운 사업에 관한 통찰력과 시야의 확장을 보장하는 필수 요소라 말할 수 있다. 다시 말하자면 어떤 사회가 되더라도, 아무리 좋은 제품이더라도 사람의 마음을 읽을 수 있고 사람의 마음을 움직일 수 있는 제품이어야만 상품화되어 잘 팔릴 수 있기 때문이다. 그래서 미래 사회에는 사람을 생각하고 생각하는 힘을 키우는 인문학의 중요성이 더욱더 부각된다.

아인슈타인이 '나에게는 특별한 재능은 없다. 열정적인 호기심이 있을 뿐이다.'라고 말했듯이 미래는 상상하는 자의 것이다. 인간 고유의 상상력으로 거대한 혁신과 변화를 만드는 사람, 4차 산업혁명 시대가 원하는 인재로서 인문학적 소양을 바탕으로 창의성과 융복합성 역량을 갖춘 인문학도가 앞장서야 할 때이다.

02

인문계열 융합·미래형 신직업

"문화예술 + 인터넷 + 미디어가 융합되어 열정과 감각, 끼로 날개를 달다"

게임번역사

: 수출, 수입하는 모바일 등의 게임을 한국어 또는 현지 언어로 번역한다.

게임플레이를 통해 해당 게임의 장르 및 특성을 파악하고 세계관을 이해하여 게임 프로그램에서 추출된 언어팩을 파일로 받아서 원본을 검토한다. 게임 내 다양한 콘텐츠인 시스템메시지, 캐릭터 설명, 아이템, 스킬 등을 해당 지역의 문화를 고려하여 번역한다. 번역내용이 게임의 이미지 및 전반적인 흐름 등에 맞는지 여부를 최종 검수한다.

웹툰 에세이스트

: 플랫폼에 게재되는 웹툰의 줄거리를 요약하거나 흥미를 불러일으킬 수 있는 비평문을 작성한다.

비평, 평론, 칼럼, 보도, 인터뷰 등 웹툰 관련 글을 작성한다. 사진, 영상, 디자인을 활용해 모바일 시대의 독자에게 웹툰 작품 구독을 유도하는 등 웹툰 읽을 자료를 종합적으로 생산해서 제공한다. 멀티미디어를 활용하여 웹툰의 재미와 정보를 요약하고 전파하는 웹툰해설사라고 말할 수 있다. 또한, 글로 된 리뷰나 비평을 넘어 인터넷 개인방송 등 다양한 웹툰 기반 콘텐츠를 생산하기도 한다.

디지털 큐레이터

: 디지털 세상에서 존재하는 다양한 정보 중 사용자가 원하는 가치 있고 특정한 정보를 찾아서 유용하게 사용할 수 있도록 목적에 따라 재구성하여 사용자에게 제공하는 일을 한다. 즉, 디지털 정보를 선별하고 재구성하는 사람으로 필요한 정보만을 제공하는 디지털 전문가이다.

기존에 있는 정보와 다른 사람이 만들어낸 콘텐츠를 분석하고 정리하여 또 다른 사람이 손쉽게 원하는 정보를 활용할 수 있도록 한다. 뿐만 아니라, 정보를 한 화면에 보기 쉽게 배열해서 눈에 쉽게 보이지 않는 묻혀있는 정보도 사용자가 원하는 자료라면 쉽게 얻을 수 있도록 도움을 준다.

디지털 문화해설사

: 전통적 예술 연구와 디지털 미디어 작업에 필요한 기술을 결합해 아카이브 작업을 포함한 디지털 휴머니티, 데이터 시각화, 스토리텔링, 인간과 컴퓨터의 상호소통 등의 교육을 받아 디지털화된 예술을 관객들에게 전달하는 역할을 한다.

디지털 문화해설사는 단 하나의 이미지로 강한 스토리를 전달해야 하므로 영상 어휘력이 필수적이며, 젊은 관객들을 예술 공간으로 끌어들일 수 있는 현대적인 감각도 필요하다. 또한, 상업적 아이디어를 결합해 문화적으로 표현해낼 수 있는 융합적인 능력도 필수적이다. 문화해설사들처럼 미술사와 큐레이션에 대한 전반적인 지식을 쌓아야 하며 더불어 소셜 미디어 문화 기반과 결합된 비즈니스 연구, 글쓰기 및 홍보 기술에 대한 역량도 필요하다.

디지털 장의사

: 디지털 장의사의 업무의 근간이 되는 것은 '잊혀질 권리'이다.
이를 바탕으로 개인이 원하지 않는 인터넷 기록을 삭제 대행하거나 또는 접근할 수 없도록 조치를 취해준다. 고객이 어떤 내용을 삭제해 달라고 의뢰하면 보유 기술을 바탕으로 그와 관련된 각종 데이터를 삭제한다. 이때, 삭제할 범위와 방법을 정하기 위해 고객과 상담을 진행한다. 자세한 업무 절차는 '고객의뢰-상담-동의서 및 위임장 제출-삭제 요청-추가 모니터링'의 순서로 진행이 이루어진다.

디지털 장의사가 다루는 영역은 각종 개인정보 삭제, 계정 삭제, 해외 사이트 삭제, 불법음란물 삭제, 커뮤니티·블로그·카페 게시글 삭제, 언론기사 삭제 등 매우 다양하다.

인생 나침반, 나만의 롤모델

성공적인 롤모델 찾는 방법

1 나의 관심 및 진로분야와 관련된 존재를 찾아라!
- 나의 관심분야가 무엇인지를 정확히 파악하는 것부터 출발해야 한다.
- 여러 분야를 큰 파트별로 나눈 후, 관심 있는 분야를 선택하여 인물과 업적을 간단한 표로 만들어 나의 진로와 얼마나 유사하고 적합한지 비교해 보자.
- 롤모델이 나의 진로 성취 과정과 얼마나 유사한지 파악해 보자.

2 진정으로 본받고 싶은 이유가 있는 존재를 찾아라!
- 왜 그를 롤모델로 삼았는지에 대한 이유를 분명히 하자.
- 유명인보다는 진정으로 내가 본받고 싶은 인물을 롤모델로 선정하는 것이 중요하다.
- 자서전이나 그 사람을 다룬 책, 다큐멘터리, 신문, 인터넷 등 다양한 자료를 찾아보자.
- 미디어의 영향을 크게 받지는 않았는지를 고민해 보고, 어떤 면을 본받고 싶은지를 구체적으로 정립해 보자.

3 선장과 같은 존재를 찾아라!
- 내 삶의 가치관을 정립하고 인생의 방향성을 제시해 줄 수 있어야 한다.
- 살면서 난관에 처했을 때 극복할 수 있는 내적인 힘을 길러줄 수 있어야 한다.
- 꿈 너머 꿈을 꾸도록 인생 지도 위의 나침반 역할을 할 수 있어야 한다.
- 인생철학에 대해 깊이를 더하며 행복한 삶을 추구할 수 있도록 해야 한다.

4 오랫동안 견인차 역할을 할 수 있는 존재를 찾아라!
- 가치 있고 의미 있는 삶에 대한 끊임없는 성찰을 할 수 있도록 해야 한다.
- 거시적 관점에서 자신을 올바른 방향으로 성장시킨다는 것을 염두에 두고 정해야 한다.
- 긍정적 변화를 촉진하는 근거를 제시해 줄 수 있어야 한다.
- 급변하는 환경 속에서 자생력을 통해 극복할 힘을 쌓도록 도와줄 수 있어야 한다.

5 내 삶의 원동력이 되어줄 존재를 찾아라!
- 항상 나를 움직이고 올바른 방향으로 성장하도록 하는 자극제가 될 수 있어야 한다.
- 꿈을 향한 과정을 즐기며 행복한 삶을 추구하도록 하는 원동력이 될 수 있어야 한다.
- 현재의 삶에 안주하지 않고 끊임없이 도전하려는 동기를 부여할 수 있어야 한다.

인문계 직업 롤모델은 누가 있을까?

노먼 메일러
Norman Mailer
1923~2007
평론가, 소설가

마거릿 미드
Margaret Mead
1901~1978
인류학자

노먼 메일러는 1944년 제2차 세계 대전 때 종군하여 레이테와 루손섬 전투에 참가했다. 전쟁 때 체험한 사실을 바탕으로 한 장편소설 '나자(裸者)와 사자(死者)'에서 군대라는 조직의 악행에 대해 통렬하게 비판하고, 반전사상을 표명하여 가장 우수한 전쟁문학 중 하나로 인정받아 세계적인 베스트셀러가 되었다.

'나 자신을 위한 광고(1959)'에 들어 있는 평론 '하얀 흑인'을 통해 스스로 네오마르크스주의를 제창하고, 정치·경제·문화 활동을 모두 이 안에서 결합시키려 했다. '식인종과 크리스찬(1966)'으로 대통령이나 우익을 공격하고, 또 월남전쟁 반대운동을 추진하였다. '우리들은 무엇 때문에 월남에 있는가?(1967)'는 메일러의 휴머니즘을 보여주는 작품이다. 1960년대 인간문제나 베트남전쟁의 내용을 다룬 '밤의 군대 The Armies of the Night(1968)'로 퓰리처상을 받았다.

*사진출처: Wikipedia

마거릿 미드는 '여성은 할 수 없다'는 차별의 벽을 무너뜨린 인류학자로 인류학의 어머니로 불린다. 그녀는 몸을 사리지 않고 원시 부족을 만나기 위해 밀림을 탐험했으며, 실제로 무더운 기후와 척박한 환경에도 불구하고 뉴기니·발리섬 등의 원주민들과 오랫동안 함께 지내면서 인류학의 새로운 기반을 쌓았다. 이러한 마거릿 미드의 도전 정신은 '여자도 할 수 있다'는 것과 '서로 다른 문화를 이해할 수 있다'는 강력한 메시지를 사람들에게 심어주었다. 특유의 모험심을 바탕으로 폴리네시아 지역의 원시 부족을 연구했던 그녀는 그들의 삶을 관찰하여 청소년기의 문제와 성(性)행동에 대한 이론을 발표하였다. 즉 남녀 간의 성 역할은 선천적으로 주어지는 것이 아니라 후천적인 학습으로 결정된다는 것을 밝혀낸 것이다. 무엇보다도 마거릿 미드가 남긴 최고의 업적은 다른 민족도 노력을 통해 얼마든지 서로 소통하고 평화롭게 지낼 수 있음을 가르쳐준 것이다.

그녀는 또한 미국 문화인류학에 심리학적 방법을 도입하고 발전시켰으며, 저서로 '마누스족 생태(生態)연구' 등이 있다. 특히 인격형성 과정에 있어 문화적 영향을 중시하는 입장에서 연구를 추진하여 각국 국민성에 관한 비교연구에서도 커다란 업적을 남겼다. 1960년 미국 인류학 회장을 맡았으며 사회·교육 평론가로서도 활약하였다.

*사진출처: Wikipedia

마틴 루터 킹
Martin Luther King Jr.
1929~1968
목사, 비폭력 인권운동가

손보기
1922~2010
사학자, 고고학자

마틴 루터 킹은 1964년 노벨 평화상 수상자이자, 미국 흑인 해방 운동가이다. 1955년 로자파크 사건으로 흑인 인권 운동에 참여하기 시작했으며, 1968년 로레인 호텔에서 암살 당하는 날까지 비폭력 저항주의 사상을 군중들에게 호소했다. 비폭력 저항으로 진정한 평화를 이룬 위대한 사랑과 평화의 메신저이기도 하다.

미국 역사상 가장 위대한 흑인, 전 인류를 대표하는 자유와 민권의 상징적 인물인 마틴 루터 킹 목사의 20편 명연설 '나에게는 꿈이 있습니다'는 비폭력주의에 입각한 실천적 신앙의 이론적 토대를 파악할 수 있는 자필 논문, 링컨대학 졸업식 연설, 노벨평화상 수락연설을 비롯해 피격 직전일 최후의 설교 등이 담겨 있다. 인종차별과 인간의 존엄성, 종교와 평화, 자유와 정의 등에 관한 그의 지혜, 견해 및 생각을 사람들에게 전파했다. 그는 간디의 사상에 감명 받은 것으로 알려져 있으며, 흑인 인권 운동의 상징적 인물로서 30여 차례나 인권 운동으로 체포되었지만 비폭력 저항 운동에 대한 그의 신념에는 변함이 없었다.

*사진출처: Wikipedia

손보기는 '한반도 구석기 연구의 아버지'로 불린다. 1964년 부터는 연세대학교 교수로 재직하였고 박물관 관장, 한불문화연구소 소장 등을 역임했다. 퇴임 후 한국선사문화연구소를 설립하여 선사문화에 많은 관심을 가졌고, 1964년의 충남 공주 석장리 구석기 유적 발굴로 널리 알려졌다. 이 발굴로 인하여 한반도에 구석기시대가 존재했음을 처음으로 증명함으로써 '일본을 앞서 한반도에 사람이 살고 있지 않았다'라는 일제 식민사학의 주장을 과학적이며 합리적으로 뒤집게 되었다. 그 뒤 92년까지 12차례에 걸친 대대적인 발굴과 조사 작업을 벌였으며, 2009년 공주 석장리에 손보기의 업적을 기리기 위한 '파른 손보기 기념관'이 문을 열기도 했다.

1974~1980년에는 충북 제천의 점말동굴 유적을 발굴하였으며, 한자와 일본어 용어를 한국어로 대체하여 사용하는 등 우리나라 고고학에 커다란 업적을 남겼다. 또한 1972년 부터 직지심경이 금속활자로 인쇄된 것임을 주장하였고, 이듬해 활자를 연구한 공로로 독일 마인츠시에서 메달을 받는 등 고인쇄술 연구에도 기여하였다.

*사진출처: 연세대학교

오리아나 팔라치
Oriana Fallaci
1929~2006
소설가, 방송기자

장 폴 사르트르
Jean Paul Sartre
1905~1980
작가, 사상가

리아나 팔라치는 세계 최초의 여성 종군기자이며 애니 테일러상을 수상했다. 이탈리아의 권위 있는 주간지 〈레우로페오〉 특파원으로 1967년 베트남 전쟁에 갔다. 이후 멕시코 반정부 시위, 아프가니스탄 내전, 중동전쟁, 걸프전 등에서 종군기자로 활약했다. 전쟁의 치열한 참상을 폭로하며 인간의 극악무도함과 잔인함을 증언한 기사로 세계인의 많은 관심과 공감을 얻었다.

이란의 호메이니, 미국의 키신저, 중국의 덩샤오핑 등 20세기 세계사의 한 대목을 장식했던 인물들과의 인터뷰로 매우 유명하다.

'오리아나 팔라치가 인터뷰를 하지 않는 사람은 세계적 인물이 아니다.'라는 말이 있을 정도로 권위 있었고, 인터뷰하는 사람들을 번번이 백기를 들게 하였다. 자신이 원하는 그들 내면의 진실된 답을 얻어냈으며, 인터뷰 내용 면에서도 언제나 세상을 놀라게 할 만한 이슈를 담고 있었다. 그녀의 독특한 인터뷰 스타일로 인해 언론교육의 메카인 콜롬비아 대학에서는 '오리아나 팔라치 스타일 인터뷰'라는 강좌를 열기도 했다. 팔라치는 작가로서도 세계적인 성공을 거두었다. 취재 경험에서 나온 르포르타주와 자전적인 내용의 소설을 주로 썼다. 1979년 자전적 소설인 '한 남자'는 세계적인 베스트셀러가 되었고, 이탈리아의 권위 있는 문학상인 뷔아레조의 특별상을 수상했다.

*사진출처: Wikipedia

프랑스의 실존주의 대표 작가이자 사상가이다. 철학 논문 '존재와 무(1943)'는 무신론적 실존주의의 입장에서 전개한 존재론으로, 제2차 세계 대전 전후 시대사조를 대표한다. 또한 '상상력 Imagination(1936)'은 당시 사르트르의 현상학에 대한 열정과 심취가 낳은 철학 논문이다.

'문학이란 무엇인가'는 사르트르 자신의 작가적 경험과 문학적 지혜, 통찰력을 바탕으로 쓴 문학 개론서이자 실존주의적 문학 원론이라고 말할 수 있다. 1938년에는 존재론적인 우연성의 체험을 그대로 기술한 소설 '구토'를 출간하여 세상의 관심과 이목을 끌며 신진 작가로서의 기반을 탄탄히 확보했다. 1939년에는 참전하여 독일군의 포로가 되었으나, 1941년에 수용소를 탈출하였고 파리에 돌아와서 문필활동을 계속했다. 수많은 독창적이고 개성 있는 문예 평론을 전시에 발표했으며, 1964년 노벨문학상 수상자로 선정되었으나 수상을 거부했다.

*사진출처: Wikipedia

타고르
Tagore, Rabindranath
1861~1941
시인, 철학자, 극작가

펄벅
Pearl S. Buck
1892~1973
작가, 인권운동가

타고르는 15세 때부터 시를 짓기 시작했다. 조국인 인도가 영국의 식민지라는 굴레를 쓰고 있는 현실을 뼈아프게 느껴, 이를 극복하는 방법으로 인도의 찬란한 문화를 더욱 새롭게 빛내야겠다고 다짐하게 되었다. 벵골어로 작품을 발표함과 함께 영어책도 내며 서정시·소설·희곡에 문학적 재능을 발휘하게 되는데, 특히 걸작 '기탄잘리(Gitanjali)(1912)'로 노벨문학상을 받았다. 만년에는 샨티니케탄에 평화학당을 설립하였으며, 1921년에는 비슈바라티대학을 설립하여 젊은이들의 교육에 힘썼다.

타고르의 나이 24세 때 처자식의 사별로 인해 슬프고 애통한 마음을 조국의 현실과 견주어 문학으로 표현하게 되었으며, 이때부터 수많은 시·소설·희곡 등을 발표했다. 오늘의 인도 국가(國歌)도 타고르가 시를 짓고 곡을 붙인 것이다. 타고르의 나이 40세가 되었을 때 문학과 아울러 직접 청년교육을 위해서 보르플이라는 곳에 학교를 세웠다. 타고르는 이 학교에서 시를 지어 곡을 붙여 노래를 부르게 하고, 희곡을 써서 학생들로 하여금 조국을 사랑하는 연극을 하게 하였다. 또한 미술 공부도 손수 가르쳤다. 노벨문학상을 받은 '기탄잘리'도 이 시기에 지은 것이다. 한편 1920년 [동아일보] 창간 즈음 '동방의 등불'이라는 시를 기고하여 일제에 나라를 빼앗긴 한국민에게 큰 감동을 안겨주기도 했다.

*사진출처: Wikipedia

펄 벅은 미국 여성 최초 노벨문학상 수상자이며 인권운동가이다.

그녀의 작품 '대지'는 미국인으로 태어나 중국에서 40여 년을 거주한 펄 벅이 미국과 중국 두 나라에 동시에 안긴 선물이었다. '대지'는 농민의 신분에서 대지주가 된 중국 왕룽 일가의 역사를 그린 3부작으로 세계적인 반향을 일으켰고, 근세 중국을 서사적으로 묘사하여 서양에 소개한 최초의 작품으로서 퓰리처상을 받았다. 이외에도 '싸우는 천사', '어머니의 초상', '북경에서 온 편지' 등 중국을 배경으로 한 명작들을 발표하여 1938년에는 영예의 노벨문학상을 받았다.

제2차 세계대전 이후 중국에서 내란이 일어나자 귀국한 펄 벅은 전쟁 후의 황폐한 사회에 내던져진 전쟁고아 문제에 관심을 가지게 되었다. 1949년에는 세계, 특히 아시아 지역의 전쟁과 가난 속에서 부모를 잃은 어린이들을 미국으로 입양시키는 웰컴하우스를 창설하였다. 그녀도 이 기관을 통해 7명의 피부색이 각기 다른 아이를 입양하였으며 동양과 서양, 여성과 아이, 인종을 아우르는 열정적인 사회 인권운동가로 활동하였다.

*사진출처: Wikipedia

학생부 바이블
인문계열

PART.2 인문계열 맞춤형 학생부 관리

CHAPTER

01.

학생부종합전형의 이해

학생부종합전형 이해하기

1 학생부종합전형이란

학생부종합전형은 학교생활기록부를 중심으로 학생의 능력과 잠재력을 다면적으로 평가하는 전형이다. 정량적인 수치 위주의 선발 또는 한 번의 시험으로 합격과 불합격이 결정되는 점수 위주의 선발 방식이 가진 한계를 극복하고, 학생의 성장 변화를 다양한 각도로 관찰하여 학업역량, 진로역량, 공동체역량 등을 종합적으로 평가하는 선발 방식이다.

대학에서는 잠재력을 갖춘 우수한 인재를 선발하기 위해 지원자가 제출한 서류 바탕의 서류평가와 면접 등을 통해 학업 역량뿐만 아니라 학업에 대한 의지, 열정, 지원학과에 대한 관심과 흥미, 도전 정신, 적극성, 발전가능성 등 지원자의 다양한 역량을 정성적으로 평가하고 대학 인재상 및 모집단위별 인재상을 고려하여 선발한다.

학교생활기록부, 자기소개서 등 제출서류에 기반을 둔 종합적이고 다면적인 평가란 고등학교 3년 동안 교과 영역과 비교과 영역 구분 없이 학교생활에서 이루어진 모든 활동과 노력 과정을 중심으로 평가하는 것이다.

학생부종합전형을 준비하는 학생이라면 자신의 진로를 찾아 목표를 설정하고, 이를 달성하기 위해 적합한 교육과정을 선택하여 주도적으로 교육활동을 전개하며 다양한 교과 학습은 물론 비교과활동까지도 적극적으로 참여하는 충실한 고등학교 생활을 보내야 한다. 또한 자신이 관심 있는 대학의 인재상과 전형계획을 미리 살펴보고, 지원하려는 학과와 관련된 기본적인 학업 역량 및 대학이 요구하는 역량을 갖추기 위해 노력과 성취를 보여줄 수 있는 열정적이고 도전적인 자세가 필요하다.

2 학생부종합전형의 특징

특징 01 수시모집 전형 중 전국에서 모집인원이 가장 많은 전형은 학생부교과전형이지만, 서울지역에서는 학생부종합전형의 모집인원이 더 많다.

특징 02 학생부종합전형은 서류와 면접 등 다양한 전형 요소를 바탕으로 평가하는 전형으로 서류평가로 1단계에서 일정 배수의 인원을 선발하고 2단계에서 면접을 실시하는 단계별 전형이 일반적이며, 일부 대학에서는 면접 없이 서류 100% 또는 일괄합산 방법으로도 선발한다.

특징 03 2단계 면접에서는 지원자가 제출한 서류를 기반으로 서류 내용의 진위를 확인하고, 인성 및 가치관 등을 평가하는 서류 확인 면접이 일반적이다. 서울대, 고려대, 연세대 등 일부 대학에서는 서류 확인 면접 외에도 제시문 기반의 면접을 실시하는 경우도 있다.

특징 04 학생부종합전형은 서류 및 면접 평가에서 최소 2인 이상으로 구성된 다수의 평가자가 한 명의 지원자를 여러 단계에 걸쳐 체계적으로 평가하는 다수·다단계 평가를 통해 선발한다. 또한 학교생활기록부와 자기소개서를 통해 학교생활 충실도를 정성평가한다. 하지만 2022학년도 대입부터 고려대, 서강대, 한국외대 등과 같이 자기소개서가 평가 서류에서 제외되는 대학도 있고 2024학년도 대입부터는 자기소개서가 폐지될 예정이므로 최근 학교생활기록부 교과활동이 더욱더 중요하게 부각되고 있다.

특징 05 수능 최저학력기준을 적용하는 대학도 있으며, 수능 최저학력기준을 적용하는 대학에 지원하려는 경우 미리 수능 최저학력기준을 살펴보고 대비해야 한다.

학생부종합전형 평가 기준의 변화

1 평가요소 및 평가항목

2017년 6개 대학((건국대, 경희대, 서울여대, 연세대, 중앙대, 한국외대)은 공동연구로 「학생부종합전형 공통 평가요소 및 평가항목」을 제시하고 실제 평가에 활용해왔다. 하지만 최근 학교생활기록부 기재 항목 축소 및 고교학점제 실시에 따른 교육과정 변화를 앞두고 5개 대학 공동연구진이 평가항목 간 중첩을 최소화하고 평가의 타당성을 높이는 방향으로 학생부종합전형 공통 평가요소 및 항목을 새롭게 개편하였다.

2021년 5개 대학(건국대, 경희대, 연세대, 중앙대, 한국외대)에서 공동으로 진행한 「학생부종합전형 공통 평가요소 및 항목 개선 연구」(2022)를 통해 아래와 같이 평가요소 및 평가항목 개선안을 제시하였다.

현행		개선안	
평가요소	평가항목	평가요소	평가항목
학업 역량	학업성취도	학업 역량	학업성취도
	학업태도와 학업의지		학업태도
	탐구활동		탐구력
전공 적합성	전공 관련 교과목 이수 및 성취도	진로 역량	전공(계열) 관련 교과 이수 노력
	전공에 대한 관심과 이해		전공(계열) 관련 교과 성취도
	전공 관련 활동과 경험		진로 탐색 활동과 경험
인성	협업능력	공동체 역량	협업과 소통능력
	나눔과 배려		나눔과 배려
	소통능력		성실성과 규칙준수
	도덕성		리더십
	성실성		
발전 가능성	자기주도성		
	경험의 다양성		
	리더십		
	창의적 문제해결력		

학생부종합전형 평가요소 및 평가항목

학업역량

대학 교육을 충실히 이수하는 데 필수한 수학 능력

학업성취도
- 고교 교육과정에서 이수한 교과의 성취수준이나 학업 발전의 정도

학업태도
- 학업을 수행하고 학습해 나가려는 의지와 노력

탐구력
- 지적 호기심을 바탕으로 사물과 현상에 대해 탐구하고, 문제를 해결하려는 노력

공동체역량

공동체의 일원으로서
갖춰야 할 바람직한 사고와 행동

협업과 소통능력
- 공동체의 목표를 달성하기 위해 협력하며, 구성원등과 합리적인 의사소통을 할 수 있는 능력

나눔과 배려
- 상대방을 존중하고 이해하여 원만한 관계를 형성하며, 타인을 위하여 기꺼이 나누어 주고자 하는 태도와 행동

성실성과 규칙준수
- 책임감을 바탕으로 자신의 의무를 다하고, 공동체의 기본 윤리와 원칙을 준수하는 태도

리더십
- 공동체의 목표 달성을 위해 구성원들의 상호작용을 이끌어가는 능력

진로역량

지원전공(계열)과 관련된 분야에 대한 관심과 이해, 노력과 준비 정도

전공(계열) 관련 교과 이수 노력
- 고교 교육과정에서 전공(계열)에 필요한 과목을 선택하여 이수한 정도

전공(계열) 관련 교과 성취도
- 고교 교육과정에서 전공(계열)에 필요한 과목을 수강하고 취득한 학업성취 수준

진로 탐색 활동과 경험
- 자신의 진로를 탐색하는 과정에서 이루어진 활동이나 경험 및 노력 정도

*NEW 학생부종합전형 공통 평가요소 및 평가항목(2021년 건국대·경희대·연세대·중앙대·한국외대 공동연구 발췌)

학업역량

학업역량은 '대학 입학 후 학업을 수행할 수 있는 능력'으로 대학이 학생 선발에서 가장 중요하게 고려하는 부분이다. 학업역량 하면 교과 성적을 떠올리지만, 학업성취도에 대한 평가는 종합적 학업역량, 추세적 발전 정도, 그리고 희망 전공과의 연계 등을 기본으로 한다. 학업역량을 평가하는 데 있어 3년간의 학업성취도는 단순히 하나의 평균 성적으로만 이해하는 것이 아니다. 평가자들은 다양한 과목 구분에 따라 학기별로 분석된 자료를 바탕으로 지원자의 학업성취도를 평가한다. 따라서 평가 시에는 전 과목이나 기초교과의 과목을 통해 전체적인 학업능력을 평가할 뿐만 아니라 지원자의 희망 전공 분야의 과목에 대한 개별적인 평가를 병행한다.

학업역량 평가에서는 자기주도적으로 학업을 수행하고 학습하는 자발적인 의지와 태도를 중요하게 고려한다. 그래서 학업태도를 살펴볼 때는 자기주도성에 기반한 학업에의 적극적인 노력과 의지, 도전 정신과 실험 정신, 지적인 호기심, 각종 교내활동에 대한 열정 등이 확인될 때 의미 있게 평가한다.

탐구력을 평가하기 위해 평가자들은 학교에서 이루어지고 있는 다양한 탐구활동에 얼마나 적극적이고 자발적인 의지가 있는지, 그리고 그 활동을 통해 이룬 성과는 무엇인지를 확인한다. 이를 위해 먼저 교실 수업을 통한 성장 과정에 주목한다. 또한 수업에서 생긴 궁금증을 풀어보고 싶거나 자신의 역량을 기르기 위해 학교의 어떤 프로그램으로 관심을 확장해 나갔는지를 종합적으로 판단한다.

평가 요소	정의	세부평가내용
학업성취도	고교 교육과정에서 이수한 교과의 성취수준이나 학업 발전의 정도	• 대학 수학에 필요한 기본 교과목(예: 국어, 수학, 영어, 사회/과학 등)의 교과성적은 적절한가? 그 외 교과목(예: 예술·체육, 기술·가정/정보, 제2외국어/한문, 교양 등)의 교과성적은 어느 정도인가? 유난히 소홀한 과목이 있는가? • 학기별/학년별 성적의 추이는 어떠한가?
학업태도	학업을 수행하고 학습해 나가려는 의지와 노력 세부 평가	• 성취동기와 목표 의식을 가지고 자발적으로 학습하려는 의지가 있는가? • 새로운 지식을 획득하기 위해 자기주도적으로 노력하고 있는가? • 교과 수업에 적극적으로 참여해 수업 내용을 이해하려는 태도와 열정이 있는가?
탐구력	지적 호기심을 바탕으로 사물과 현상에 대해 탐구하고, 문제를 해결하려는 노력	• 교과와 각종 탐구활동 등을 통해 지식을 확장하려고 노력하고 있는가? • 교과와 각종 탐구활동에서 구체적인 성과를 보이고 있는가? • 교내 활동에서 학문에 대한 열의와 지적 관심이 드러나고 있는가?

🏆 **진로역량**

진로역량은 '대학 입학 후 해당 전공을 수학할 때 필요한 기초 소양과 자질'을 의미하며 미래의 성장잠재력에 초점을 두고 있다. 자기주도적인 진로설계 학습과정으로 학생의 과목 선택이 중요해지는 고교학점제 교육과정의 변화를 반영하고, 학생들이 학교 교육에서 2022개정교육과정의 핵심 인재상인 '자기주도성'을 체득하고 '경험의 다양성'을 실천할 수 있도록 '전공'탐색에서 '진로'탐색으로 개념을 확장하여 평가한다.

대학은 고등학교 교육과정에서 희망 전공(계열) 관련하여 적절하게 과목을 선택하여 이수하고 있는지를 평가한다. 학교에 개설 과목이 없는 경우 공동교육과정 등 추가적으로 어떤 노력을 하였는지도 살피게 된다. 전공(계열)과 관련된 과목을 얼마나 이수하였는가도 평가한다. 이수 과목 수와 이수단위의 적정성 등과 같은 양적 측면도 평가 대상이 된다.

자신의 진로 희망에 따라 일반선택과목과 진로선택과목을 학습 단계(위계)에 따라 체계적으로 학습하고 있는가를 평가한다. 희망 전공(계열) 관련 과목을 선택한 이수 경로를 면밀하게 살피고, 학습 단계(위계)에 맞게 난이도와 수준을 높여 탐구하는 과정을 평가한다.

진로탐색 활동과 경험에서는 학교 교육에서 자신의 관심 분야나 흥미와 관련한 다양한 활동에 참여하여 노력한 경험이 있는가를 평가한다. 학교 교육에서 교과 지식 위주의 공부에서 벗어나 학교 내 다양한 영역의 경험을 통해 균형 잡힌 성장을 이루고 다양한 사회 영역에 대한 폭넓은 시각을 갖춘 학생으로 성장하길 바란다. 자율활동, 동아리활동, 봉사활동, 진로활동 등의 창의적 체험활동을 통해 다양한 경험을 쌓았는지 살펴본다.

평가 요소	정의	세부평가내용
전공(계열) 관련 교과 이수 노력	고교 교육과정에서 전공(계열)에 필요한 과목을 선택하여 이수한 정도	• 전공(계열)과 관련된 과목을 적절하게 선택하고, 이수한 과목은 얼마나 되는가? • 전공(계열)과 관련된 과목을 이수하기 위하여 추가적인 노력을 하였는가? (예: 공동교육과정, 온라인수업, 소인수과목 등) • 선택과목(일반/진로)은 교과목 학습단계(위계)에 따라 이수하였는가?
전공(계열) 관련 교과 성취도	고교 교육과정에서 전공(계열)에 필요한 과목을 수강하고 취득한 학업 성취 수준	• 전공(계열)과 관련된 과목의 석차등급/성취도, 원점수, 평균, 표준편차, 이수단위, 수강자수, 성취도별 분포비율 등을 종합적으로 고려한 성취수준은 적절한가? • 전공(계열)과 관련된 동일 교과 내 일반선택과목 대비 진로선택과목의 성취수준은 어떠한가?
진로 탐색 활동과 경험	자신의 진로를 탐색하는 과정에서 이루어진 활동이나 경험 및 노력 정도	• 자신의 관심 분야나 흥미와 관련한 다양한 활동에 참여하여 노력한 경험이 있는가? • 교과 활동이나 창의적 체험활동에서 전공(계열)에 대한 관심을 가지고 탐색한 경험이 있는가?

학생부종합전형이 다른 대입전형과 차별화되는 지점은 학생의 학업능력뿐만 아니라 개인의 소질, 잠재력, 발전가능성 등을 종합적으로 평가하고자 정성적인 평가요소를 설정하여 반영한다는 점이다.

협업은 공동체 역량을 기르는 기본적인 인성으로서, 학교라는 공동체 안에서 이루어지는 다양한 공동학습과 단체활동 등에서 얼마나 적극적으로 돕고 함께 행동하는지를 평가하는 항목이다.

소통능력은 학교생활의 다양한 상황에서 자신의 생각과 감정을 효과적으로 표현하고, 다른 사람의 의견을 경청하고 공감하며 궁극적으로 수용하는 태도를 말한다. 이를 토대로 공동체 안에서 타인과 제대로 소통하고 관계를 맺을 수 있는지를 평가하는 항목이다.

나눔과 배려에 대한 경험은 아직까지 봉사활동의 양이나 지속성 정도로 생각하는 경향도 있지만, 실제로는 학교생활 전반에 걸쳐 교사, 동료 등과 다양한 상호작용을 바탕으로 이루어진다.

학교에서 이루어지는 다양한 교육활동의 대부분이 성실함을 기반으로 하고 있기 때문에 '성실성'은 대부분의 대학에서 학생부종합전형의 평가항목으로 활용하고 있다. 학교생활에서 책임감을 바탕으로 자신의 의무를 다하는 태도를 반영하고자 한다.

리더십의 개념은 여러 가지로 정의될 수 있으나 공통적으로 집단이나 조직의 목표를 달성하기 위해 구성원들이 자발적으로 목표 지향적인 행동을 하도록 돕는 영향력 있는 행동으로 정의하고 있다. 이에 고교 현장에서 적용할 수 있도록 수업 상황, 모둠별 학습 상황, 동아리활동 등 교내 여러 상황에서 목표 달성을 위해 구성원들의 협력, 화합 등 다양한 상호작용을 이끌어가는 행위를 평가한다는 의미를 담았다.

평가 요소	정의	세부평가내용
협업과 소통 능력	공동체의 목표를 달성하기 위해 협력하며, 구성원들과 합리적인 의사 소통을 할 수 있는 능력	• 단체 활동 과정에서 서로 돕고 함께 행동하는 모습이 보이는가? • 구성원들과 협력을 통하여 공동의 과제를 수행하고 완성한 경험이 있는가? • 타인의 의견에 공감하고 수용하는 태도를 보이며, 자신의 정보와 생각을 잘 전달하는가?
나눔과 배려	상대방을 존중하고 이해하여 원만한 관계를 형성하며, 타인을 위하여 기꺼이 나누어 주고자 하는 태도와 행동	• 학교생활 속에서 나눔을 실천하고 생활화한 경험이 있는가? • 타인을 위하여 양보하거나 배려를 실천한 구체적 경험이 있는가? • 상대를 이해하고 존중하는 노력을 기울이고 있는가?
성실성과 규칙준수	책임감을 바탕으로 자신의 의무를 다하고, 공동체의 기본 윤리와 원칙을 준수하는 태도	• 교내 활동에서 자신이 맡은 역할에 최선을 다하려고 노력한 경험이 있는가? • 자신이 속한 공동체가 정한 규칙과 규정을 준수하고 있는가?
리더십	공동체의 목표 달성을 위해 구성원들의 상호작용을 이끌어가는 능력	• 공동체의 목표를 달성하기 위해 계획하고 실행을 주도한 경험이 있는가? • 구성원들의 인정과 신뢰를 바탕으로 참여를 이끌어내고 조율한 경험이 있는가?

학생부종합전형의 평가요소는 위에서 언급한 것처럼 현행 공통평가 기준인 4개 영역(학업역량, 전공적합성, 발전가능성, 인성)에서 '학업역량', '진로역량', '공동체역량' 3개 영역으로 개선 구분하여 2024학년도부터 적용될 예정이다. 대다수 대학은 공통 평가요소를 바탕으로 각 대학의 인재상과 교육목표에 따라 서류평가 요소를 만들어 각각의 평가 기준을 통해 평가를 진행한다.

따라서 학생부종합전형을 준비하는 학생이라면 자신의 강점을 살려 지원할 수 있는 대학은 어디인지 파악하고, 자신이 관심 있는 대학의 평가방법을 통해 대학의 인재상과 전형계획, 평가요소 및 평가방법 등 서류평가 방법을 미리 확인해야 한다. 또한 고등학교 5학기의 학교생활을 구체적이고 체계적으로 계획하여 자신의 역량을 펼칠 수 있는 대학을 선택하고 지원할 수 있도록 준비해야 한다.

 건국대학교

- 3년간 고교생활을 주도적으로 성실하게 보낸 학생
- 진로를 직극적으로 탐색히고 관련 활동과 경험을 통해 성장한 학생
- 고교생활의 충실성을 바탕으로 건국대학교에 입학하여 잠재력을 발현할 학생

학생부종합전형 서류평가요소

평가영역	평가항목	평가내용
학업역량	학업성취도	교과목의 석차등급 또는 원점수(평균/표준편차)를 활용해 산정한 학업능력 지표와 교과목 이수 현황, 노력 등을 기반으로 평가한 교과의 성취수준이나 학업 발전의 정도
	학업태도와 학업의지	학업을 수행하고 학습을 해나가는 자발적인 의지와 태도, 학습자가 스스로 학습 목표를 설정하고 적절한 학습 전략을 선택하여 계획을 수립·실행하는 과정
	탐구활동	어떤 대상에 대해 호기심을 가지고 깊고 폭넓게 탐구할 수 있는 능력
전공적합성	전공 관련 교과목 이수 및 성취도	고교 교육과정에서 지원전공(계열)에 필요한 과목을 수강하고 취득한 학업성취의 수준
	전공에 대한 관심과 이해	지원전공(계열)에 대한 궁금증을 해결하기 위해 주의를 기울인 태도와 알고 있는 정도
	전공 관련 활동과 경험	지원전공(계열)에 대한 관심을 충족시키기 위해 노력한 과정과 배운 점
인성	협업능력	공동체의 목표를 달성하기 위해 상호신뢰를 바탕으로 함께 돕고 함께 생활할 수 있는 역량
	나눔과 배려	상대방을 존중하고 이해하여 원만한 관계를 형성하며, 타인을 위해 기꺼이 나누어 주고자 하는 태도와 행동
	소통능력	상대방의 의견을 경청하고 공감할 수 있으며, 자신의 정보와 생각을 효과적으로 전달할 수 있는 역량
	도덕성	공동체의 기본윤리와 원칙에 따라 행동하고, 부정 또는 부당한 행동을 하지 않는 태도
	성실성	책임감을 바탕으로 꾸준히 노력하여 자신의 의무를 다하는 태도와 행동
발전가능성	자기주도성	스스로 목표를 설정하고 적절한 전략을 선택하여 계획을 수립하고 실행하는 성향
	경험의 다양성	학교교육의 다양한 영역에서 직접 겪거나 활동하면서 얻은 성장과정 및 결과
	리더십	공동체의 목표 달성을 위해 구성원의 화합과 단결을 이끌어가는 역량
	창의적 문제해결력	창조적이고 논리적인 사고로 문제를 해결하는 능력

*2022 건국대학교 KU학생부종합전형 가이드북. 건국대학교, 2021

 경희대학교

👤 문화인 다양한 공동체 안에서 삶을 완성해나가는 책임 있는 교양인
👤 세계인 지구적 차원에서 타인과 함께 평화를 추구하는 세계시민
👤 창조인 학문 간 경계를 가로지르며 융복합 분야를 개척하는 전문인

학생부종합전형 서류평가요소

평가 영역	평가항목	평가내용
학업 역량	학업성취도	교과목의 석차등급 또는 원점수(평균/표준편차)를 활용해 산정한 학업능력 지표와 교과목 이수 현황, 노력 등을 기반으로 평가한 교과의 성취수준이나 학업 발전의 정도
	학업태도와 학업의지	학업을 수행하고 학습을 해나가는 자발적인 의지와 태도, 학습자가 스스로 학습 목표를 설정하고 적절한 학습 전략을 선택하여 계획을 수립·실행하는 과정
	탐구활동	어떤 대상에 대해 호기심을 가지고 깊고 폭넓게 탐구할 수 있는 능력
전공 적합성	전공 관련 교과목 이수 및 성취도	고교 교육과정에서 지원전공(계열)에 필요한 과목을 수강하고 취득한 학업성취의 수준
	전공에 대한 관심과 이해	지원전공(계열)에 대한 궁금증을 해결하기 위해 주의를 기울인 태도와 알고 있는 정도
	전공 관련 활동과 경험	지원전공(계열)에 대한 관심을 충족시키기 위해 노력한 과정과 배운 점
인성	협업능력	공동체의 목표를 달성하기 위해 상호신뢰를 바탕으로 함께 돕고 함께 생활할 수 있는 역량
	나눔과 배려	상대방을 존중하고 이해하여 원만한 관계를 형성하며, 타인을 위해 기꺼이 나누어 주고자 하는 태도와 행동
	소통능력	상대방의 의견을 경청하고 공감할 수 있으며, 자신의 정보와 생각을 효과적으로 전달할 수 있는 역량
	도덕성	공동체의 기본윤리와 원칙에 따라 행동하고, 부정 또는 부당한 행동을 하지 않는 태도
	성실성	책임감을 바탕으로 꾸준히 노력하여 자신의 의무를 다하는 태도와 행동
발전 가능성	자기주도성	스스로 목표를 설정하고 적절한 전략을 선택하여 계획을 수립하고 실행하는 성향
	경험의 다양성	학교교육의 다양한 영역에서 직접 겪거나 활동하면서 얻은 성장과정 및 결과
	리더십	공동체의 목표 달성을 위해 구성원의 화합과 단결을 이끌어가는 역량
	창의적 문제해결력	창조적이고 논리적인 사고로 문제를 해결하는 능력

*2022 경희대학교 학생부전형 가이드북, 경희대학교, 2021

인재상

- 👤 **교양인** 융합창의 역량: 폭넓은 교육을 통한 근면하고 정직하며 겸손한 인재
- 👤 **전문인** 문제해결 역량: 전공분야의 심오한 이론과 고도의 기술을 겸비한 인재
- 👤 **실용인** 도전 역량: 다양한 학문의 지식을 사회에 응용할 수 있는 인재
- 👤 **세계인** 언어·문화 소통 역량: 문화적 다원성을 이해하고 국제사회에서 활약할 수 있는 인재
- 👤 **봉사인** 배려·나눔 역량: 지역사회와 국가, 나아가 인류 사회의 번영에 공헌하는 인재

학생부종합전형 서류평가요소

평가 영역	평가항목	평가내용
비판적 사고 역량	비판적 질문	표면적으로 드러난 현상 이면의 원리나 함의에 대하여 '왜', 어떻게', '정말 그럴까?' 등과 같은 질문을 가지고 탐구를 촉발시킬 수 있는가?
	분석적 사고	명확한 이해를 위해 복잡한 현상을 개별 요소로 나누어 정리하는 능력이 있는가?
	논리적 전개	다양한 정보 혹은 근거의 관계를 합리적이고 일관되게 규명하는가?
	타당한 평가	자기성찰 혹은 타인과의 소통을 통하여 자신뿐 아니라 타인의 사고 과정과 결과물에 대해 올바르게 검증하고 평가할 수 있는가?
창의적 사고	문제 인식	지적 호기심을 바탕으로 주어진 문제에 대해 의문을 가지는가?
	융합적 사고	자신이 가진 다양한 정보를 유기적으로 종합하여 이해하는 능력이 있는가?
	해결책 제시	새로운 것을 기획하고 실천하여 결과를 만들어낼 수 있는가?
자기 주도 역량	동기형성 및 계획수립	다양한 교내활동 및 교과수업시간 중 자발적 참여를 통해 본인의 흥미와 적성을 발견하고, 이를 발전시키기 위한 계획을 수립하는가?
	수행 및 성취	수립한 계획을 바탕으로 본인의 흥미와 적성을 계발하기 위해서 열정을 다해 꾸준히 노력하여 목표를 달성하고 있는가?
	목표 확장	달성한 목표를 자율적 판단과 평가를 통해 새로운 목표로 확장해나가고 있는가?
소통 협업 역량	경청 및 공감	상대방의 의견을 경청하고 의도를 정확히 파악하며 상대방의 입장에서 공감하고 이해하기 위해 노력하는 모습을 보이는가?
	공동체 역할수행	• 과제해결과정에서 자발적인 협력의 태도를 보이며 적극적으로 임하는가? • 자신의 의견을 고집하기보다는 구성원 각자의 상황과 입장을 고려하여 공동체 활동에서 발생할 수 있는 다양한 문제에 대해 책임감을 가지고 해결하는가?
	시민의식 확장	지역 및 세계 속 공동체의 일원으로서 환경, 기아, 빈곤, 인권과 같은 범지구적 공동체 문제에 관심을 가지고 문제해결에 참여하고자 하는가?

*2022 한양대학교 학생부종합전형 가이드북, 한양대학교, 2021

 동국대학교

👤 화쟁형 인재 창의 융합적 사고로 문제를 해결하고 깨달음을 실천하여 인류 사회에 공헌하는 인재

📄 Do Dream 전형 주도적인 고교생활을 바탕으로 전공분야에 대한 역량과 발전가능성을 보유한 인재

📄 불교추천 인재전형 우리 대학 건학이념인 불교정신을 바탕으로 학업 역량과 인성을 겸비한 인재

📄 고른기회 전형 주어진 환경에서 전공분야에 대한 역량을 갖추기 위해 주도적인 노력을 기울인 인재

학생부종합전형 서류평가요소

평가영역	평가항목	평가내용
지원동기	동기의 타당성	· 지원동기에 대한 고민의 흔적 및 깊이 · 학교활동과의 연계성을 통한 타당성 파악 · 진로의 변경 가능성을 이해하고 평가
자기주도적 학습능력	기초학업 역량	· 기본적인 학업 수학 역량 평가 · '교과성적', '세부능력 및 특기사항'을 통한 정성평가
	학습의 주도성	· 수업 참여의 자기주도적 학습 태도 · 주도적 활동 참여 및 내용 연계성 · 학년별 최소 2권 이상의 독서활동 권장
전공적합성 /SW전공적합성	전공 수학 역량	· 전공 역량과 관련된 고교 교과의 성취도 파악 · '교과성적', '세부능력 및 특기사항'을 통한 정성평가
	전공관심도 및 교과성적	· 전공 관련 역량 계발을 위한 교과 및 비교과활동에 충실한 참여 · 학교 내에서의 관심분야 탐구 노력 및 경험 · 과제 수행 및 발표, 창의적 체험활동 등에서 전공관심도 표현
인성 및 사회성	성실성	· 출결, 봉사 등을 통한 기본적인 성실성 판단 · 수업 및 창의적 체험활동 등 교내활동 참여의 성실성 및 적극성 파악
	역할의 주도성	· 학교 구성원으로서의 기여도 및 주어진 역할에 대한 책임의식 파악 · 교내생활에서의 적극적인 문제해결 노력 · 타인과의 소통 및 협력

*2022 동국대학교 학생부위주전형 가이드북, 동국대학교, 2021

 중앙대학교

- 자율적 교양인, 실용적 전문인, 실험적 창조인, 실천적 봉사인, 개방적 문화인
- 다빈치인재전형
  고교 교육과정 내 학업과 교내 다양한 활동을 통해 균형적으로 성장한 학생
- 탐구형인재전형
  고교 교육과정을 충실히 이수하고 해당 전공(계열)분야에서 성장할 수 있는 탐구 역량을 갖춘 학생

학생부종합전형 서류평가요소

평가 영역	키워드	평가내용
학업 역량	교과성취기준	· 교과목의 석차등급 또는 원점수(평균/표준편차)등의 학업능력 지표 · 교과목 이수 현황, 노력 등을 기반으로 한 교과 성취수준 및 학업의 발전 정도
	계열 교과 이수와 성취	
탐구 역량	탐구활동 우수성	· 어떤 대상에 대해 호기심을 가지고 폭넓게 탐구할 수 있는 능력 · 스스로 학습 목표를 설정하고 계획을 수립·실행해나가는 과정 · 학업을 수행하고 학습해나가는 자발적인 의지와 태도
	학업태도와 지적 호기심	
통합 역량	경험의 다양성과 깊이	· 학교교육의 다양한 영역에서 직접 겪거나 활동하면서 얻은 성장과정 및 결과 · 교내 예술, 문화, 체육 활동 등을 통해 쌓은 기본소양
	예체능 활동의 성과	
전공 적합성	전공 관련 활동과 이해 수준	· 지원전공(계열)에 대한 관심과 이해의 수준을 높이기 위해 활동한 과정과 배운 점 · 고교 교육과정에서 지원전공(계열)에 필요한 과목을 수강하고 취득한 학업성취의 수준
	전공 관련 교과목 이수 및 성취	
발전 가능성	자기주도성	· 스스로 목표를 설정하고 계획을 수립·실행하는 역량 · 공동체의 목표를 달성하기 위해 구성원의 화합과 단결을 이끌어가는 역량 · 창조적이고 논리적인 사고로 공동체의 문제를 해결하는 능력
	리더십	
인성	봉사활동 경험과 질적 우수성	· 타인에 대한 배려와 나눔을 실천하는 태도와 행동 · 상대를 존중하고 이해하여 원만한 관계를 형성하고, 공동체의 목표를 달성하기 위해 함께 협력하는 태도와 행동 · 공동체의 기본윤리와 원칙을 준수하고 책임감을 바탕으로 자신의 의무를 다하는 태 도와 행동
	협력활동 및 팀워크	
	성실성 및 책임감	

*2022 중앙대학교 학생부전형 가이드북, 중앙대학교, 2021

국민대학교

인재상

👤 도전하는 국민인 세상을 바꾸는 공동체적 실용융합인재

학생부종합전형 서류평가요소

평가영역	키워드	평가내용
자기주도성 및 도전정신	자기주도성	· 고등학교 생활에 적극적으로 참여하였는가? (수업 활동/교내활동) · 자신의 역량 강화를 위해 스스로 노력하고 성취를 이루었는가?
	발전가능성	· 다양한 여건 속에서 포기하지 않고 노력·발전하는 모습이 보이는가? · 고등학교 생활 전반에 걸친 발전적 변화의 모습이 우수한가?
전공적합성	전공잠재력	· 진로탐색을 위해 어떠한 노력을 하였으며 성과는 어떠한가? · 지원모집단위의 특성에 맞는 역량이 있는가?
	학업능력	· 대학 학업 이수에 필요한 기초학업능력을 갖추고 있는가? · 지원모집단위에 대한 이해와 학업능력은 어느 정도인가?
인성	공동체의식 및 협동능력	· 공동체 활동에서 나눔·배려·협력의 관계를 실천할 수 있는가? · 고등학교 생활을 성실하게 수행했는가?

*2022 국민대학교 학생부전형 가이드북, 국민대학교, 2021

서울시립대학교

인재상

👤 학업 역량 전공 학문 탐구를 위한 기초학업능력을 갖춘 인재
👤 잠재 역량 경계를 넘는 소통과 융합으로 미래를 개척하는 인재
👤 사회 역량 건전한 인격과 협력을 토대로 공공의식을 체득한 인재

학생부종합전형 서류평가요소

평가영역	평가항목	평가내용
학업 역량	고교 기초학업능력	대학 학업 수행의 기초가 되는 고등학교 교과 학업성취도
	대학 전공 기초 소양	고교생활에서 진로 및 전공분야 탐구를 위해 학습한 경험 및 교육활동 실적
잠재 역량	다학제적 전공수학 열의	지원동기 및 학업 계획과 관련된 교과 및 비교과
	통합적인 문제해결역량	전공과 직간접적으로 관련된 문제를 탐구하고 대안을 제시한 경험 및 활동 실적
사회 역량	공동체 및 시민윤리의식	공동체 발전을 위해 공공의 이익, 공적윤리를 중시하는 태도와 행위
	협동 학습능력	타인과 협력함으로써 결여된 것을 보완해 성과를 산출하는 팀워크

*2022 서울시립대 학생부종합전형 가이드북, 서울시립대학교, 2021

서울과학기술대학교

인재상

- 창의적 인재 창의적이고 통섭적인 사고를 통하여 문제를 해결할 수 있는 인재
- 윤리적 인재 도덕적 판단능력을 갖춘 인재
- 실천적 인재 지식을 실용화할 수 있고 실제적 설계 능력을 갖춘 인재

학생부종합전형 서류평가요소

평가 영역	평가항목	평가내용
인성	도덕성과 책임감	• 자신이 속한 구성원들에게 인정과 신뢰를 얻고 있으며 바람직한 행동으로 모범이 되는가? • 규칙이나 규정을 어긴 경우, 자신의 잘못을 인정하고 개선하려는 노력을 기울이는가? • 출결상황이나 단체활동 참여 등 학생으로서의 의무를 책임감 있게 수행하고 있는가?
	협업·소통능력	• 자발적인 협력을 통해 공동의 과제를 완성한 경험이 자주 나타나는가? • 협력이 부족한 상황에서 사람들을 설득하여 협동을 이끌어낸 경험이 있는가? • 새로운 지식이나 사고방식에 대하여 열린 마음으로 적극적으로 받아들이고 있는가?
	나눔과 배려	• 타인을 위하여 자신의 것을 나누고자한 구체적 경험이 지속적으로 나타나는가? • 봉사활동 등을 통해 나눔을 생활화한 경험이 지속적으로 나타나는가? • 나와 다른 생각을 가진 상대방의 입장을 이해하고 존중하려는 노력을 기울이고 있는가?
학업 역량	학업성취도	• 전체적인 교과성적은 다른 지원자들에 비해 어느 정도인가? • 학기별/학년별 교과성적은 어떤 추이를 보이는가? • 주요 교과목의 성적은 어느 정도인가? 그 외 과목의 성취는 어떠한가?
	학업태도와 의지	• 스스로 학습 목표를 설정하고 적절한 학습 전략을 선택하고자 노력하였는가? • 새로운 지식을 획득하기 위해 자기주도적인 태도로 노력하고 있는가? • 자발적 의지로 학습하고 지식을 확장해나가려는 노력을 하였는가?
	탐구활동	• 성공적인 학업생활을 위해 적극적인 탐구 의지와 호기심을 가지고 있는가? • 교과과정에서 이루어지고 있는 탐구활동에 적극적으로 참여하였는가? • 교과 탐구활동을 통해 어떤 성과를 이루었고 어떤 노력을 하였는가?
전공 적합성	전공 관련 교과목 이수 및 성취도	• 지원전공(계열)과 관련된 과목을 어느 정도 이수하였는가? • 지원전공(계열)과 관련해 스스로 선택하여 수강한 과목은 얼마나 되는가? • 지원전공(계열)과 관련된 과목의 성적은 어떠한가?
	전공에 대한 관심과 이해	• 지원전공(계열)에 흥미와 관심을 가지고 있는가? • 자신의 경험과 지원전공과의 연관성을 설명할 수 있는가? • 지원전공(계열)에 대해 올바르게 이해하고 있는가?
	전공 관련 활동과 경험	• 지원전공(계열)과 관련한 어떠한 경험이 있는가? • 지원전공(계열)과 관련된 창의적 체험활동(자율, 동아리, 봉사, 진로 등)이 있는가? • 지원전공(계열)에 관련된 교과 관련 활동이 있는가?
발전 가능성	창의적 문제해결력	• 교내활동 과정에서 창의적인 발상을 통해 일을 진행한 경험이 있는가? • 주어진 교육환경을 극복하거나 충분히 활용한 경험이 있는가? • 교내활동 과정에서 나타나는 문제점을 적극적으로 해결하기 위해 노력하였는가?
	자기주도성	• 교내활동에서 주도적·적극적으로 활동을 수행하였는가? • 새로운 과제를 주도적으로 만들고 성과를 내었는가? • 기존에 경험한 내용을 바탕으로 지식을 확장해나가려는 노력을 하였는가?
	경험의 다양성	• 교내활동을 통해 다양한 경험을 쌓았는가? • 자율활동, 동아리, 봉사, 진로활동 등 체험활동을 통해 다양한 경험을 쌓았는가? • 자신의 목표를 위해 도전한 경험을 통해 성취한 경험이 있는가?

*2022 서울과학기술대 학생부전형 가이드북, 서울과학기술대학교, 2021

인하대학교

인재상

- 👤 창의도전인 전공과 관련된 재능이나 열정을 가진 창의적이고 잠재력이 있는 인재
- 👤 자기형성인 고교 교육과정과 학교생활에 충실하고 학업능력이 우수한 인재
- 👤 나눔실천인 사회적 약자에 대한 배려를 실천하고 공동체를 긍정적으로 변화시키려는 인재

학생부종합전형 서류평가요소

평가영역	평가항목	평가내용
지성	전공 관련 학업성취도	· 대학 수학에 필요한 기본적인 지적역량을 평가 · 일반적으로 평가되는 학업성취도 이외의 교내 수상경험, 독서, 동아리활동 등 다양한 학교생활 속에서 드러나는 지적 탐색 수준과 가치 등을 평가
	전반적인 학업성취도	
적성	진로에 대한 관심	· 지원한 전공을 성공적으로 수행할 수 있는 잠재역량을 평가 · 학교생활을 통해 본인의 진로개발과 대학 진학을 위해 노력한 모든 활동을 평가
	전공에 대한 탐색	
인성	개인 인성	· 지성인으로 갖추어야 할 기본적인 인성을 평가 · 학교생활에 기본이 되는 성실성 및 공동체 의식 등 우리 사회가 요구하는 기본적인 인성 영역을 평가
	공동체적 인성	

*2022 인하대학교 학생부전형 가이드북, 인하대학교, 2021

서울대학교

인재상

🔺 지향점 : 미래를 개척하는 지식공동체

👤 학교 교육과정을 성실히 이수하고 학업능력이 우수한 학생

👤 학교생활에서 적극적이고 진취적인 태도를 보인 학생

👤 글로벌 리더로 성장할 수 있는 자질을 지닌 학생

👤 다양한 교육적, 사회적, 문화적 배경과 경험을 지닌 학생

👤 사회적 약자에 대한 배려심과 공동체 의식을 가진 학생

학생부종합전형 서류평가요소

평가영역	평가내용
학업능력	· 교과 및 학업 활동내용에서 우수한 학업 역량이 고르게 나타나는가? · 단순 암기 수준 이상의 깊이 있는 이해를 바탕으로 하는 지식을 갖추었는가? · 의미 있는 학습경험은 무엇이었는가? · 자신의 성취를 점검하고 더 필요한 공부가 무엇인지 고민한 경험이 있는가? · 습득한 지식을 적절히 활용한 경험이 있는가? · 노력을 통해 성장한 모습은 어떠한가?
학업태도	· 열심히 공부한 이유는 무엇인가? · 지식을 쌓기 위한 과정은 어떠하였는가? · 적극적이며 지속적으로 노력하였는가? · 학교생활 전반에 적극적으로 참여하였는가? · 스스로 알고자 하는 호기심과 도전적 태도가 나타나는가? · 자기주도적으로 학습하였는가?
학업 외 소양	· 바른 인성을 갖추려 노력하였는가? · 학교생활을 통해 리더십을 발휘한 경험이 있는가? · 공동체 의식을 지니고 있는가? · 넓은 시야를 갖추기 위해 노력한 경험이 있는가? · 학교생활에서 겪은 어려움은 무엇이며 이를 극복한 경험이 있는가? · 사회적 약자를 배려하고 도움을 주고자 하는 마음이 있는가?

*2022 서울대학교 학생부종합전형 안내, 서울대학교, 2021

학생부종합전형 준비하기

1 평가요소별 체크 포인트

수업 내용을 더 넓고 깊게 탐구하자!

학업역량

☐ 학기별 성적이 향상될 수 있도록 관리하기

☐ 중요한 과목, 진로에 맞는 과목만 지나치게 편식하지 않기(모든 과목 학습에 최선을 다하기)

☐ 수업, 교과 내용을 충분히 이해하고 나만의 의미 있는 지식으로 만들기

☐ 이해가 부족했을 경우 선생님께 질문하면서 교과 선생님과 의사소통하기

☐ 수행평가를 비롯한 다양한 교과 수업 활동에 능동적으로 참여하기

☐ 발표, 토론 활동에서 자신의 학업 역량, 매체 활용 능력 및 정보 처리 역량 등을 발휘하기

☐ 수업 내용과 관련된 책을 읽고 지적 호기심을 표현하기 혹은 선생님께 감상문 제출하기

☐ 수업 내용을 바탕으로 궁금한 점에 대해 스스로 찾아서 깊이 있게 탐구하기

☐ 계획을 세우고 자기 주도적인 학습 노력하기

☐ '융합주제 탐구 프로젝트' 등을 통해 수업 내용을 다른 과목과 연계하여 사고의 폭을 넓히기

☐ 수업 안에서 질문, 발표 등을 통해 학업에 대한 열의와 관심 드러내기

☐ 급우의 학습 멘토가 되어 함께 성장하기

☐ 교과 탐구활동에 적극적으로 참여하여 결과물 산출하기

☐ 자신의 관심 분야에 대한 탐구 및 발표 활동 꾸준히 하기 (교과와 비교과 모두 해당)

☐ 학업 및 교내활동에 성취동기와 목표 의식 드러내기

☐ 고등학생 수준에 맞는 필독서와 관심 분야에 대한 꾸준한 독서를 통해 지적 역량 기르기

☐ 자신의 목표를 세우고 도전하는 경험 만들기

☐ 어렵더라도 관심 분야에 대한 심화 학습 활동을 끝까지 해보기

☐ 1학년에서 보였던 관심사에 대해 2학년에서는 심화·발전된 태도와 내용으로 구체화하기

진로역량

- ☐ 지원 학과와 관련된 과목을 선택하여 배움의 기회에 도전하기
- ☐ 지원 학과와 관련된 과목을 이수하고 좋은 성적 유지하기
- ☐ 지원 학과와 관련된 교과 주제 탐구활동을 하고 수업 시간에 발표하기
- ☐ 지원 학과에 대한 열정과 탐구역량을 드러낼 수 있는 교과 관련 교내 대회에 참여하기
- ☐ 지원 학과와 관련된 프로젝트형 탐구활동에 참여하여 질적인 성장을 보여주기
- ☐ 단체 자율활동 후 지원 학과와 연관성을 찾고 자신만의 후속 활동을 하여 보고서 작성하기
- ☐ 학급 내 소그룹 활동으로 교과 스터디를 조직하여 지원 학과와의 연계성 드러내기
- ☐ 지원 학과와 관련된 동아리 활동에 참여하여 전공 분야와 관련된 노력과 경험 드러내기
- ☐ 동아리 활동에서 주도적으로 성취하고 경험한 활동과 개별적으로 서술될 수 있는 활동하기
- ☐ 지원 학과에 진학한 선배들과 함께 하는 프로그램에 참여하여 학과 탐색하기
- ☐ 대학 홈페이지 또는 인터넷 매체를 통해 학과 및 계열 탐색하기
- ☐ 지원 학과와 관련된 독서 활동으로 전공에 대한 배경지식 쌓기
- ☐ 지원 학과와 관련된 과목 학습 멘토 활동하기
- ☐ 지원 학과에 관련된 학급 및 교내활동 기획하여 참여하기
- ☐ 모든 과목 수업에서 지원 학과와의 연관성을 찾아 연결하기
- ☐ 교과 및 비교과 활동에서 지원 학과에 대한 흥미와 관심 드러내기
- ☐ 관심 분야에 대한 소그룹 활동 주도하기
- ☐ 관심 분야와 관련된 방과후학교 프로그램이 있다면 적극적으로 활용하기

타인에게 긍정적인 영향을 주는 사람이 되자!

공동체역량

☐ 지원 학과와 관련된 과목을 선택하여 배움의 기회에 도전하기

☐ 지원 학과와 관련된 과목을 이수하고 좋은 성적 유지하기

☐ 지원 학과와 관련된 교과 주제 탐구활동을 하고 수업 시간에 발표하기

☐ 지원 학과에 대한 열정과 탐구역량을 드러낼 수 있는 교과 관련 교내 대회에 참여하기

☐ 지원 학과와 관련된 프로젝트형 탐구활동에 참여하여 질적인 성장을 보여주기

☐ 단체 자율활동 후 지원 학과와 연관성을 찾고 자신만의 후속 활동을 하여 보고서 작성하기

☐ 학급 내 소그룹 활동으로 교과 스터디를 조직하여 지원 학과와의 연계성 드러내기

☐ 지원 학과와 관련된 동아리 활동에 참여하여 전공 분야와 관련된 노력과 경험 드러내기

☐ 동아리 활동에서 주도적으로 성취하고 경험한 활동과 개별적으로 서술될 수 있는 활동하기

☐ 지원 학과에 진학한 선배들과 함께 하는 프로그램에 참여하여 학과 탐색하기

☐ 대학 홈페이지 또는 인터넷 매체를 통해 학과 및 계열 탐색하기

☐ 지원 학과와 관련된 독서 활동으로 전공에 대한 배경지식 쌓기

☐ 지원 학과와 관련된 과목 학습 멘토 활동하기

☐ 지원 학과에 관련된 학급 및 교내활동 기획하여 참여하기

☐ 모든 과목 수업에서 지원 학과와의 연관성을 찾아 연결하기

☐ 교과 및 비교과 활동에서 지원 학과에 대한 흥미와 관심 드러내기

☐ 관심 분야에 대한 소그룹 활동 주도하기

☐ 관심 분야와 관련된 방과후학교 프로그램이 있다면 적극적으로 활용하기

3 지원학과별 체크 포인트

CHECK POINT 학교생활 체크 체크!

언어학과

☐ 언어학은 기본적으로 인간에 대한 관심과 국어, 외국어 등에 흥미가 있어야 한다. 언어학을 전공하면 다양한 언어의 특성과 구조를 공부하므로 언어 감각이 필요하고, 언어 구조를 과학적으로 분석해야하므로 논리적 사고력 및 분석력이 필요하다.

☐ 국어, 영어, 제2외국어, 사회 등 언어와 관련 있는 과목의 학업성취도가 높으면 유리하다. 관련 수업에서 자기주도성, 문제해결능력, 창의력 등의 역량이 발휘될 수 있도록 열의와 관심이 필요하다.

☐ 다문화가정의 친구들이나 장애인 친구들 등 언어활동에 어려움을 느끼는 친구들을 돕거나 제2외국어를 가르치는 등 자신의 언어능력을 나누어 줄 수 있는 활동을 하면 좋다.

☐ 언어치료사, 언어연구원, 아나운서 등 관련 직업에 대한 탐색으로 자신의 진로 역량을 길러보자.

국어국문학과

☐ 국어국문학과는 외래어의 범람 속에서 오염되고 있는 우리말을 지키고 싶거나 한국 문학 속에서 재미있는 이야기를 찾아 영화나 드라마로 만들고 싶은 사람이 전공한다면 흥미 있게 공부할 수 있다.

☐ 국어 분야에 대한 관심과 흥미를 바탕으로 국어와 관련된 다양한 교내활동을 통해 주도성, 소통능력, 협업능력 등이 발휘될 수 있도록 노력이 필요하다.

☐ 윤리와 사상, 역사와 관련된 교과에 대해 잘 알아두면, 입학 후 필요한 인문학적 지식을 습득하는 데 큰 도움이 된다.

☐ 한문을 많이 알아두면 고전 문학과 개화기 문학을 이해하는 데 도움이 된다.

☐ 평소 책 읽기를 즐기는 학생이라면 향후 전공 수업을 이해하는 데 유리하다. 문학, 철학, 심리학 등의 책을 다양하게 읽자.

☐ 카피라이터, 작가, 시인 등의 직업정보 탐색활동과 출판사, 광고 회사 등 관련 직업체험활동을 해보자.

문예창작학과

☐ 문예창작과는 평소 소설책 읽기를 좋아하고 글짓기를 좋아하는 사람, 드라마나 다큐멘터리, 예능 프로그램을 즐겨보는 사람들이라면 흥미 있게 공부할 수 있다.

☐ 교내 방송제, 시나리오 쓰기, 교지 만들기, 시화전 등 국어, 영어, 사회, 예술 등과 관련된 다양한 교내외 활동에 참여하여 자신의 진로 역량을 나타내기 위한 노력이 필요하다.

☐ 교내 문예부, 도서반, 창작반, 독서토론반 등 관련 동아리활동에 참여하여 자신의 전공적합성을 드러낼 수 있도록 하자.

☐ 방송국, 출판사 등 관련 기업에 대한 탐방 활동이나 방송작가, 소설가 등 관련 직업에 대한 정보탐색활동을 하자.

☐ 시, 소설, 수필, 동화, 방송 대본, 시나리오 등 다양한 장르의 글을 읽고, 자신의 작가적 탐구 의지가 드러날 수 있도록 하자.

한문학과

☐ 한문학과는 동양 고전을 통해 인류의 오랜 지혜를 배우고 동아시아 문화권의 각 분야에서 조화와 협력의 리더십을 발휘하고 싶은 학생에게 적합하다.

☐ 국어, 한문, 한국사, 동아시아사, 중국어 교과의 우수한 학업성취를 올릴 수 있도록 관리하고, 각 수업 활동에서 학업 역량, 탐구 역량, 전공적합성 등이 학생부 교과 세특에 기록될 수 있도록 한다.

☐ 인문 고전 토론, 한자 연구, 중국 문화 탐구, 고전 읽기 등과 같은 동아리활동에서 자신의 진로와 연계한 활동을 주도하고 의미 있는 역할을 수행하자.

☐ 기초 소양을 키울 수 있도록 인문학, 역사학, 문화인류학, 철학, 사회학 등 다양한 분야의 독서가 필요하다.

영어영문학과

☐ 영어는 기본이고, 국어와 다른 외국어에도 흥미를 가지는 것이 좋으며, 사회 과목을 통해 외국의 문화와 역사, 사회, 경제 등에 대해 관심을 가진다면 다양한 문학 작품을 이해하는 데 도움이 된다.

☐ 영어, 제2외국어, 국어 등 언어 교과에서 우수한 학업성취도를 나타낼 수 있도록 관리하고, 수업 참여 과정에서 영어에 대한 관심과 흥미를 실제 생활에 적용하여 의미 있는 결과를 이끌어 낼 수 있도록 하자.

☐ 영어통·번역전공은 말하기와 글쓰기를 좋아하고, 논리적으로 사고하며, 새로운 것을 알고자 하는 지적 호기심이 많은 학생에게 적합하고, 언어능력과 소통능력 그리고 순발력이 있다면 유리하다.

☐ 영미문학반, 영어회화반, 영자신문반 등의 동아리활동을 통해 영어와 관련된 여러 가지 경험을 쌓자.

☐ 다양한 분야의 독서량을 늘리고, 신문이나 뉴스를 통해 시사적인 문제에 관심을 가지며, 새로운 개념이나 정의를 자신의 말로 표현하는 연습이 필요하다.

중어중문학과

☐ 중국의 역사, 급변하는 중국의 현실에 대한 호기심을 가지고 있고, 중국어에 흥미가 있는 학생에게 적합하다.

☐ 문학과 예술에 대한 관심, 혹은 외국어에 대한 관심을 가진 사람이라면 전공 공부를 재미있게 할 수 있다.

☐ 국어, 영어, 사회문화, 중국어, 한문 교과의 우수한 학업성취를 올릴 수 있도록 하고, 각 수업 활동에서 중국과 관련된 내용을 조사, 발표하는 등 전공 관련 탐구활동을 주도적으로 하자.

☐ 중국어회화반, 중국문화탐색반 등의 동아리활동을 통해 중국어와 관련된 여러 가지 경험을 쌓으며 다양한 문화적 가치에 공감하고 국제적 감각을 키울 필요가 있다.

☐ 인문학, 역사학, 철학 등 다양한 분야의 독서로 기초 소양을 기르자.

일어일문학과

☐ 일본어 문학과 일본 문화에 대한 깊은 이해를 바탕으로 한일 우호와 교류 증진에 앞장설 글로벌 리더가 꿈인 학생이라면 전공을 재미있게 학습할 수 있다.

☐ 일본어 및 언어능력에 관련된 국어, 영어 교과에 대한 관심이 필요하고 문학이나 사회, 역사, 한문 등 인문학에 관련된 교과에 열중하는 것이 유리하다.

☐ 일본어회화반, 일본문화탐색반, 일본애니메이션반 등 일본어나 일본의 문화를 연구하는 동아리 활동에서 다양한 탐구활동 및 발표를 통하여 자신의 전공적합성이 나타날 수 있도록 하자.

☐ 일본 문화원, 학과 탐방, 일본 전문가 초청 강연 등 여러 가지 교내활동에 참여하여 자신의 진로 역량을 키우자.

사학과

☐ 역사는 인간의 삶과 밀접한 관계가 있기 때문에 인간에 대한 호기심을 가지고 인류와 사회의 발달 과정을 탐구하고 싶은 사람에게 적합하다.

☐ 사료와 사료 사이의 여러 상황을 생각하는 상상력과 논리적이고 비판적인 사고력, 통찰력이 필요하다. 언어능력이 있고, 토론하는 것에 자신이 있다면 더 유리하다.

☐ 역사학과 관련성이 높은 국어, 사회, 세계사, 지리 등의 교과에서 우수한 학업성취를 올릴 수 있도록 관리하고, 수업에서 학업 역량, 전공적합성, 인성, 자기주도성, 문제해결능력 등이 발휘될 수 있도록 하자.

☐ 교내 역사연구반, 역사신문반 등 관련 동아리에 참여하여 자신이 가지고 있는 역사학도로서의 자질이 드러날 수 있도록 하자.

☐ 문화재연구원 및 역사 관련 직업들을 탐색하고 우리 역사 바로 알기, 역사의 중요성에 관한 UCC 만들기 등에 참여하여 자신의 진로 역량이 나타날 수 있도록 하자.

학교생활 체크 체크!

철학과

☐ 철학은 편협하지 않고 유연한 사고와 진리를 추구하고 실천하려는 학문이기 때문에 항상 삶의 본질과 사회에 대한 관심을 가지고, 폭넓은 독서로 비판적이고 논리적인 사고력을 키우는 것이 좋다.

☐ 국어와 수학과 같은 과목들은 그 특유의 논리적 사고방식을 포함하고 있기 때문에, 이 과목들의 기초적 지식은 철학을 배우는 데 많은 도움이 된다.

☐ 단지 문법이나 공식을 수동적으로 암기하는 것이 아니라, 논리와 수학 공식의 증명과정에서 나타나는 논리적 사고 과정에 관심을 가져보면 좋다.

☐ 국어, 윤리, 철학 등의 교과에서 우수한 학업성취를 올릴 수 있도록 관리하고, 인문학 관련한 다양한 교내활동을 통해 창의적이고 개성적인 사고력이 나타나도록 하자.

☐ 철학자, 작가 등 관련 직업들의 정보를 탐색하고, 관련 활동을 통해 자신의 진로 역량을 나타내 보자.

☐ 다독을 바탕으로 인문학적 소양뿐만 아니라 모든 지적 활동의 기초가 되는 논리적 비판적 사고 능력을 기르는 태도가 필요하다.

문화인류학과

☐ 전통 및 문화재에 대한 가치를 이해하고 존중하는 태도로 차이와 다양성을 인정하고 세상의 관념에 끊임없이 의문을 던지는 자세가 필요하다.

☐ 국어, 영어, 사회, 역사 교과의 우수한 학업성취를 올릴 수 있도록 관리하고, 수업 과정에서 토론과 탐구, 과제 연구 활동 등에 적극적으로 참여하며 관심분야에 대한 지적 호기심을 드러내는 것이 중요하다.

☐ 도서, 문화 연구, 문화재 탐사 등 교내 동아리활동에서 문화인류학과 관련된 내용을 조사, 발표하는 등 스스로 탐구하고 노력하려는 열정을 보이자.

☐ 박물관, 학과 탐방, 문화재보존원 인터뷰 등 다양한 진로활동에 참여하는 자기주도적인 진로탐색이 필요하다.

☐ 철학, 문학, 논리학, 사회학, 심리학, 과학 등 폭넓은 분야의 독서를 통해 전공에 필요한 기본적인 소양을 키우자.

신학과

☐ 종교학은 문화인류학, 역사학, 고고학, 철학 등 인문학과 깊은 관련성이 있기 때문에 기본적으로 사람에 대한 탐구에 흥미가 있어야 하고, 인문학에 대한 호기심도 필요하다.

☐ 국어, 역사, 윤리 등의 교과에서 우수한 학업성취를 올릴 수 있도록 노력하고, 관련 교과수업 활동에서 문제해결능력, 열의와 관심, 다양한 탐구 방법 모색 등 의미 있는 지적 성취가 드러나도록 하자.

☐ 종교학, 철학과 관련된 다양한 교내외 활동을 통해 자기주도성과 나눔과 배려, 리더십 등이 드러날 수 있도록 하자.

☐ 목사 및 신부 등 관련 직업들의 정보를 탐색하고, 교회, 성당 등의 종교 시설이나 관련학과 체험활동을 하자.

☐ 학교생활에서 타인에 대한 배려, 도덕성, 봉사정신 등 자신의 장점이 기록될 수 있도록 관리가 필요하다.

불교학부

☐ 불교는 부처님의 가르침을 담고 있으며 불교학에 대한 근본적인 이해와 성실한 학습, 신행을 통해 불심을 갖출 수 있어야 한다.

☐ 불교학은 불교가 영향을 미친 다양한 지역과 관련된 이해가 필수적 요소이므로 외국어 능력이 필요한 부분이 있다. 이에 따라 다양한 종류의 언어적 소양과 역량이 필요하다.

☐ 외국어뿐만 아니라 국어, 윤리, 철학 관련 다양한 교내활동에서 불교학의 일상적 실천을 고민하고, 사회문화 수업 활동에서 사회의 다양하고 복잡한 문제들에 대한 이해를 바탕으로 이를 불교적으로 접근하는 탐구 자세가 필요하다.

☐ 인간에 대한 깊이 있는 성찰을 위해 평소 책 읽기를 좋아하고, 토의와 토론을 통해 다른 사람들과 의견을 나누는 동아리활동을 해도 좋다.

일본어학과

저의 학생부에서 전공적합성이 가장 잘 드러났던 항목은 애니메이션을 통해 일본의 버블 경제 시기를 탐구했던 항목이라고 생각해요. 일본하면 애니메이션이 떠오르지만, 진로와 관련해 다루기에는 다소 가볍고 쉬운 주제라고 생각했어요. 그러나 애니메이션도 문학 작품과 같이 당시의 사회 모습이나 분위기를 담고 있다는 것을 알게 되었고, 애니메이션에 나오는 소품이나 대사가 어떤 의미를 내포하고 있는지에 주목했어요. 이렇게 감상하니 당시 일본 사회 분위기나 문화 배경을 알 수 있었고, 일본의 '잃어버린 10년'이라 불리는 버블 경제 관련 지식을 쌓을 수 있었어요. 또한 탐구하며 알게 된 일본의 시티팝을 주제로 음악 시간에 발표를 하는 등 한 가지 주제에서도 다양한 소주제를 도출해냈어요. 이런 측면이 일본문화에 대한 흥미와 호기심을 잘 드러냈다고 생각해요.

*출처: 2022학년도 경희대 학생부전형 가이드북

아시아문화학부(중국어문학)

중문과를 희망해온 저는 '중국'과 '중국어, 중국 문학'에 관심이 많아, 그 외 과목은 상대적으로 성적이 낮았습니다. 중국과 관련이 없어 보이는 과목이어도 제가 너무나도 좋아했던 '중국'이라는 나라에서부터 공부를 출발하였습니다. 심화 영어 시간에는 원어민 선생님께 좋아하는 중국 문학을 함께 소개하고 영어로 발표하는 활동을 하였고, 미적분 시간에는 중국의 미세먼지 농도 추이를 직접 미분그래프로 나타낸 후 문제를 출제하는 활동을 하였습니다. 이러한 점이 전공에 대한 진심 어린 의지로 드러나 전공적합성에서 좋은 점수를 받을 수 있었다고 생각합니다.

*출처: 2021학년도 중앙대 학생부전형 가이드북

철학과

저는 처음부터 문과계열 학과를 가고 싶었기 때문에 교내 인문사회부에서 주관하는 거의 모든 행사에 출석 도장을 찍었습니다. 토론대회에 참가하거나, 서울 외곽에 있는 작가의 문학관을 방문하는 토요문학탐방 프로그램에 참여하는 식이었습니다. 교내 행사에 참여했던 과정과 느낀 점 등을 제가 원하는 진로와 관련지으려고 노력하면서 자연스럽게 학생부종합전형을 준비하게 되었습니다.

저도 사실 처음부터 철학과를 지망한 것은 아니었습니다. 한 우물을 파는 것보다 더 중요한 것은 자신을 표현하는 '키워드'라고 생각합니다. 제가 철학과에 올 수 있었던 궁극적인 이유는 제가 한 활동과 콘텐츠의 중심에는 항상 '인권'이라는 키워드가 있었기 때문입니다. 저는 영자신문 동아리에서 교권과 학생의 인권에 관한 기사를 썼고, 영상 동아리를 개설해 일상생활에서의 여성 인권에 대한 다큐멘터리를 제작했습니다. 또한 아동의 권리의식을 증진하는 봉사활동에 참여하기도 했습니다. 인권을 '관용'이라는 철학의 개념과 결부시키고 철학자와 엮어서 제가 평소에 가진 생각을 자기소개서에 진솔하게 드러냈습니다.

*출처: 2022학년도 서울시립대 학생부전형 가이드북

저는 호기심이 상당히 많은 편입니다. 그래서 수업시간에서 배운 내용에 대해 항상 궁금한 것이 많았습니다. 저는 단순히 호기심에서 머물지 않고 저만의 탐구로 이어나갔습니다. 문학 교과서에서 읽은 '난장이가 쏘아올린 작은 공'을 읽으며 노동 문제에 관심을 갖고, 수행평가 소설 쓰기 활동에서 노동 문제를 고발하는 소설을 창작했습니다. 자신이 소비하는 상품이 생산되는 환경을 묵인하는 인권운동가를 주인공으로 '한 모금의 침묵'이란 소설을 작성하며 불의에 대항하는 용기에 대해 고민하고 성찰해보았습니다. 이후에도 정치와 법 수업시간에 노동법을 배우고 나서 1960년대와 현재의 노동법과 노동인권을 비교하는 강연을 진행하거나 헤겔, 마르크스, 하이데거의 노동에 대한 견해를 비교해보며, 스스로 노동의 가치에 대해 고민해보는 등 노동에 대한 관심을 이어나갔습니다. 이처럼 학교 수업이 단순히 입시의 도구가 아니라 자신의 관심사를 발견하는 성장의 시간이 되었으면 좋겠습니다.

고등학교 생활을 하다보면 지나치게 틀에 박힌 공부와 사고방식에 익숙해지기 쉽습니다. 사실 가장 경계해야 하는 부분이 바로 이 점이라고 생각합니다. 우리는 정답을 찾기 위한 공부를 하는 것이 아니라 얼마나 더 질적인 물음을 던져볼 수 있느냐에 더 초점을 맞추어야 합니다. 정해진 질문에 답을 적어내는 것은 이 학교에 지원하는 수많은 학생이 가진 능력일 테지만, 자신만의 물음을 던지고 자신만의 답을 파헤쳐내는 경험은 여러분만이 가질 수 있는 개별적인 가치입니다. 정해진 길이 없는 곳으로 나아가는 것에 두려움을 떨쳐내시기를 바랍니다. 저는 고등학교 2, 3학년 동안 사진예술에서 시작해서 심리학, 실존주의 철학을 거쳐 실존주의적 문학 서평, 예술과 윤리의 관계에 대한 성찰, 나아가 유미주의와 극단적 탐미주의에 이르는 긴 탐구의 과정을 거쳤습니다. 길게 이어졌던 탐구는 모두 예술에 대한 본질적인 하나의 질문에서 시작되었을 뿐입니다. 꼬리에 꼬리를 무는 물음을 지속해서 연결하고, 이를 위한 공부를 스스로 쌓아나갔던 경험은 지금도 잊을 수 없는 가장 큰 성장의 기회였다고 생각합니다. 시험의 답을 찾는 공부에 매몰되지 마시고, 주어진 학습 과정을 벗어나 자신만의 질문을 던질 수 있는 경험을 쌓아나가시기를 바랍니다. 교과 범위는 우리의 성장을 위한 수단이지, 성장의 한계가 되는 일은 없어야 합니다.

저는 진리에 다가가는 과정, 학업의 과정에서 '지(智)'가 한 사람에게 국한되어서는 안 된다는 생각을 이따금 했습니다. 따라서 '지의 나눔'을 통한 학업의 완성이 절실했고, 이를 위해 '지적 공동체'를 결성하고자 했습니다. 이 과정에서 선생님과 학교의 도움을 많이 받았습니다.

먼저 학교에서 제공한 '또래 학습 멘토 활동'이 저와 또래 친구들의 학업적 신장에 큰 도움이 되었습니다. 부족한 지식을 학생들끼리 채우는 지적 나눔의 장인 또래 학습 멘토 활동에서 멘토로 활동하며 제 교과 지식을 멘티에게 전달해주었습니다. 가르치는 것은 최선의 배움이었습니다. 멘토 활동을 위해 준비하는 과정에서 자연스레 공부가 되었고, 혼자 공부하는 도중에 떠오른 물음을 멘티와 공유하며 제 사유의 깊이를 만들었습니다. 또한, 3학년 담임선생님의 도움으로 학급 내 멘토 활동을 진행한 것도 학업에 도움이 되었습니다. 이 활동에서는 멘토와 멘티의 경계를 허물고, 모두가 멘토이자 멘티로 활동하였습니다. 단순히 교과 지식에 머물지 않고 관련 도서를 추천하고 나누는 등 조금 더 입체적으로 학업 증진을 도모할 수 있었습니다.

*출처: 2021학년도 서울대 학생부종합전형 안내

저는 계속 다른 분야에 눈길을 돌리기도 했습니다. 미술 작품과의 연결고리를 찾아가며 하는 역사 공부가 재미있어 사학과에 관해서 찾아보기도 했고, 역사에 재미를 붙이니 철학 등 다양한 인문학을 서로 관련 지으면서 어렵지 않게 공부할 수 있었습니다. 역사적 사건, 철학과 예술사조의 변화, 관련된 환경 변화 등의 연결고리를 찾아가며 생각과 생각이 꼬리를 물고 끝없이 이어나가게 하는 것이 저의 인문학 공부였던 것 같습니다. 고등학교에서는 미술사에 대한 지식을 거의 가르쳐주지 않았고, 미술 분야의 공부는 독서를 통해 충족했습니다. 중요한 것은 독서를 통해 얻은 지식과 학교에서 배운 내용을 연결 지으며 복합적인 면을 볼 수 있었던 것입니다.

진로와 직접적인 관련이 없어 보인다고 해서 학교에서 배우는 것들이 쓸모없는 것이 아님을 알았으면 좋겠습니다. 어느 경험이든 다양한 방식으로 영감을 주고, 원하는 것을 이루려는 노력에 보탬이 될 수 있습니다. 여전히 대학에서 무엇을 더 공부하고 싶은지, 졸업 이후에 무엇을 할 수 있을지는 막연합니다. 하지만 순간순간 마음에 끌리는 선택을 하다보면 자신이 향하고 있는 방향을 조금씩 구체화할 수 있습니다. 무엇을 좋아하는지 생각하고, 어떤 경험들이 즐거움이나 보람을 주었는지 잊지 않는 것이 중요한 것 같습니다. 또 타인의 권유나 사회적인 평가 때문에 자신이 원하는 것을 포기하지 않기를 바랍니다.

*출처: 2022학년도 서울대 학생부종합전형 안내

저는 축구를 매우 좋아하는 학생이었고 자연스레 스페인 축구 리그를 챙겨보았으며 스페인어 해설까지 접하게 됐습니다. 스페인어 해설을 듣다 보니 스페인어에 대한 흥미가 생겼고, 그들의 문화에 대해서 배워보고 싶다고 생각했습니다. 그렇지만 고등학교 때 스페인어는 저에게 큰 도전이었습니다. 배워보고 싶은 언어이긴 했지만, 지금까지 배워본 적이 없던 언어를 읽기, 쓰기, 듣기, 심지어 말하기까지 해야 한다는 생각에 두렵기도 했고요. 이러한 상황을 극복하기 위해서 저는 스페인어와 친해지려 많이 노력했습니다. 마치 제가 스페인 사람이 된 것처럼 스페인어를 생활화하려고 노력했습니다. 예를 들어 유튜브 영상을 볼 때도 스페인어 자막을 이용했고, 각종 전자기기의 언어 설정을 스페인어로 바꾸어 사용했습니다. 이렇게 학교 공부뿐만 아니라 일상 속에서도 스페인어를 접하다 보니 자연스레 영어 단어를 보면 뜻이 비슷한 스페인어 단어가 떠오르고, 간단한 스페인어 회화가 저절로 입 밖으로 나오는 수준이 되더라고요. 그러면서 스페인어에 대한 두려움이 사라지게 되었고 더 잘할 수 있다는 자신감이 생겼습니다. 꾸준히 스페인어를 공부하면서 모르는 표현이나 단어가 나오면 저만의 노트에 기록해 지속해서 복습했고, 수업시간에 배운 관용표현, 문법 내용을 직접 손으로 다시 써보면서 하나도 빠짐없이 흡수하려고 노력했습니다. 스페인어에 관한 꾸준한 관심과 학구열이 합쳐지니 하나도 두려운 것이 없었습니다.

*출처: 2020 서울대 입학본부 웹진 아로리

학교생활기록부의 이해

학교생활기록부 항목 살펴보기

학교생활기록부란 고등학교 3년 동안의 학교생활 태도 및 학습 성장 변화가 객관적이고 종합적으로 기록되는 자료이다. 자신의 학교생활이 기록되고 대학 입시 서류평가에 중요한 자료로 활용되고 있는 학교생활기록부에 대해 이해한다면 대학 입시를 좀 더 효율적으로 준비할 수 있다. 학교생활기록부는 다음과 같이 총 8개 항목으로 구분되어 있다.

학교생활기록부 항목별 내용

01	인적·학적사항	성명, 성별, 주민등록번호, 주소, 졸업, 입학, 특기사항
02	출결상황	결석·지각·조퇴·결과(질병, 미인정, 기타로 분류) 횟수
03	수상경력	교내상만 기록
04	자격증 및 인증 취득상황	자격증 및 인증 내용(기록에 제한 있음)
05	창의적 체험활동 상황	자율, 동아리, 봉사, 진로활동 시간 및 특기사항
06	교과학습 발달상황	각 과목별 성적, 성취도, 석차등급, 세부능력 및 특기사항
07	독서활동상황	과목 또는 영역별 독서활동상황(도서명과 저자만 기록)
08	행동특성 및 종합의견	학업능력, 태도, 성격, 인성 등 종합적인 특성을 기록

√CHECK 진로희망사항 : 항목 삭제(2022 학생부), 진로희망은 창의적 체험활동상황의 진로활동에 기록

교과 영역과 비교과 영역의 이해

1 교과와 비교과의 구성요소

교과(교과학습발달상황)		비교과(창의적 체험활동)
반영 교과	활용 지표	자율활동 동아리활동 봉사활동 진로활동 수상경력 자격증 및 인증취득상황 독서활동 행동특성 및 종합의견
전교과 or 일부교과 (국영수사, 국영수과, 국영사, 수영과 등)	성취평가제 병기 원점수, 평균 표준편차 석차등급	

2 교과성적의 석차등급 산출

'원점수'는 한 학기에 실시한 모든 성적의 합을 100점 만점으로 구한 것이며, 해당 과목 이수자수를 이용하여 과목별 석차등급을 산출한다.

등급	1등급	2등급	3등급	4등급	5등급	6등급	7등급	8등급	9등급
등급별비율(%)	4	7	12	17	20	17	12	7	4
누적비율(%)	4	11	23	40	60	77	89	96	100

등급별 학생 수 산정 시 이수자수와 등급별 누적비율을 곱하여 반올림한 값을 그 구간까지의 누적인원으로 하고, 등급별 인원을 정하여 해당 석차의 학생에게 등급을 부여한다.

수능에서는 동점자일 경우에 최고 석차를 인정하는데, 학생부에서는 중간 석차를 인정한다. 다음은 이수자수 178명인 경우의 등급별 비율 분포의 예시이다. 어떤 학생의 석차가 178명 중 71등이라면 4등급이 된다.

구분	1등급	2등급	3등급	4등급	5등급	6등급	7등급	8등급	9등급
누적비율(%)	4	11	23	40	60	77	89	96	100
누적인원(명)	7.12	19.58	40.94	71.2	106.8	137.06	158.42	170.88	178
반올림값	7	20	41	71	107	137	158	171	178
등급별 인원(명)	7	13	21	30	36	30	21	13	7

단, 체육·음악·미술 교과의 과목 등급은 다음과 같이 평정한다.

성취율(점수)	80% 이상~100%	60% 이상~80% 미만	60% 미만
성취도	A	B	C

3 일반선택과목은 상대평가에 의한 석차 9등급, 진로선택과목은 성취도에 따른 A, B, C 성취율로 평가

*석차등급, 표준편차 미제공

구분		과목	단위수	원점수/과목평균 (표준편차)	성취도 (수강자수)	석차등급
일반선택	탐구	화학 I	4	72/54.4(13.4)	C(132)	3
		생명과학 I	4	95/60.4(21.4)	A(150)	1
진로선택	탐구	화학 II	4	94/70	A(85)	A(32.4%) B(30.9%) C(36.7%)
		생명과학 II	4	92/80	A(90)	A(43.6%) B(29.8%) C(26.6%)

>> 2015 개정교육과정 / 교과성적 산출

보통교과는 '성취도(A-B-C-D-E)'와 '석차등급(1등급~9등급)'으로 전문교과는 '성취도(A-B-C-D-E)'로 성적을 산출하는 것을 원칙으로 하되, 세부적인 사항은 다음을 참조한다.

구분		원점수/과목평균 (표준편차)			성취 (수강자수)		석차 등급	비고
		원점수	과목 평균	표준 편차	성취도	수강 자수		
보통교과	공통과목	○	○	○	5단계	○	○	· (성취도 3단계) 과학탐구실험 ※ 과학탐구실험은 석차등급 미산출
	일반선택과목 · 기초/탐구/생활·교양	○	○	○	5단계	○	○	· 교양교과(군) 제외
	일반선택과목 · 체육·예술	–	–	–	3단계	–	–	· 수강자수 입력하지 않음
	진로선택과목 ※기초/탐구/ 생활·교양/ 체육·예술	○	○	성취도별 분포 비율 입력	3단계	○	–	· 진로선택으로 편성된 · 전문교과 Ⅰ·Ⅱ 포함 · 교양교과(군) 제외 · 석차등급 및 표준편차 삭제 · 성취도별 분포비율 입력
	교양교과(군)	–	–	–	P	–	P	
전문교과 Ⅰ		○	○	○	5단계	○	○	· (성취도 3단계) 융합과학 탐구, 과학 과제연구 물리학 실험, 화학 실험, 생명과학 실험, 지구과학 실험, 사회 탐구 방법, 사회과제 연구
전문교과 Ⅱ		○	○	○	5단계	○	–	· 석차등급은 산출하지 않음
전문교과 Ⅲ		○	○	○	5단계	○	–	· 석차등급은 산출하지 않음 · 특수교육 교육과정을 운영하는 학교에 한함
보통교과 및 전문교과 Ⅰ 중 수강자수 13명 이하인 과목		○	○	○	교과(군)별 3단계 또는 5단계	○	'P' 또는 'Q등급'	· 보통교과 공통과목 과학탐구실험, 진로선택과목(진로선택으로 편성된 전문 교과 포함), 체육·예술 교과(군)의 일반선택과목, 교양교과(군)의 과목 제외
학교 간 통합 선택교과 (공동교육과정) 과목		○	○	○	교과(군)별 3단계 또는 5단계	○	–	· 보통교과 진로선택과목(진로선택으로 편성된 전문교과 포함), 체육·예술 교과(군)의 일반선택과목, 교양교과(군)의 과목 제외

4 과목별 세부능력 및 특기사항

각 교과목 선생님이 한 학기 또는 한 학년 동안 수업 및 평가 과정 관찰을 통해 학생의 학업태도 및 역량을 기록하는 부분으로서 단순한 성취나 결과보다 결과에 이르는 과정에서 학생의 발전과 성장 모습을 다면적으로 확인할 수 있다. 토론, 발표, 평가 등 수업 과정에서 보인 학생의 태도, 노력, 지적 호기심, 과제 수행 역량 등을 관찰하여 기록하는 정성적 평가로 수시 전형인 학생부종합전형에서의 학업 역량, 전공적합성, 발전가능성, 인성 등에 대한 평가로 매우 중요한 부분이다.

5 비교과 영역

학교생활기록부의 비교과 영역이란 교과 영역을 제외한 나머지 영역을 말한다. 수시모집에서 비교과 영역을 반영하는 대학에서는 전형 유형에 따라 출결상황, 수상실적, 창의적 체험활동(자율활동, 동아리활동, 봉사활동, 진로활동), 독서활동 등을 다양하게 반영한다.

항목별 입력 가능 최대 글자수 및 대입 반영여부

연도별 학교생활기록부 대입 반영 변화

구분		2022~2023학년도 대입	2024학년도 이후 대입
교과활동		·과목당 500자 ·방과후활동(수강) 내용 미기재	·과목당 500자 ·방과후활동(수강) 내용 미기재 ·영재·발명교육 실적 대입 미반영
종합의견		연간 500자	연간 500자
창의적 체험 활동	자율활동	연간 500자	연간 500자
	동아리활동	·연간 500자 ·자율동아리는 연간 1개 (30자)만 기재 ·청소년단체활동은 단체명만 기재 ·소논문 기재 금지	·연간 500자 ·자율동아리 대입 미반영 ·청소년단체활동 미기재 ·소논문 기재 금지
	봉사활동	·특기사항 미기재 ·교내외 봉사활동 실적 기재	·특기사항 미기재 ·개인 봉사활동실적 대입 미반영 (단, 학교교육계획에 따라 교사가 지도(실시)한 실적은 대입 반영)
	진로활동	·연간 700자 ·진로희망분야 대입 미반영	·연간 700자 ·진로희망분야 대입 미반영
수상경력		교내수상 학기당 1건만 (3년간 6건) 대입 반영	대입 미반영
독서활동		도서명과 저자	대입 미반영

√CHECK

- 미기재: 학생부에서 삭제
- 미반영: 학생부에는 기재하되 대입 자료로 미전송

학교생활기록부 입력 유의사항

학교생활기록부는 학생의 성장과 학습 과정을 상시 관찰·평가한 누가기록 중심의 종합기록이어야 함.

학교생활기록부에는 학교교육계획이나 학교 교육과정에 따라 학교에서 실시한 각종 교육활동의 이수상황(활동내용에 따른 개별적 특성이 드러나는 사항 중심)을 기재하는 것이 원칙임.

*학교교육계획 이외의 체험활동은 교육 관련 기관 (교육부 및 소속기관, 시·도교육청 및 직속기관, 교육지원청 및 소속기관)에서 주최하고 주관한 행사, 봉사활동 실적 등만 학교장이 승인한 경우에 한해 기재 가능함.

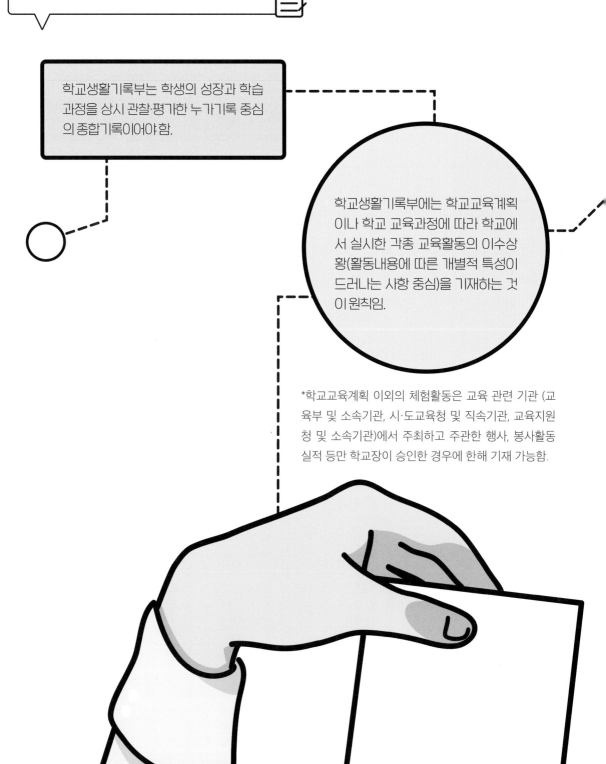

다음은 사항으로 '행동특성 및 종합의견'란을 포함하여 학교 생활기록부의 어떠한 항목에도 기재할 수 없음.

- 각종 공인어학시험 참여 사실과 그 성적 및 수상실적
  *기재불가 공인어학시험
  영어(TOEIC, TOEFL, TEPS), 중국어(HSK), 일본어(JPT, JLPT), 프랑스어(DELF, DALF), 독일어(ZD, TESTDAF, DSH, DSD), 러시아어(TORFL), 스페인어(DELE), 상공회의소한자시험, 한자능력검정, 실용한자, 한자급수자격검정, YBM 상무한검, 한자급수인증시험, 한자자격검정 등
- 교과·비교과 관련 교외 대회 참여 사실과 그 성적 및 수상실적*
  *학교장의 참가 허락을 받아 참여한 각종 교외 대회에서의 수상실적도 기재 불가함.
- 교외 기관·단체(장) 등에게 수상한 교외상(표창장, 감사장, 공로상 등도 기재 불가함)
- 교내·외 인증시험 참여 사실이나 그 성적
- 모의고사·전국연합학력평가 성적(원점수, 석차, 석차등급, 백분위 등 성적 관련 내용 일체) 및 관련 교내 수상실적
- 논문을 학회지 등에 투고 또는 등재하거나 학회 등에서 발표한 사실
- 도서 출간 사실
- 지식재산권(특허, 실용신안, 상표, 디자인) 출원 또는 등록 사실
- 어학연수, 봉사활동 등 해외 활동실적 및 관련 내용
- 부모(친인척 포함)의 사회·경제적 지위(직종명, 직업명, 직장명, 직위명 등) 암시 내용
- 장학생·장학금 관련 내용
- 구체적인 특정 대학명, 기관명*(기구, 단체, 조직 등 포함), 상호명, 강사명** 등
  *기관명
  : 교육 관련 기관 (교육부 및 소속기관*, 시도교육청 및 직속기관, 교육지원청 및 소속기관**에 한함)의 경우 기관명을 입력할 수 있음.
      *교육부 소속기관: 대한민국학술원, 국사편찬위원회, 국립국제교육원, 국립특수교육원, 교소청심사위원회, 중앙교육연수원(총 6개 기관)
      **시도교육청 및 직속기관, 교육지원청 및 소속기관
  ※교육 관련 기관이 직접 운영하는 기구, 단체, 조직 등 포함
  : 봉사활동실적의 '장소 또는 주관기관명'에는 구체적인 장소 또는 주관기관명을 입력함.
  **강사명
  : 특정 강사명은 강사로 활동하고 있는 사람 모두를 지칭하는 것이 아니라, 학생들이 참여한 강의(또는 교육활동)의 강사를 말함.
- 교내 대회 참여사실과 그 성적 및 수상실적   ※ '수상경력' 이외의 항목 입력 불가
- 자격증 명칭 및 취득 사실   ※ '자격증 및 인증취득사항' 이외의 항목 입력 불가

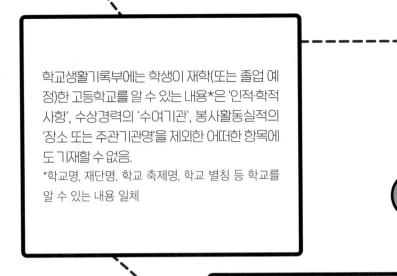

학교생활기록부에는 학생이 재학(또는 졸업 예정)한 고등학교를 알 수 있는 내용*은 '인적·학적 사항', 수상경력의 '수여기관', 봉사활동실적의 '장소 또는 주관기관명'을 제외한 어떠한 항목에도 기재할 수 없음.
*학교명, 재단명, 학교 축제명, 학교 별칭 등 학교를 알 수 있는 내용 일체

학교생활기록부에 '항목과 관련이 없거나 기록해서는 안 되는 내용의 기재', '단순 사실을 과장하거나 부풀려서 기재', '사실과 다른 내용을 허위로 기재'하는 등 학교생활기록부의 신뢰도를 저하시키는 사례가 발생하지 않도록 특히 유의하여야 함.

*특히, 학교생활기록부 서술형 항목에 기재될 내용을 학생에게 작성하여 제출하도록 하는 행위 금지

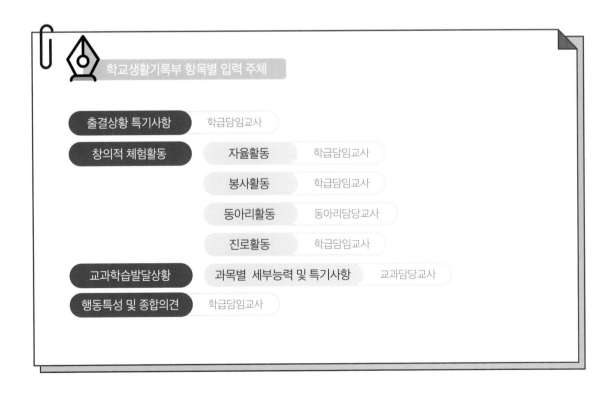

학교생활기록부 항목별 입력 주체

출결상황 특기사항		학급담임교사
창의적 체험활동	자율활동	학급담임교사
	봉사활동	학급담임교사
	동아리활동	동아리담당교사
	진로활동	학급담임교사
교과학습발달상황	과목별 세부능력 및 특기사항	교과담당교사
행동특성 및 종합의견		학급담임교사

인문계열 실전 학교생활기록부

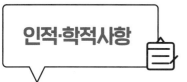

1 내용

학생의 성명, 성별, 주민등록번호, 주소, 중학교 졸업일자, 고등학교 입학·졸업, 전학 등을 기록하는 항목이다.

2 기재요령지침

TIP.1 '학생정보'란에는 성명, 성별, 주민등록번호와 입학 당시의 주소를 입력하되 재학 중 주소가 변경된 경우 변경된 주소를 누가하여 입력한다.

TIP.2 중·고등학교에서는 입학 전 전적 학교의 졸업연월일과 학교명을 입력하며 검정고시 합격자는 합격연월 일과 '졸업 학력 검정고시 합격'이라고 입력한다.

TIP.3 재학 중 학적변동이 발생한 경우 전출교와 전입교에서 각각 학적변동이 발생한 일자, 학교와 학년, 학적 변동 내용을 입력한다.

TIP.4 '특기사항'란에는 학적변동의 사유를 입력한다. 특기사항 중 학교폭력과 관련된 사항은 학교 「폭력 예방 및 대책에 관한 법률」 제17조에 따라 가해 학생에 대한 조치사항을 입력한다.

TIP.5 '특기사항'란에는 학생에게 부정적 영향을 줄 수 있는 것은 입력하지 않을 수 있다.

3 대학의 평가 관점

☐ 대입전형자료 제공 시 '학생의 성별, 주소, 특기사항'은 제외된다.
  (학생의 '성명, 주민등록번호, 사진' 3개 항목만 제공)

☐ 학적사항은 학생의 이동사항과 특별전형 대상(농어촌, 고른기회전형 등)을 보여준다.

☐ 학적변동이 잦거나 특별한 사유가 있는 학생은 구체적인 이유를 확인하여 대학의 인재상, 모집단위와의 연관성을 평가하여 반영할 수 있다.

☐ 2021학년도 입시부터 대학에서 평가 시 고교명은 블라인드 처리된다.

4 관리 가이드

🍃 학적변동이 잦거나 특별한 사유가 있으면 구체적인 이유를 특기사항에 기록하여 사유를 소명하는 것이 좋다.

출결상황

1 내용

수업일수와 결석, 지각, 조퇴, 결과를 질병, 미인정, 기타로 구분하여 기록한다.

2 기재요령 지침

TIP.1 학생의 각 학년 과정의 수료에 필요한 출석일수는 '초·중등교육법 시행령' 규정에 의한 수업일수의 2/3 이상으로 한다.

TIP.2 '지각'은 학교장이 정한 등교 시각까지 출석하지 않은 경우로 학교장이 정한 등교 시각 이후부터 하교 시각 사이에 등교를 하면 지각으로 처리한다.

TIP.3 '조퇴'는 학교장이 정한 등교 시각과 하교 시각 사이에 하교한 경우를 말한다.

TIP.4 '결과'는 수업시간에 불참하거나 학교장이 정한 시각 이후에 수업에 참여한 경우, 교육활동을 고의로 방해한 경우 등을 말한다.

TIP.5 '특기사항'란에는 질병·미인정 등으로 인한 장기결석, 기타결석의 사유 등을 입력한다.

· 장기결석 : 결석 종류별로 사유를 입력함

· 기타결석 : 사유를 입력함

· 단기결석 : 횟수가 많을 경우 이를 누계하여 주된 사유를 입력할 수 있음

· 지각·조퇴·결과 : 입력하지 않으나 반복적인 지각·조퇴·결과의 경우 사유를 입력함

· 특기사항에는 학교생활기록부에 기재할 수 없는 내용을 입력할 수 없음
  (해외 봉사활동, 해외 어학연수, 교외 대회 참가 등)

TIP.6 '특기사항'란에는 학교폭력대책자치위원회에서 결정한 「학교폭력예방 및 대책에 관한 법률」 제17조(가해학생에 대한 조치사항) 제1항 제4호(사회봉사), 제5호(특별교육이수 또는 심리치료), 제6호(출석정지)에 따른 조치사항을 조치 결정일자(내부결재일)와 함께 결정 즉시 입력한다.

3 대학의 평가 관점

☐ 결석일수 혹은 지각, 조퇴, 결과는 인성 평가에 반영한다.

   – 미인정(결석, 지각, 조퇴, 결과)은 그 사유가 주요한 평가요소임

   – 미인정(결석, 지각, 조퇴, 결과) 감점: 2~3회 이상 부정적 영향을 미칠 가능성 있음

   – 성실성의 평가 지표임

☐ 출결사항은 대학 입시에서 인성요소 및 학업의지, 책임감, 자기관리능력 등에 반영되는 주요 사항이다.

4 관리 가이드

🖋 출결상황은 학생의 성실성을 보여주는 자료이므로 미인정 결석, 미인정 지각, 미인정 조퇴, 미인정 결과를 하지 않도록 한다.

🖋 정황이 참작될 만한 사유가 있는 결석, 지각, 조퇴, 결과의 경우 그 사유를 특기사항에 기록하여 소명하는 것이 좋다.

주요 대학 가이드북에서 제시하는 출결사항 평가내용

건국대 ☑ 지각·조퇴·결과·결석이 있다고 해도 납득할 만한 사유가 있다면 문제되지 않습니다. 다만 미인정의 경우, 학년이 바뀜에도 연속적으로 발생하거나 횟수가 많을 경우에는 긍정적으로 보기는 어려우며 '인성'에서 감점이 될 수 있습니다.

경희대 ☑ 출결사항은 학생으로서의 본분에 얼마나 충실했는지 평가할 수 있는 가장 기본적인 자료입니다. 평가 시 학생부에 기재된 미인정 지각, 결석, 결과와 같은 기록을 토대로 성실성을 평가할 수 있습니다.

고려대 ☑ 출결사항은 학생이 학교생활에 임하는 성실성을 확인할 수 있는 항목입니다. 다만, 3년간 개근하지 않았다고 해서 반드시 평가에 부정적인 영향을 주는 것은 아닙니다. 결석·지각·조퇴·결과의 기록이 있어도 질병 등 사유가 타당하다면 감점 요인으로 작용하지 않습니다.

동국대 ☑ 출결은 지원자의 성실성을 판단하는 가장 기본적인 요소이기 때문에 꾸준히 관리하는 것이 중요합니다. 미인정 출결사항이 다수 있을 경우 평가에 부정적인 요인이 될 수 있으나, 질병 등과 같이 타당한 사유가 있다면 평가에 불이익을 받지 않습니다.

부산대 ☑ 서류평가 시 출결사항을 통해 지원자의 학교생활 충실도를 평가하고 있습니다. 질병에 의한 지각과 결석 등은 평가에 반영되지 않지만 미인정 출결사항의 경우는 성실성에서 부정적으로 보일 수 있습니다.

전남대 ☑ 출결상황을 통해 지원자의 학교생활 전반에 대한 기본적인 태도와 성실성, 책임감 등을 파악할 수 있습니다. 지각이나 결석 횟수가 부정적인 평가를 받는 것은 아닙니다. 다만 출석과 관련하여 미인정이나 기타 사유에 대한 이유를 면접에서 확인하기도 합니다. 질병이 사유인 경우에도 그 일수가 장기라면 학업 손실에 대한 지원자의 보완 노력을 질문하기도 하는데, 이는 지원자의 학업에 대한 태도나 부정적 상황을 극복하려는 노력을 파악할 수 있기 때문입니다.

중앙대 ☑ 출결을 통해 학생의 기본적인 성실성을 평가할 수 있는 항목입니다. 반복적인 지각·조퇴·결과가 있거나 질병으로 인해 결석이 있는 경우, 특기사항에 기재되어있는 내용을 참고할 수 있습니다. 미인정 결석의 경우, 성실성 평가에서 좋지 않은 영향을 줄 수 있습니다. 만약, 정당한 사유가 있다면 특기사항의 내용을 참고하여 평가합니다.

한양대 ☑ 출결사항은 학생부 참고영역으로 지각 및 결석 유무를 평가하는 항목이 별도로 있지는 않습니다. 하지만 미인정 결석, 미인정 지각이 많거나 그것과 관련하여 학생부상에서 이유와 원인이 확인되지 않을 경우 불이익이 있을 수 있습니다.

인하대 ☑ 출결사항은 지원자의 학교생활에 대한 성실성과 연관 있는 항목이므로, 반복적인 결석, 지각 등이 있다면 평가요소 중 인성영역에서 불리하게 평가받을 수 있습니다. 하지만 결석·지각 등의 내용이 있다는 것만으로 반드시 부정적인 평가를 받게 되는 것은 아닙니다. 결석·지각 등이 있더라도 그에 대한 사유가 분명하게 기재되어 있다면 부정적인 평가를 받지 않습니다. 만약 사유가 기록되어 있지 않다면 보통 면접 평가를 통해 어떠한 이유로 결석·지각하게 되었는지 확인받게 되는 경우가 많습니다.

서울과학기술대 ☑ 학교생활의 성실성을 판단하는데 있어 가장 기본적인 요소가 바로 출결상황입니다. 미인정 조퇴·지각·결석 등이 다수 있을 경우 평가에 부정적인 요인이 될 수 있으나, 질병 및 사유가 있는 출결사항일 경우 평가에 불이익을 받지 않습니다.

수상경력

1 내용

수상명, 등급(위), 수상연월일, 수상기관, 참가대상(참가인원)을 기록하는 항목이다.

2 기재요령 지침

TIP.1 학년 초 학교교육계획서에 따라 실시한 교내상만을 기재하며, 수상 사실은 수상경력 이외의 어떠한 항목에도 입력하지 않는다(대회 참가 사실 등 기재 불가).

TIP.2 모든 교외상은 학교생활기록부 어떠한 항목에도 입력하지 않는다(창의적 체험활동상황, 교과학습발달상황의 '세부능력 및 특기사항', 행동특성 및 종합의견 등).

TIP.3 교내상은 학교생활기록부 수상경력에만 입력하며, 수상경력 이외의 어떠한 항목에도 입력하지 않는다(창의적 체험활동상황의 특기사항, 교과학습발달상황의 '세부능력 및 특기사항' 및 자유학기활동상황, 행동특성 및 종합의견 등).

※ 2024학년도 대입(졸업생 포함)부터 상급 학교 진학 시 '수상경력'은 제공하지 않음.

3 관리 가이드

🖎 교내 대회는 학교별 연간수상계획에 의거하여 대부분 매 학년 초에 확정되어 학교 홈페이지나 가정통신문으로 공지된다. 학교 수상계획을 참고하여 자신이 잘할 수 있는 분야 및 관심 있는 분야와 관련된 대회가 무엇인지 알아보고, 진로와 관련된 대회 2~3개를 선정하여 참여 계획을 세우도록 한다.

🖎 교내 대회의 참가 동기는 자신의 진로나 전공분야에 대한 관심과 도전이다. 대회에서 수상하지 못하더라도 준비하는 과정에서의 경험 및 성장의 기회가 될 수 있는 대회들이 있다면 참여하는 것이 좋다.

🖎 대회 참여 후에는 참여한 동기, 준비 과정에서의 노력한 점, 느낀 점, 변화된 점 등을 중심으로 기록해두고, 대회 과제와 관련된 심화 독서를 하거나 탐구활동 등 후속활동으로 확장하여 지속적인 관심과 노력을 나타내는 것이 중요하다.

자격증 및 인증 취득상황

1 내용

고등학생이 재학 중에 취득한 자격증의 명칭, 종류, 번호 또는 내용, 취득연월일, 발급기관을 기록하는 항목이다.

2 기재요령 지침

TIP.1 고등학생이 재학 중 취득한 기술 관련 자격증으로 '국가기술자격법'에 의한 국가기술자격증, 개별 법령에 의한 국가자격증, '자격기본법'에 의한 국가공인을 받은 민간자격증을 입력한다.

TIP.2 고등학생이 학교교육계획에 따라 국가직무능력표준을 이수한 경우 학교생활기록부에 등록하여 그 결과를 관리한다.

TIP.3 기술 관련 국가공인 민간자격증은 급수와 취득연도를 확인하고 공인기간 내 공인 효력이 있는 것만 입력한다.

*고등학교의 경우, 재학 중 취득한 국가기술자격증, 국가자격증, 국가공인 민간자격증 중 기술 관련 자격증에 한해 입력할 수 있으며, 그 외의 각종 민간자격증과 국제공인자격증은 입력할 수 없음.

TIP.4 자격증의 명칭 및 취득 사실은 '자격증 및 인증 취득상황'란에만 입력하고, 학교생활기록부의 어떠한 항목에도 입력하지 않음.

TIP.5 '자격증 및 인증 취득상황'은 대입전형자료로 제공하지 않음.

TIP.6 재학 중 취득한 자격증은 누가하여 기록함(이전학년도에 취득한 자격증도 학생부 정정 불필요).

3 대학의 평가 관점

☐ 특성화고 졸업생의 경우 특성화고 대상 전형에서 활용할 수 있다.

☐ 일반고 졸업생의 경우, 학교생활기록부에 기재는 하지만 대학에 제공되지는 않는 항목으로 평가 대상에서는 제외된다.

4 관리 가이드

🍃 자격증은 기록은 하되 대입자료로 제공되지 않으나 자격증을 따기 위해 노력했던 과정은 동아리활동, 관련과목 세특, 진로활동과 연계할 수 있다.

🍃 특성화고 대상 전형의 경우 자신의 전공과 관련된 자격증의 경우 제공 여부와 관계없이 취득해두는 것이 유리하다.

창의적 체험활동상황

자율활동, 동아리활동, 봉사활동, 진로활동의 시간 및 특기사항이 기록되는 항목이다. 2015 개정교육과정에서는 '학생들이 나눔과 배려를 실천함으로써 공동체 의식을 함양하고 개인의 소질과 잠재력을 계발·신장하여 창의적인 삶의 태도를 기르는 것'을 목표로 하고 있다. 창의적 체험활동은 교과활동과 상호보완적 관계에 있는 교육과정으로써 학생들이 교과활동에서 습득된 것들을 적용하고 실현해보는 교과 외 활동이다.

창의적 체험활동 상황의 영역에서 시수 인정과 특기사항에 입력할 수 있는 내용

영역	시수	특기사항에 입력할 수 있는 내용
자율활동	정규 교육과정 시수 (행사활동은 별도 행사시수 포함)	· 학교교육계획(정규 교육과정 포함)에 의해 학교에서 주최하고 주관하여 실시한 활동 · 학교장이 승인하여 동일학교급 타학교에서 주최하고 주관한 국내 체험활동 · 학교장이 승인한 교육 관련 기관에서 주최하고 주관하여 실시한 국내 체험활동 ※ 정규 교육과정에 의해 해외에서 실시한 자율활동은 시수만 인정하며, 그 이외의 해외 창의적 체험활동은 시수와 특기사항을 모두 입력하지 않음.
동아리활동	정규 교육과정 시수 (정규 교육과정 이외의 학교스포츠클럽 활동 포함)	· 정규 교육과정 동아리활동(정규 교육과정 내 학교스포츠클럽 활동 및 청소년단체활동 포함) · 정규 교육과정 이외의 학교스포츠클럽활동 클럽명과 이수시간 · 학교교육계획에 의한 정규 교육과정 이외의 자율동아리활동(동아리명 및 간단한 동아리 소개) · 학교교육계획에 의한 정규 교육과정 이외의 청소년단체활동(단체명) · 학교장이 승인하여 동일학교급 타학교에서 주최하고 주관한 국내 체험활동 · 학교장이 승인한 교육 관련 기관에서 주최하고 주관하여 실시한 국내 체험활동
진로활동	정규 교육과정 시수 (행사활동은 별도 행사시수 포함)	· 진로희망분야 · 학교교육계획(정규 교육과정 포함)에 의해 학교에서 주최하고 주관하여 실시한 진로활동과 관련된 사항 · 진로지도와 관련된 상담 및 권고 내용 · 학교장이 승인하여 동일학교급 타학교에서 주최하고 주관한 국내 체험활동 · 학교장이 승인한 교육 관련 기관에서 주최하고 주관하여 실시한 국내 체험활동

1 내용

자율활동은 학교교육계획(정규 교육과정 포함)에 의해 학교에서 주최하고 주관한 활동이 기록되는 항목이다. 학급회·학생회·자치법정 등과 같은 자치활동, 친목·사제동행 같은 적응활동, 전시회·현장체험학습과 같은 행사활동 그리고 학급 및 학교의 다양한 특색활동이 기록된다.

2 기재요령 지침

TIP.1 자율활동의 특기사항은 활동결과에 대한 평가보다는 활동과정에서 드러나는 개별적인 행동특성, 참여도, 협력도, 활동실적 등을 평가하고 상담기록 등의 관련 자료를 참고하여 실제적인 역할과 활동 위주로 입력한다.

TIP.2 정규 교육과정 또는 학교교육계획에 의해 실시한 학생 상담활동, 자치법정 등은 자율활동 특기사항에 입력한다.

TIP.3 자치활동 관련 특기사항에 입력하는 임원의 활동기간은 1학년은 입학일부터 학년말, 2학년은 3월 1일부터 학년말까지로 입력한다.

TIP.4 자치활동 관련 내용을 특기사항에 입력할 때에는 구체적인 임원의 종류를 알 수 있도록 '전교', '학년', '학급' 등을 입력하고, 재임기간을 ( )안에 병기한다.

3 대학의 평가 관점

☐ 학교생활의 참여도, 적극성, 자율성, 리더십, 공동체 의식 등과 같은 인성과 태도 평가에 중요하게 작용된다.

☐ 모든 활동의 동기, 활동내용, 배우고 느낀 점 그리고 활동으로 변화한 가치관 등을 다른 영역의 활동과 연계하여 평가한다.

☐ 자율활동 내용 가운데 지원학과(전공)와 관련된 활동이 있다면 전공적합성을 판단하는 데 활용될 수 있다.

4 관리 가이드

✎ 대학에서 평가하고자 하는 것은 학교가 아니라 학생이다. 학교에서 계획한 자율활동 행사에 참여하더라도 자신의 활동 중심으로 소감문을 작성하여 '나'를 보여줄 수 있도록 한다.

✎ 활동에서 끝내지 말고 주제를 관심분야 및 진로와 관련지어 심화 탐구활동을 하거나 독서와 연계한 후 보고서 제출 및 발표를 통해 담임선생님과 소통하는 것이 좋다.

✎ 리더십 활동은 학급회장, 부회장 등 단순히 경력으로만 정량평가하는 것이 아니라 학급 또는 학교에서 맡은 역할을 어떻게 수행하였는지에 중점을 두고 정성평가하므로 자신의 역할을 충실히 수행하고 공동체에 긍정적인 영향을 주도록 노력한다.

주요 대학에서 제시하는 자율활동 평가 내용

고려대 ☑ 대부분 학교에서 자율활동에는 모든 학생이 참여한 활동을 기록합니다. 하지만 리더십 발휘 경험 등 지원자 고유의 특성과 활동이 드러나는 경우가 있고, 이를 통해 지원자의 특성을 파악할 수 있습니다. 이때 리더십 발휘 경험이란 반장이나 부반장 활동만을 의미하지는 않습니다. 학습부장, 서기 등 작은 역할이라도 책임감을 갖고 다른 학생들에게 솔선수범하는 모습을 보였다면 리더로서의 자질을 충분히 확인할 수 있습니다. 또한 자율활동에는 지원자의 인성, 지원전공(계열)과 관련된 활동 경험, 학업에 대한 노력 및 우수성을 엿볼 수 있는 내용이 담겨 있습니다. 이러한 내용은 학교생활기록부 곳곳에 숨어 있는 지원자에 대한 기록 , 자기소개서에 기술된 내용들과 함께 지원자를 입체적으로 파악하는 데 도움이 됩니다.

단국대 ☑ 자율활동을 통해 공동체 의식, 성실성 등의 인성을 평가합니다. 자율활동은 활동 결과에 대한 평가보다는 활동 과정에서 드러나는 개별적인 행동특성, 참여도 등을 평가합니다.

동국대 ☑ 이전까지는 자율활동에서 학급에서의 역할만이 부각되었다면, 최근 들어서는 점점 학급 내에서 자체적으로 운영하는 자율활동이 증가하면서 개인의 특성을 평가할 수 있는 내용이 많아지고 있습니다. 따라서 자율활동에서는 지원자의 역할의 주도성뿐만 아니라 자기주도적 학습 능력, 전공적합성에 대한 평가도 가능합니다. 활동에 대한 단순 참여 기록은 의미 없는 평가 자료가 될 확률이 높기 때문에 학습 내에서 동일한 활동을 하더라도 개인의 특성을 드러내 보일 수 있도록 하는 것이 중요합니다. 본인의 적극적이고 능동적인 활동과 노력이 무엇이었는지 평소에 기록해두고, 자신의 역할과 활동의 진정한 의미를 생각하며 평소 학교생활을 한다면 긍정적인 평가를 받을 수 있을 것입니다.

전남대 ☑ 자율활동에서는 학생 개인의 특성이 면밀하게 관찰되어 참여내용, 역할, 역할에 따른 임무 수행 등이 기록되어 있어 지원자가 학급이나 학교 구성원으로서 교내 활동 참여의 자기주도성, 자율성, 대인관계능력, 공동체 의식 등을 판단할 수 있습니다. 학교의 집단생활에서 학생 개인이 개인적 이익과 성과보다는 공동체 일원으로 협력하면서 어떻게 성장하였는지를 살피는 주요한 정보원으로 자율활동을 인지·확인·평가합니다.

중앙대 ☑ 학급 및 전교 학생회, 동아리 임원 등의 자치활동과 각종 행사 참여 활동을 통해 학생의 창의적인 기획과 활동 결과, 문제 발생 시 문제해결능력 등을 확인하게 됩니다. 학교 전체 학생이 참여하는 일괄적이고 추상적인 행사성 참여기록에 대한 평가보다는 단체활동 속에서 드러나는 학생 개인의 특성을 평가합니다.

인하대 ☑ 자율활동은 주로 지원자가 갖고 있는 리더십 역량을 살펴볼 수 있는 항목입니다. 하지만 임원활동을 한 경험 그 자체가 리더십을 갖추고 있다는 것을 의미하는 것은 아니기 때문입니다. 리더십은 반드시 회장, 부회장 등의 임원활동을 통해서만 드러나는 역량이 아닙니다. 진정한 리더십 역량을 갖춘 학생은 교내 프로그램 참여, 수업 중 조별 발표, 청소시간 언제 어디서든 그 역량이 자연스럽게 드러나기 마련입니다. 어떤 경험 속에서 리더십을 발휘하고, 또 리더로서 어떤 역할을 했는지를 중점적으로 보면서 지원자를 평가합니다.

서울과학기술대 ☑ 자율활동 과정에서 드러나는 개별적인 행동특성, 활동 실적 등을 찾아볼 수 있습니다. 학교 구성원으로서 수행한 작은 역할이라도 활동 과정에서 주도성과 책임감 등을 보여준다면 긍정적인 평가를 받을 수 있습니다. 학급 내에서 동일한 활동을 하더라도 개인의 특성을 드러내 보일 수 있도록 하는 것이 중요합니다.

인문계열 추천 자율 활동

LIST

학생자치회 활동, 학급 임원활동, 학급 1인 1역할,
학급 문고 발행, 인문학 캠프 활동, 저자와의 만남 활동,
프로젝트 학습(어학, 문학, 인문, 종교 관련), 또래 멘토링 활동,
학급 특색 프로그램 활동, 자유 주제 발표, 독서 프로그램,
주제 탐구형 소그룹 활동(학습, 관심분야, 진로관련), 독서토론 등

인문계열 맞춤형 자율활동 기재 예시

 01. 언어학과, 한국어학과, 국어국문학과

자유 주제 발표 활동에서 '외래어를 우리말로 바꾸면 어떨까요?'라는 주제로 국립국어원에서 선정한 다듬은 말 지움액(리무버), 곁들이(사이드 메뉴), 소망 목록(버킷리스트) 등 20여 개의 단어를 소개하면서 외래어가 어떤 과정을 거쳐 선정되고 말이 다듬어졌는지 사례를 들어 설명함. 우리가 말과 글에서 무심코 사용하는 외래어가 많다는 것을 발견하게 되었고, 외래어 표현을 사용하지 않을 수는 없겠지만 우리말로 다듬어 쓰려는 공동체의 노력이 필요하다는 의견을 설득력 있게 설명하는 모습이 인상적임. 한글날 기념 '우리말 사랑' 교내 캠페인에 참여하여 바르고 고운 순우리말을 찾아 멋글씨(캘리그라피) 엽서를 만들어 전시하고, 예쁜 메모지를 만들어 친구들에게 나눔을 실천함.

 02. 철학과

자유 주제 발표 활동에서 '철학이란 무엇인가'라는 주제로 자신의 관심분야에 대해 발표함. 철학이란 지혜를 사랑하는 것이라고 자신의 소견을 밝히고 철학을 통해 인간에 대한 고찰, 세계의 모든 존재에 대한 인식, 인간과 사회 사이의 관계에 대한 사색 등 모든 것을 포괄하고 융합하여 새로운 것을 창조해낼 수 있다며 자신감 넘치는 발표로 급우들의 호응을 얻음. 끊임없이 '혹시 다른 가능성이 있을까'라는 열린 생각을 가지고 있는 학생으로 철학적 이론에 관심이 많고, 평소 친구들과 철학적 주제 토론하기를 좋아함. '소크라테스의 변명·크리톤·파이돈·향연(소크라테스, 플라톤)', '군주론(니콜로 마키아벨리)'을 읽고 소감문을 작성하는 등 틈틈이 다독하려고 노력하는 모습을 보임.

 03. 문예창작학과

학급 특색활동에서 스토리텔링을 제안하여 '우리들의 이야기'라는 주제로 학급 친교 활동을 주도함. 모둠을 구성하고 활동 전에 스토리텔링이 무엇인지, 어떤 기법이 있는지에 대한 PPT를 만들어 활동 안내를 하고 활동지를 준비함으로써 원활한 진행을 위해 노력하는 모습이 인상적임. 학교생활, 수업, 급식, 학업 스트레스, 우정, 진로에 대한 고민 등 다양한 우리들의 이야기가 투박하기도 하지만 위트 있게 표현될 때마다 웃음과 박수가 쏟아졌음. 활동 후 처음에는 잘할 수 있을까라는 망설임이 있었지만 친구들과 협업하는 과정에서 서로 친해지는 계기가 되었고, 성취감을 맛볼 수 있는 즐거운 경험이었다고 소감을 발표하며 모둠별 활동사진과 이야기를 모아 학급에 게시함. 일상을 소재로 창작활동을 꾸준히 하고 있으며, 다양한 분야의 독서활동을 통해 문학창작 분야의 소양을 기르고 있음.

💬 04. 인문계열 공통

장애이해인권교육(2022.04.21.)을 듣고 다양한 매체를 통한 사례 속에서 차이와 차별을 알게 되었으며, 장애인에 대한 막연한 동정심보다는 장애인의 인권을 존중하는 태도를 지녀야겠다고 소감문을 작성함. 학급의 특수교육 대상 친구에게도 무조건적인 도움이 필요한 것이 아니라, 급우로서의 대화가 더 중요함을 깨닫고 더 친해지는 계기가 되었다고 이야기함. 학교폭력예방교육(2022.07.13.) 시간을 통하여 감정이 실린 뜨거운 언어는 듣는 사람에게 화상을 입힌다는 기사를 읽은 후 자신의 경험을 이야기하는 시간을 가졌으며, 언어폭력의 문제점과 예방 캠페인에 대한 자신의 생각을 발표하고 '너를 믿어~ 넌 정말 좋은 친구야, 넌 정말 멋져~ 넌 할 수 있어.'라는 나와 나의 친구를 지켜주는 말을 캘리그라피 엽서로 작성하여 학급에 전시함.

💬 05. 한문학과

학급 주제 발표 시간에 논어의 '덕불고필유린'이라는 문장을 선택하여 '덕이 있는 사람은 외롭지 않으며 반드시 이웃이 있다.'는 공자의 말씀처럼 덕을 갖추거나 남에게 덕을 베풀며 살아가는 사람은 언젠가 세상에서 인정을 받게 된다는 자신의 좌우명을 설명함. 한자성어에 관심이 많고 성어의 뜻풀이와 유래 찾기를 즐겨하는 학생으로 학급 게시판에 매일 하나의 사자성어를 풀이와 함께 게시함. 사자성어를 게시하면서 한자에 더욱 매력을 느끼게 되어 한 글자 한 글자 뜻을 익혀가면서 기초적인 한문 해석 능력을 신장시키고 있으며, 한자뿐만 아니라 동양철학에도 관심이 있어 논어를 원문으로 읽고 싶다는 포부를 밝힘.

💬 06. 사학과

1인 1역으로 역사 학습도우미 역할을 맡아 한국사 수업 관련 안내 및 수업 내용의 요약정리를 꼼꼼히 하여 급우들과 공유하고, 매일 학급 게시판에 해당 날짜의 역사적 사건을 적고 설명하는 글을 게시하여 급우들의 역사 인식을 제고시킴. 또한 역사에 관심 있는 친구들과 함께 독도 탐방 프로젝트를 계획하고 실행함. 독도의용수비대 활동과 독도가 우리나라의 영토로 자리매김하게 된 과정 등을 보고서로 작성하여 발표함. 효율적인 역사 전달을 위해 역사 콘텐츠 제작에도 관심을 보임. '한국통사(박은식)'를 읽고 대원군의 세도정치 척결과 내정개혁의 업적에 대해 인정하면서도 당시 국제 정세에 대한 정확한 판단 없이 통상 수교 거부 정책을 실시하여 우리나라가 시대적 흐름에 발맞춰 성장할 기회를 잃어버렸다는 사실에 공감한다는 내용으로 정리하여 학급 발표 시간에 발표함.

07. 인문계열 공통

학생자치회 행사부장(2021.03.01.-2022.02.28.)으로서 코로나19로 인하여 학교 축제 행사를 어떻게 운영할 것인가에 대한 협의 끝에 온·오프라인 축제를 제안하고 기획하게 됨. 동아리부스 운영을 온라인과 오프라인으로 구분하여 운영 계획을 수립하고 신청서를 접수하여 오프라인 장소 섭외와 온라인 운영에 필요한 여건을 마련함. 대면 활동은 오전과 오후로 나누어 학년별로 교차 체험할 수 있게 기획하였고, 온라인 전시회 및 발표회 시간을 적절하게 안배하는 등 부원들과 협업하는 과정에서 리더십을 보임. 기획에서 진행까지 수차례 이루어진 대면 및 비대면 회의 속에서 소통의 어려움을 해결하고자 온라인 협업 툴을 활용하여 의견 조율을 원활하게 할 수 있었던 점이 새로운 경험이었다고 소감을 밝힘.

08. 인문학부, 글로벌학부

학급 프로젝트에서 '지금 세계는'이라는 주제를 선정하여 세계화 현상에서 새롭게 부상하는 다양한 문화 갈등 문제를 조사하고 해결방안에 대해 논의함. 팀원과 협업하여 역할을 나누고 구체적인 사례들을 조사하여 근거로 제시하였고, 문화상대주의, 인권, 지속가능한 발전 등을 결론으로 도출하여 프로젝트를 수행함. 마무리 단계에서는 편집을 맡아 발표 자료를 최종적으로 수정하여 정리하였으며, 학급 프로젝트 활동내용을 담은 문집 제작에도 참여하여 끝까지 최선을 다하는 모습을 보임. 활동을 통해 문화적 다양성을 존중하는 자세와 지속가능한 발전에 대한 관심을 갖게 되었으며, 협업에 필요한 소통과 배려를 경험할 수 있는 소중한 기회였다고 소감을 발표함.

09. 영어영문학과

학급 학습부장을 맡아 학급회의에서 모둠별 멘토-멘티 학습 공동체 구성을 제안하고 급우들의 동의를 얻음. 희망하는 과목으로 모둠을 구성하여 멘토와 멘티를 선정하는 일을 자청하여 진행하면서 급우들의 요구사항을 세심하게 배려하는 모습이 인상적임. 영어의사소통능력과 독해능력이 뛰어나 자신이 좋아하는 영어 교과 멘토를 맡아 멘티의 수준에 맞춘 학습을 계획하고 멘티의 질문에 알기 쉽게 설명하는 등 활동 과정에서 타인에 대한 배려 및 리더십을 보임. 특히 지필고사 후 오답노트를 함께 하고 멘티에게 자신의 학습법을 공유하는 모습에서 진정성이 느껴짐. 학습 공동체 활동으로 급우들의 학업 성적 향상뿐만 아니라 소속감, 정서적 친밀도가 높아져 학급 공동체 의식을 형성하는데 기여함.

10. 중어중문학과

학급 특색 프로그램인 '세상 속 이야기' 시간에 중국에 관심을 갖고 중국 관련 소식을 발표함. 코로나19가 처음 시작된 우한 지역의 상황을 알린 시민기자가 공중소란 혐의로 체포되었다는 사실과 함께 공중소란 혐의는 중국 당국이 비판적인 인사를 침묵시킬 때 주로 적용하고 있음을 설명함. 또한 코로나19로 많은 사람이 죽고 전 세계가 일상생활에 어려움을 겪고 있는 상황에서 중국이 언론의 자유와 인권탄압을 멈추고 자신들의 상황을 투명하게 공개하여 국제적으로 함께 해결 방법을 찾아야한다는 의견을 제시함. 학급 게시판에 '오늘의 중국어 한마디' 코너를 만들어 매일 어휘 또는 짧은 문장을 게시하고, 조회시간에 따라 읽기 3회를 실시하여 급우들과 함께 중국어를 학습함.

11. 일어일문학과

자유 주제발표 시간에 '일본 광고 언어와 문화'를 주제로 한국과 일본의 특정 광고에 나타나는 언어의 특징을 분석한 후 문화와 연결하여 결론을 도출하고 발표함. 일본 애니메이션을 즐겨 보면서 일본어 광고를 접하게 되었고, 광고 속에서 문화를 엿볼 수 있음이 신기해서 분석하기 시작함. 탐구 결과를 활용하여 질서를 주제로 한 일본어 공익광고 포스터와 문구를 직접 만들어 학급 게시판에 게시함으로써 급우들의 큰 호응을 얻음. 이를 계기로 일본어와 일본 문화에 관심 있는 4명의 급우가 함께 모여 일본어 학습 및 일본 전통문화·대중문화를 탐구하고 일본 사회의 다양한 문제점, 일본과의 국제관계를 파악하는 등 주 1회 소그룹 활동을 함. 활동을 통해 관심분야에 대한 깊이 있는 이해를 도모하고, 활동 후 탐구 내용을 정리하여 학기말에 발표함.

12. 국어국문학과

학급 현장체험학습에서 윤동주 문학관을 방문하여 윤동주의 생애를 돌아보고, 윤동주 시인의 저작 당시 시대 상황에서 시인의 고뇌와 작가의 마음에 감정이입해보는 체험을 함. 후속활동으로 '서시'를 암송하고 구절이 암시하는 감정을 잘 표현하여 급우들의 박수를 받음. 학급 또래 멘토링 활동에 참여하여 국어 교과 멘토로서 3명의 멘티에게 학습 전략을 공유하고 학업성취에 도움을 주고자 노력함. 멘티에게 일방적인 지식 나눔이 아니라 멘티의 어려운 점과 궁금한 점을 충분히 파악하고 활동 계획을 세워 미리 준비하고 주도적으로 학습을 이끌어 나가는 태도를 보임. 멘토링 활동을 통해 누군가가 이해할 수 있도록 설명하는 일이 쉽지 않고 지식 단계보다 더 깊은 이해가 필요함을 깨달았으며, 활동 과정에서 국어 학습의 즐거움이 배가 되는 소중한 경험을 했다고 소감을 발표함.

13. 인문계열 공통

1인 1역으로 학급 발열 체크 도우미를 자원하여 매일 아침 교사를 도와 친구들의 발열 체크를 돕고, 결과를 꼼꼼하게 기록하며 관리하여 학급의 안전한 학교생활을 위해 기여함. 특별실로 이동하여 수업할 때에는 일찍 이동하여 출입문에서 손소독제를 뿌려주고, 수업 후에 책상을 소독 티슈로 닦으며 뒷정리를 도맡아 하는 등 학급의 크고 작은 일에 항상 기꺼이 자원하여 밝은 모습으로 봉사하는 모습이 돋보이는 학생임. 또한 마스크 올바르게 착용하기, 사회적 거리두기, 급식 먹을 때 말하지 않기 등을 실천할 수 있도록 수시로 급우들에게 주의를 환기시키는 등 솔선수범하여 학급 방역에 힘씀.

14. 문화인류학과

학급 독후활동에서 자신의 관심분야인 인간과 문화를 종합적으로 연구하는 문화인류학 관련 독서활동에 적극적으로 참여하여 올바른 독서 습관을 형성하고 활동 후 성실하게 독후감을 작성함. '사피엔스(유발하라리)'를 읽고 수렵 채집인이던 인류가 어떻게 오늘날의 사회와 경제를 이루었는지, 사피엔스는 어떻게 세상의 지배자가 되었는지에 대해 알게 되었으며 특정한 문화현상이 어떻게 생겨나고 사회구성원들에게 어떤 영향을 끼치는지에 대해 궁금증을 가지게 됨. '문화의 수수께끼(마빈 해리스)'를 읽고 생활양식에서 유래되는 독특한 문화에 대한 사례를 들어 이해하기 쉽게 책의 내용을 요약하고, 책의 저자인 문화인류학자 마빈 해리스에 대해서도 조사하여 발표함.

15. 국어국문학과, 일어일문학과, 중어중문학과, 영어영문학과, 독어독문학과, 노어노문학과, 서어서문학과, 불어불문학과

다문화 체험 주간에 다문화 관련 동화책을 읽고 다른 나라와 다른 문화에 대한 소감을 작성해보고, 다문화 이해 캠페인 퀴즈 활동에도 참여하는 등 적극적인 모습을 보임. 다문화 교육 시간을 통해 재한외국인의 시각으로 바로 본 세상을 간접 경험하게 되었고, 호주, 몽골, 일본, 러시아, 한국 등 여러 국가의 전통문화를 알아보면서 서로의 역사·문화 및 제도를 이해하고 존중할 수 있도록 노력하겠다는 소감문을 작성함. 활동 후 다문화에 대한 깊이 있는 이해를 위해 '다문화 공생을 위한 이문화 커뮤니케이션(하라사와 이츠오)'을 읽고 함께 살아가는 다문화 공생 사회를 위해서 나와 상대방이 서로 '다름'을 인정해야 하며, 우리의 문화와 상대방 문화의 차이를 인정하고 서로의 문화적 가치를 존중하는 문화상대주의적인 사고가 필요하다는 견해를 발표함.

16. 인문계열 공통

1인 1역으로 학급의 학습 관리 도우미 역할을 맡아 책임감 있게 역할을 수행함. 급우들에게 필요한 학습 준비물과 과제물, 발표순서 등을 꼼꼼히 챙겨서 수업에 소외되거나 준비를 소홀히 하지 않도록 도움을 주어 교과 선생님들과 급우들의 신망이 두터움. 또한 매일 영어 단어를 하루도 빠짐없이 칠판에 적어 급우들의 매일 학습을 돕는 성실성을 보임. 학급 모범 학생 투표에서 만장일치로 추천이 될 만큼 학교생활에 모범적인 학생임. 인문학 캠프(2022.05.13.)의 인문학 전공 안내를 통해서 관심분야에 대해 깊이 있는 이해를 하는 기회를 가졌으며, '나를 말하고 꿈을 그리다'라는 인문학 특강을 통해 나를 되돌아보고 나의 가치를 찾아보는 힐링 시간을 가지게 되었다고 소감문을 작성함.

17. 고고학과, 고고미술사학과

학급 소그룹 프로젝트 활동 일환으로 고고학에 관심 있는 급우들과 스터디그룹을 조직하여 주 1회 탐구활동을 함. 한국사 수업에서 홍산 문화에 대한 궁금증이 생기면서 유적지와 유물에 흥미를 갖게 되었으며, 소그룹 활동으로 홍산 문화가 재조명되고 있는 이유를 관련 기사 검색을 통해 찾아보고, '홍산 문화의 이해(복기대)'를 읽은 후 친구들과 토론한 내용을 바탕으로 감상문을 작성함. 특히 우하량 유적지에서 발굴된 인골들이 현대 한국인들과 같다는 체질인류학적 소견을 제시한 것과 홍산 문화와 고구려가 서로 밀접한 연속성과 공통성을 지니고 있다는 부분이 놀랍고 흥미로웠음을 발표함. 또한 선사유적 박물관을 탐방하여 신석기, 청동기 시대의 생활모습과 역사를 살펴보는 체험활동을 함.

18. 인문계열 공통

학교 아침 독서 프로그램에 참여하여 매주 월요일 1회씩 총 32회의 독서활동과 20회 이상의 독후감 작성 활동을 꾸준히 이행하면서 자기주도적인 학습 태도를 기르고 독서 계획을 실천함. 독서기록장에 줄거리를 요약하고 느낀 점을 작성하면서 독서활동의 소중함을 깨닫고 본질을 바라보는 능력과 시야가 넓어졌으며 자신의 미래에 대해 고민하게 되었다는 소감을 밝힘. 평소 책 읽기를 좋아하여 학급 문고 50여 권을 정리하고 관리하는 역할을 자원하여 독서를 생활화하는 학급 분위기를 조성하였음. 나를 변화시킨 책에 대한 발표 활동에서는 '미움받을 용기(기시미 이치로 외)'를 선정하고 인상 깊었던 부분과 내용을 요약하여 도서 소개 자료를 만들면서 자유롭고 행복한 삶을 위한 아들러의 가르침에서 자기를 수용하는 자세와 현재에 충실해야 한다는 교훈을 얻었다고 발표함.

1 내용

동아리활동은 학교교육계획(정규 교육과정 포함)에 의해 학교에서 주최하고 실시한 정규동아리 및 자율동아리활동이 기록되는 항목이다.

2 기재요령 지침

TIP.1 동아리활동 영역은 자기평가, 학생상호평가, 교사관찰 등의 방법으로 평가하고 참여도, 협력도, 열성도, 특별한 활동 실적 등을 참고하여 실제적인 활동과 역할 위주로 입력한다.

※ 학생은 연간 1개 이상의 정규 교육과정 내 동아리활동에 참여할 수 있음.

TIP.2 학교교육계획에 의한 학생의 자율동아리활동은 학년 당 한 개만 입력한다.

※ 자율동아리명을 입력하되, 필요 시 동아리 소개를 30자 이내(동아리명과 공백 포함)로 입력할 수 있음.

※ 2024학년도 대입(졸업생 포함)부터 상급 학교 진학 시 자율동아리 실적을 제공하지 않음.

TIP.3 학교교육계획에 의한 청소년단체활동은 청소년단체명만 입력(2021학년도 1학년은 미기재)할 수 있으며, 학교교육계획 이외의 청소년단체활동은 어떠한 내용도 입력하지 않는다.

※ 2024학년도 대입(졸업생 포함)부터 상급 학교 미제공

TIP.1 자율동아리는 학교교육계획에 따라 학기 초에 구성할 수 있으며, 학기 중에 구성된 자율동아리활동은 입력하지 않는다.

TIP.1 학교스포츠클럽명은 실질적인 활동내용이 드러나는 클럽명으로 정하여 입력하되, 병기하여 입력할 수 있다.

예시) 통키반(피구반), 덩크반(농구반)

3 대학의 평가 관점

☐ 학생의 관심 영역, 전공준비도, 자기주도성, 적극성, 인성, 발전가능성을 평가한다.

☐ 입학사정관은 동아리활동을 통해 학생의 관심분야와 활동을 통한 성장 및 발전된 모습을 확인하려 한다.

☐ 객관적인 참여 사실뿐 아니라 동아리활동 과정에서 드러나는 적극성, 자기주도성, 리더십, 창의성 등 개인적 특성 및 성숙도, 과정과 결과 등을 고루 파악하여 평가한다.

☐ 전공과 관련된 동아리활동뿐만 아니라 희망전공의 계열적합성에 맞는 활동으로도 참여 동기와 자신의 성장을 보여줄 수 있다면 좋은 평가를 받을 수 있다.

🌿 동아리활동은 자신의 관심분야 및 전공적합성을 드러낼 수 있는 가장 좋은 요소이다. 자신의 진로와 관련된 동아리를 선택하는 것이 유리하다.

🌿 전공과 관련된 동아리 선택도 중요하지만, 동아리에 참여한 동기와 활동과정에서 어떤 경험과 노력을 했는지, 어떻게 변화하고 성장했는지를 보여주는 것이 가장 중요하다.

🌿 동아리활동을 독서나 탐구활동으로 연계하여 다양하고 심화된 경험을 하도록 하자.

🌿 만약 전공과 직접적인 연관이 없는 동아리라면, 그 안에서 전공에 도움이 될 만한 연계점을 찾고 전공에 필요한 역량을 키워 발전시키도록 노력한다.

주요 대학에서 제시하는 동아리활동 평가 내용

고려대 ☑ 동아리활동을 통해 지원자의 구체적인 관심분야와 흥미를 확인할 수 있습니다. 같은 동아리에서 3년간 관심분야에 대한 심도 있는 활동을 수행한 경우도 있겠지만, 매년 동아리를 변경하면서 다양한 분야에 대한 지적 호기심을 충족시키기 위해 활동한 지원자도 있을 수 있습니다. 이 중 어느 쪽이 더 좋은 평가를 받는다고 확정할 수는 없습니다. 동아리활동 모습을 통해서는 지원자의 전공(계열)적합성 뿐만 아니라 생활 태도, 열정, 도전 정신, 문제해결능력 등 다양한 특성을 파악할 수 있기 때문입니다. 다만 학교생활기록부에 기재된 동아리활동 내용만으로 지원전공(계열)과의 연관성이 부족하다고 판단되거나, 매년 동아리를 변경한 사유에 대해 추가적으로 기술하고 싶은 내용이 있다면 자기소개서를 활용하시길 바랍니다. 입학사정관은 지원자의 선택을 이해하기 위해 활용할 수 있는 모든 자료를 검토합니다.

서울대 ☑ 창의적 체험활동 내에서의 동아리활동은 학생의 소양을 넓히는 기회입니다. 학습동아리, 체육동아리, 예술동아리, 봉사동아리, 여가동아리 등 지원자가 선택한 동아리의 종류를 평가하는 것이 아니라, 동아리활동을 통해 학생이 무엇을 배우고 어떻게 성장하였는지에 관심을 기울입니다. 따라서 동아리활동이 지원 모집단위와 일치해야 유리한 것은 아닙니다.

동국대 ☑ 지원자의 관심분야와 흥미 분야를 확인하고, 지원자의 전공적합성을 파악할 수 있는 영역입니다. 뿐만 아니라 동아리활동을 통해 문제해결, 생활태도, 도전 정신, 열의 등 지원자의 특성도 확인할 수 있습니다. 즉 동아리활동에서 지원전공에 대한 관심 및 역량과 더불어 활동에서 나타나는 역할과 과정이 모두 평가 대상이 될 수 있습니다.

부산대 ☑ 동아리활동은 교과 및 비교과활동이 연계된 내용을 평가합니다. 전공적합성 중심의 평가이기 때문에 동아리활동이 3년 동안 동일할 필요는 없습니다. 지원자가 참여한 동아리 내에서 의미 있게 활동하고 주도적으로 참여한 내용이 있으면 됩니다.

전남대 ☑ 동아리활동을 수행한 과정과 실적을 통해 동아리 참여 학생의 상호간 역할, 교사의 관찰을 통한 지원자의 공동체 활동 참여도, 협력도, 열정, 지원자의 관심을 살펴볼 수 있습니다. 전남대의 평가요소는 4개로 구성되어 있고 평가 비중은 동일합니다. '전공준비도' 항목만을 비중 있게 평가하는 것이 아니라 학업수행 역량, 학업 외 소양과 인성 역량 평가에 중요한 자료로 활용됩니다. 즉 전공분야를 이해하고 관련 역량을 키우기 위한 활동이라면 전공준비도에서 긍정적인 평가를 받을 수 있는 것처럼 학생 개인이 수행한 내용, 과정과 성장에 초점을 두고 학업 외 소양이나 인성 역량 등에서 유의미한 평가를 받을 수 있습니다.

단국대 ☑ 동아리활동은 구체적이고 자발적인 활동내용에 초점을 맞추어 학생의 성실성, 그리고 지원전공(계열) 관련한 관심과 열정, 동아리활동 과정 중 나타나는 문제해결능력이나 독창성 등을 평가합니다.

중앙대 ☑ 동아리를 통해 학생의 관심분야를 파악하고, 활동 범위, 개인의 역할 및 성과를 통해 학생의 탐구 역량, 전공적합성, 발전가능성, 인성을 확인합니다. 활동 결과에 대한 단순평가보다는 활동 과정에서 드러나는 개별적인 행동특성, 협력 활동, 실적 등을 평가합니다.

한양대 ☑ 비교과활동 동아리를 했더라도 해당 활동을 통해 학생의 역량이 충분히 드러났다면 긍정적으로 평가받을 수 있습니다.

인하대 ☑ 동아리활동은 학년별로 지원자가 어떠한 분야에 관심을 가지고 활동했는지 알수 있는 항목입니다. 학생부종합전형의 평가에서 지원자에 대해 보고자 하는 것은 지원자가 지닌 기본 역량이 장래에 지원전공 내용을 수학하는 데 얼마나 적합한지, 또 얼마나 잠재적인 성장가능성을 갖추고 있는지 보려는 것입니다. 어떤 동아리활동을 했는지 보다는 어떻게 동아리활동을 시작하게 되었는지, 동아리활동을 하면서 어떤 경험을 했는지, 그러한 경험을 통해 어떤 점을 배우게 되었고 어떤 부분이 성장했는지를 평가합니다.

서울과학기술대 ☑ 동아리활동은 지원자의 관심분야를 구체적으로 확인할 수 있는 항목입니다. 주도적인 참여도, 활동 실적 등을 참고하여 전공역량 외에도 다양한 역량을 파악할 수 있습니다. 매년 다른 동아리에 가입하거나 대학 전공과 일치하지 않는 동아리에 가입했다고 부정적인 평가를 받지는 않습니다. 지원자의 관심분야를 확인하는 요소이므로 자신의 관심사와 관련된 동아리를 운영하거나 참여하는데 적극적인 태도가 중요합니다.

추천 진로활동 및 활동 주제

언어학과

언어 연구, 토론, 논술, 문화예술, 영자 신문, 우리말 가꾸기, 문예, 교지편집, 자유토론, 스토리텔링, 인문독서토론

국어국문학과

신문, 논술, 토론, 교지편집, 자유토론, 시사동아리, 문학동아리, 문학독서비평, 독서토론, 문예, 우리말 연구

문예창작학과

독서, 논술, 문학, 토론, 문예창작, 신문, 교지편집, 글쓰기, 문화예술 체험, 역사, 신화 탐구

한문학과

인문 고전 토론, 한자 연구, 중국 문화 탐구, 고전 읽기, 독서토론

영어영문학과

영자 신문, 교지편집, 시사 영어 탐구, 문학 연구, 영어 연극, 도전 영어강연, 영어봉사, 영어교육, 영어멘토동아리, 번역동아리, 셰익스피어 작품 강독, 스피치동아리

중어중문학과

중국어 회화, 중국 문화 연구, 중국 영상 번역, 중국 뉴스, 중국 고전 소설 읽기, 독서토론

일어일문학과

일본어 회화, 일본 문화 연구, 일본 애니메이션, 독서토론

독어독문학과

독일 문화 탐구, 독서토론, 독일 문학, 독일어 회화, 국제사회 연구

문화인류학과

도서, 문화 연구, 문화재 탐사, 아시아문화연구, 문화인류, 인문독서토론

고고미술사학과

미술, 전통 문화재 연구, 문화 탐구, 역사연구, 독서토론

고고학과

유적지탐사, 유물탐구, 역사연구, 박물관탐방, 인문독서토론

역사학과

역사 인물 탐구, 고전 연구, 독서토론, 역사 문화 탐구

기독교학과

종교 연구, 역사 문화 탐구, 성서 읽기, 또래상담동아리, 봉사, 독서토론

신학과

종교 연구, 역사 문화 탐구, 성서 읽기, 또래상담동아리, 봉사, 독서토론

불교학부

불교 연구, 봉사동아리, 인문 독서, 고전 읽기

인문학부

독서토론, 학습동아리, 시사탐구, 역사연구, 고전 읽기

철학과

독서토론, 사상가 탐구, 문예, 신문, 자유토론, 윤리 철학 연구

글로벌학부

국제협력기구반, 국제 문화 연구, 시사탐구, 자유토론, 독서토론

인문계열 맞춤형 동아리활동 기재 예시

 01. 문예창작학과, 국어국문학과

(문예창작반)(34시간) 동아리 반장을 맡아 부원들의 협업을 유도하고 솔선수범하는 태도가 인상적임. 주제 선정 회의에서 부원들을 리드하여 '재해석'이라는 공통 주제를 이끌어 냄. '이상한 나라의 앨리스'를 재해석한 영상을 보고, 자신의 의견을 논리정연하게 발표하며 창작과 재해석이 무엇인지에 대해 탐색함. '어린왕자의 눈(저우바오쑹)'을 읽고 어린 왕자를 철학적 관점에서 재해석한 부분 중 인상 깊었던 구절을 적어보고 감상문을 작성함. '내 문장이 그렇게 이상한가요(김정선)'를 읽고 문장을 다듬을 때 적용할 수 있는 기술들을 PPT로 정리하여 발표함. 창작활동으로 성장이란 무엇인지를 고민하면서 아스팔트 틈에 핀 민들레를 재해석하여 '꽃봉오리'라는 제목으로 가족 성장 시나리오를 작성하여 동아리 문예집에 실음. 주제 선정에서 한 권의 책을 만들기까지 새로운 경험이었다고 소감을 발표함.

 02. 기독교학과, 불교학부, 신학과

(봉사동아리)(32시간) 코로나19 상황에서도 묵묵히 봉사하는 의료진의 모습과 각자의 위치에서 나눔과 베풂에 자원하여 봉사하고 있는 사람들의 이야기를 담은 '코로나19와 싸우는 숨은 영웅들'이라는 영상을 보고, 진정한 봉사정신이란 사람에 대한 관심과 사랑을 밑바탕으로 한 헌신적인 모습이 필요하다는 소감문을 작성함. 대면 활동이 어려운 상황에서 우리가 할 수 있는 봉사활동이 무엇인지 조사하고, 또 그 활동이 가치 있는지에 대해 팀원들과 함께 토의함. 유기견 보호단체를 후원하기 위한 판매 활동에서 캐릭터를 직접 그려 포스트잇을 제작하고 친구들에게 판매하여 후원금을 모음. 일상 속 자원봉사 활성화를 위한 캠페인 활동을 제안하여 팀원과 함께 영상을 제작하고 학교 홈페이지 및 온라인에 올려 홍보하는 과정에서도 타인에 대한 깊은 배려심을 관찰할 수 있었음.

 03. 영어영문학과

(도전 영어강연반)(34시간) 영어강연을 중심으로 명사들의 강연을 통해 각 분야의 전문 지식을 습득할 뿐만 아니라 영어 실력을 점검하고 학습 동기를 부여하는 활동에 주도적으로 참여함. 온라인 강연에서 시청한 영어강연 '세계가 지금 해결해야 할 빈곤의 숨겨진 이유'를 듣고 지구촌 빈곤 문제를 토의 주제로 제안하여 부원들과 함께 해결방안을 모색해가는 모습이 인상적임. '새로운 언어를 배워야 하는 4가지 이유'라는 영어강연을 소개하고, 번역 기술이 매년 발전하고 있음에도 불구하고 우리가 외국어를 배워야 하는 이유에 대해 자신의 생각을 발표함. 발표 준비과정에서 감명 깊은 부분의 스크립트를 통째로 암기하면서 자신의 영어 실력을 향상하기 위한 노력을 보임.

04. 사학과

(역사탐구반)(34시간) 동아리 반장을 맡아 역사 인물 조사하여 발표하기, 6월 민주항쟁 캠페인 등의 활동을 이끌면서 팀원의 역할 분배 및 일정 조율을 원활하게 수행하였고, 다양한 역사적 인물들을 통해서 부조리한 사회현실을 바꾸고자 한 선인들의 지혜와 도전 정신을 배움. 팀원과 함께 '무엇이 역사인가(린 헌트)'를 통독하고 '역사란 무엇인가'를 주제로 토론하였으며, '다시 찾는 우리 역사(한영우)'를 읽은 후 독후감을 작성하고 '조선 건국은 정당한가'라는 고민을 통해 역사를 바라보는 비판적 안목을 기르게 됨. 역사 관련 도서 읽기 및 자료 탐색활동을 통해 구체적이고 새로운 역사적 사실들을 알게 되면서 역사에 대한 흥미와 역사적 사고력을 향상시키는 계기를 마련함.

 05. 글로벌학부

(국제협력기구반)(32시간) 국제사회 및 문화 문제에 관심이 많으며 진지한 태도로 이슈를 대하고 꼼꼼하게 프로젝트를 준비하여 실천하는 모습이 인상적임. 대기 오염을 주제로 한 모의 총회에서는 러시아 대표로 참여해 기초연설문과 각국 대표와 결의안을 작성하는 과정에서 대기 오염의 심각성을 깨닫고 깨끗한 공기를 위해 우리가 연대해야 할 것은 무엇인지에 대해 고민하게 되었다는 소감을 발표함. 일상생활 속 탄소 배출이 환경에 미치는 영향과 우리나라 탄소 배출량 현황을 조사하고, 우리 생활 주변에서 기후변화를 유발하는 문제 상황을 조사함. 팀원과 협업하여 캠페인 자료를 제작하고 교내 학생들의 기후변화 대응을 위한 노력에 동참 및 실천 의지를 독려하는 캠페인 활동을 주도함. 동아리활동을 통해 다양한 분야에서 국제협력을 주도하는 기관의 관련 뉴스를 챙겨 읽는 습관을 형성함.

 06. 철학과, 인문학부, 국어국문학과

(인문교양반)(34시간) 천천히 읽고 생각하기 활동에서 '자기혁명(박경철)'을 슬로우 리딩으로 읽으면서 자신의 생각을 구체화하여 일지에 기록하고 팀원들과 서로의 느낌을 나누며 공감하는 시간을 가짐. 천천히 읽고 기록하는 활동 과정에서 책 읽는 속도나 양의 차이보다는 질의 차이가 중요함을 느꼈고, 생각 나눔에서는 같은 생각과 다른 생각에 대한 색다른 사유를 하게 되어 의미 있었다고 소감을 발표함. 책 속의 다양한 정보를 조사하는 심화활동에서는 '미움받을 용기(기시미이치로 외)', '데미안(헤르만 헤세)', '파우스트(괴테)', '호모데우스 미래의 역사(유발 하라리)'를 읽고 활동지에 꼼꼼히 기록하는 모습을 보임. 독서 후 토론과정에서는 '인간은 어디에서 와서 어디로 갈 것인가'라는 토론주제를 준비하여 팀원들의 적극적인 토론 활동을 이끌어냄.

07. 국어국문학과, 문예창작학과

(창작글쓰기반)(34시간) '친구'를 주제로 한 창작 글쓰기에서 친구란 세상의 빛과 같다는 내용을 담아 창의적으로 표현함. '빗방울'을 주제로 한 창작시에서 버스 창가에 부딪혀 여러 갈래로 흘러내리는 빗방울의 모습이 마치 다양한 갈래의 인생사와 닮아있다는 내용을 담아 자신의 길은 무엇이며, 어디로 흘러가고 있는가에 대한 진로 고민을 표현함. 책 읽기와 글쓰기를 좋아하여 매시간 진지한 태도로 참여하였고, 동아리 발표회 준비 및 진행 과정에서도 팀원의 의견을 경청하고 자신의 의견과 조율하며 협업하는 모습을 보임. 대학 학과 탐방을 통해 문예창작학과와 국어국문학과에 대한 정보와 실제 이루어지는 활동들을 알아보면서 자신의 진로를 탐색하고 확인하는 시간을 가짐.

08. 한문학과, 철학과

(논어읽기반)(32시간) 원음과 독음을 함께 수록한 '논어(공자)'를 선정하여 팀원과 함께 내용을 세분화하여 탐독을 수행함. 계씨편 9절에 있는 '나면서 절로 아는 사람은 으뜸이요, 배워서 아는 자는 다음이고, 막히면 애를 써서 배우는 사람은 그다음이다. 하지만 막혀도 배우지 않으면 사람들이 그를 하치라 한다.'라는 구절을 발표하면서 자신은 배워서 아는 사람이 되고자 노력하고 있으며 '일신우일신'이라는 좌우명을 소개함. 많은 양을 다 볼 수는 없었지만 한문과 사자성어를 습득할 수 있었고, 인간이 인간답게 살아갈 수 있는 근본적인 문제, 즉 인간 대 인간의 관계에 대해 사유할 수 있었다는 소감을 작성함. 활동 후에도 시간을 내어 한 편씩 한 구절 한 구절 꼼꼼히 읽고 있는 모습을 보임.

09. 기독교학과, 신학과

(성경읽기반)(32시간) 평소 그리스도인으로서 갖추어야 하는 자세와 품성을 갖추고 있는 학생이며, 하나님에 대한 믿음과 신앙의 길이 막연한 것이 아니라 평소 생활 속에서 작은 실천이 이루어져야 한다는 신념 아래 그 실천을 구체적으로 계획하고 직접 실행하는 모습이 인상적임. 1학기는 구약, 2학기는 신약 성경 읽기를 진행하면서 구약 중 믿음의 조상인 아브라함의 자세, 특히 하나님의 말씀에 절대적으로 순종하면 하나님으로부터 더 많은 복을 받게 되었다는 것과 신약 중 사도행전과 여러 편지서를 동아리 부원들과 봉독하면서 사도 바울이 가장 인상 깊었으며, 목회자로서 어떤 복음의 길을 걸어가야 하고 하나님에 대한 올바른 신앙이 무엇인지를 깨닫게 되었다는 소감문을 작성함. 성경의 구조와 특성을 잘 이해하고 있으며, 목회자가 갖추어야 할 인격적 소양과 사명감이 투철한 학생임. 특히 친구들을 배려하고 함께 나눔을 실천하는 모습이 훌륭함.

10. 서어서문학과

(국제문화이해반)(34시간) 모둠별로 세계 각 나라의 문화를 조사하는 활동에서 스페인을 선택하여 고유의 음식, 전통의상, 주거 문화, 생활양식 등을 조사하여 발표함. 또한 1주일 스페인 열차 여행을 기획하여 열차 노선 및 방문해야 할 관광명소를 안내하여 유레일과 함께 하는 여행 코스를 제안함으로써 부원들의 큰 호응을 얻음. 탐구 과정에서 스페인어를 배우고 싶다는 생각과 함께 졸업 후 한국과 스페인어 문화권 국가들과의 교류를 활성화하는 지역전문가가 되고 싶다는 포부를 밝힘. 나라마다 기후나 지형 등 여러 가지 영향을 받아 특정한 문화를 형성하게 된다는 것에 흥미를 느끼고 다른 모둠의 발표를 경청하며 다른 나라의 문화에 대해서도 질문을 하는 등 모든 활동에 열정적으로 참여함.

 11. 글로벌학부, 인문학부

(시사탐구반)(34시간) 동아리 부반장을 맡아 반장과 소통하고 협업하여 활동내용을 선정하고 친구들의 토의와 발표를 원활하게 이끌어가는 협력적 리더십을 보여줌. 시사 인물 탐구활동에서는 분쟁지역 등 세계 곳곳에서 활동하며 사회 풍자적이고 파격적인 주제 의식으로 세계의 주목을 받고 있는 예술가 뱅크시에 대해 조사하여 발표함. 시사용어 탐구활동에서는 문화 분야를 맡아 '미술관, 그랩 앤 고, 브랜디드 콘텐츠, 블랙 시네마' 등에 대해 조사하여 발표함. 시사 토론에서는 다른 나라의 장례 문화를 패러디한 사진이 인종차별 등의 문제를 야기하는 기사를 읽고, 서로 다른 문화에 대한 입장이 다를 수 있음을 수용하고 세계시민으로서 타문화에 대한 존중과 배려의 자세를 가져야 한다는 자신의 의견을 '블랙페이스' 논란과 연결시켜 설득력 있게 발표하여 친구들의 호응을 얻음.

 12. 철학과, 인문학부

(인문학토론반)(34시간) 동아리 반장으로서 차분하고 사려 깊은 언행으로 동아리활동을 리드하는 모습이 인상적이고, 토론 절차와 방법에 대해 부원들에게 자세하게 안내함. 토론 활동에서도 친구들에게 고른 기회를 주고 적절한 질문을 던져 토론이 원활하게 진행하는 데 큰 역할을 함. 유토피아라는 이상적인 국가에 대한 토론에서 '파라다이스'와 '유토피아'라는 어휘의 공통점을 들어 자신의 의견에 대한 근거를 제시함. '차라투스트라는 이렇게 말했다(니체)'를 읽고 가장 인상 깊었던 구절을 발표했고, '장자를 읽어야 할 시간(장자)'을 읽고 일체의 사회 규범, 제도를 거부하는 극단적인 장자의 개인주의적 사상에 대한 토론을 진행하면서 주제에 대한 심도 있는 의견을 제시함.

13. 고고학과, 고고미술사학과

(문화유산답사반)(32시간) 문화재의 형태와 기능을 이해하는 능력이 탁월하고, 우리가 살고 있는 지역 문화재에 대한 높은 호기심을 가지고 있어 동아리활동에 큰 흥미를 느끼며 성실하게 참여함. 특히 암사동 선사 유적지 답사 활동에서 수업시간에 배운 내용을 현장에서 적절하게 반영하여 이해하는 모습이 돋보임. 답사를 하러 가기 전에 팀원과 함께 사전 조사를 하여 체험의 깊이를 극대화하고, 다녀와서는 답사 장소의 시대적 배경과 답사 체험 내용 등을 꼼꼼히 기록하여 체험 보고서를 작성함. 1박 2일 문화유산 답사 코스 소개하기 활동에서는 백제의 미소라 불리는 충남 서산의 마애삼존불상, 해미읍성과 태안의 간월도 등을 선정하여 사진과 구체적인 설명을 준비하여 발표함.

14. 영어영문학과, 글로벌학부

(영자신문반)(34시간) 활동에 참여하는 태도가 매우 바르고 균형 잡힌 시각을 지닌 학생으로 관심분야의 영어 기사를 적극적으로 찾아 읽고, 부족한 부분을 차근차근 채워나가는 모습이 인상적임. 한국의 행복 지수에 관한 영어 기사를 읽은 후, 행복이란 우리가 느끼고 생각하는 것에 달려 있다고 생각하고, 모두가 긍정적인 마음을 가지고 산다면 더 행복해질 수 있다는 자신의 생각을 영어로 발표함. '발효 식품은 건강에 좋은가?'라는 발효음식의 효능에 대해 찬반의 토론 기사를 읽고 신문 스크랩을 작성하여 자신의 생각을 정리하는 활동을 함. 영어 신문 만들기 활동에서 교육 부문을 맡아 코로나19로 인한 원격 수업 역량 인증제 도입으로 고등 교육기관의 원격 수업 역량을 체계적으로 관리할 필요성이 커지고 있다는 사실에 대한 자료를 조사하여 영어로 기사를 작성함.

15. 국어국문학과, 인문학부

(시사토론반)(32시간) 1학년 대표를 맡아 토론 주제와 일정을 협의하고 공지사항을 전달하는 중간 역할을 성실하게 수행함. 다양한 독서와 토론을 즐기는 학생으로 핵심 쟁점을 정확하게 파악하고, 비판적 내용을 찾아 논리적으로 질문을 만드는 능력이 있음. 최근 인터넷 준실명제 추진에 대한 기사를 읽고 나서 인터넷 실명제 도입에 대한 쟁점을 정리하고, 악플로 고통 받는 사람들의 피해 사례를 근거로 들어 인터넷 실명제에 찬성하는 입장을 밝힘. '반려동물 보유세'를 주제로 한 토론 활동에서는 보호인의 책임 의식을 높여 동물 유기를 방지할 수 있고, 성숙한 반려동물 문화 조성의 첫 단추가 될 수 있다는 의견을 제시하면서 찬성함. 인공지능 로봇에게 '전자인간'과 같은 새로운 개념의 법적 지위를 부여하는 것이 바람직한지에 대한 토론에서 자동차 자율주행으로 인한 사고의 책임을 제조사와 설계자, 소유자 중 누가 어떤 식으로 분담할지에 대한 사회적 논의가 먼저 필요함을 제안함.

16. 불교학부

(불교탐구반)(34시간) 동아리 반장으로서 구성원의 의견을 경청하고 동아리활동 방향을 결정하는 소통의 리더십이 있으며, 사전에 동아리활동 준비를 철저히 하고, 활동 후 교실 정리까지 솔선수범하는 등 책임감과 봉사성이 뛰어남. 불교의 특성을 파악하기 위해 불교의 유래, 역사, 종류 등으로 구분한 후 각 부원의 역할을 분담하고 조사·발표하여 불교를 이해하기 위해 노력함. 유네스코 세계문화유산에도 등재된 불국사와 법주사에 대해 조사하여 사찰에 있는 불교 문화재를 소개하는 등 우리나라의 불교 문화재를 찾아서 이해하는 활동에 적극적으로 참여함. '불교(데미언 키온)'를 읽고 '불교는 종교인가, 철학인가, 삶의 방식인가, 도덕적 규범인가'라는 질문을 던지며 불교라는 지혜의 체계에 대해 진지하게 토론함.

 17. 일어일문학과

(일본문화탐구반)(34시간) 동아리를 조직하고 홍보물을 작성하여 일본문화 및 애니메이션에 관심이 있는 팀원을 모집함. 활동내용에 대한 다양한 아이디어를 제공하며, 팀원과 내용 및 일정을 공유함에 있어 배려심이 돋보이는 리더십을 발휘함. 기본적으로 어학 공부에 관심이 많고 일본어 감각이 뛰어나 한자를 배우는 것에 두려움이 없는 학생임. 우리나라와 일본의 문화 차이를 사례를 들어 설명하고 일본 문화의 특징을 조사하여 발표함. 일본 문화 신문 만들기를 제안하여 언어, 역사, 문화, 여행, 애니메이션 등 조사 분야를 나누고, 그중 언어 부분을 맡아 일본어의 문자 체계와 각 문자의 특징에 대해 알기 쉽게 정리하여 발표함. 제작한 신문은 복도 게시판에 게시하여 친구들의 호응을 얻음.

 18. 중어중문학과

(중국이해반)(34시간) 중국에 대한 관심이 많아 모든 활동에 적극적으로 참여하는 모습을 보임. 동아리 부반장으로서 반장을 도와 팀원을 리드하며 함께 읽을 도서로 '차이나 키워드 100(김동하 외)'을 선정함. 인문·자연지리, 언어와 문자, 역사, 정치와 외교, 경제와 산업, 사회문제, 생활과 문화, ICT와 4차 산업혁명 분야로 역할을 나누어 탐구하고 조사함. '공유경제'라는 키워드로 중국의 공유경제 플랫폼, 규모, 장단점 등 사례를 분석하여 발표함. 분야별 조사와 발표 활동으로 중국 역사부터 빠르게 변화하고 있는 오늘날의 모습까지 다양한 정보를 학습하게 됨. 또한 전문가를 초청하여 '중국을 알아야 미래가 보인다.'라는 특강을 듣고, 중국에 대한 다각도의 관점과 이해의 폭을 넓히고, 효율적인 어학 공부 방법 등에 대해 알게 됨.

 19. 인문학부, 국어국문학과, 문예창작학과

(교지편집반)(34시간) 어휘력이 풍부하고 언어에 대한 감각과 글로 표현하는 문장력을 갖춘 학생임. 한 편의 기사를 작성할 때, 취재와 자료 조사를 비롯해 3차까지 교정과 검토가 이루어지기가 쉽지 않음에도 불구하고 힘든 내색 없이 모든 활동에 주도적으로 참여함. 취재 기자로서 교내 교과별 행사 취재를 맡아 사전 인터뷰를 통해 행사의 취지를 파악하고, 행사 당일 현장감 넘치는 기사를 작성하여 사진과 함께 교지에 실음. 사회적 쟁점을 다루는 기사에서는 설문조사를 기획하여 기사의 신뢰도를 높이는 등 참신한 아이디어가 돋보임. 팀원과 함께 크고 작은 일 모두 협업하여 교지가 발간되었을 때 느꼈던 뿌듯함은 학교생활 중 매우 소중한 경험이었다고 소감을 발표함.

03 봉사활동

1 내용

봉사활동은 학교교육계획(교내 봉사)과 개인계획(교외 봉사)의 봉사활동실적과 시수가 기록되는 항목이다.

2 기재요령 지침

TIP.1 봉사활동실적에는 학교교육계획에 의해 실시한 봉사활동과 학생 개인계획에 의해 실시한 봉사활동의 구체적인 실적을 입력한다.

  ※ 2024학년도 입시부터 개인계획에 의한 봉사활동 미반영
  ※ 학교교육계획(정규 교육과정 포함)에 따라 교사가 지도한 봉사활동실적은 대입에 반영

TIP.2 봉사활동실적의 '장소 또는 주관기관명'란의 '학교' 또는 '개인'의 구분은 봉사활동계획 주체에 따라 입력한다.

TIP.3 '활동내용'란에는 간단한 문장으로 구체적인 봉사활동내용 또는 제목을 입력한다.

TIP.4 동아리활동(자율동아리 포함)으로 실시한 봉사활동실적은 인정하지 않는다.

TIP.5 물품 및 현금의 단순 기부는 봉사활동 시간으로 환산하여 인정할 수 없으므로 학교생활기록부 어떠한 항목에도 입력하지 않는다.

TIP.6 봉사활동 시간 인정은 1일 8시간 이내로 인정한다.

TIP.7 봉사활동 시간은 다른 창의적 체험활동 영역의 시간과 중복하여 인정할 수 없다.

  ※ 봉사동아리 부서에서 동아리활동의 일환으로 봉사활동을 실시한 경우, 봉사활동실적으로 인정하지 않으며 동아리활동내용으로만 인정함.

3 대학의 평가 관점

☐ 학생부종합전형에서는 봉사시간에 대한 정량적 평가보다는 경험의 지속성과 진정성을 기준으로 정성적인 평가를 중요하게 생각한다.

☐ 학생의 배려, 공동체 의식과 같은 인성과 태도 측면을 파악하는 요소로 활용한다.

☐ 교내 봉사활동에 참여하는 학교생활 충실도 평가에도 활용될 수 있다.

4 관리 가이드

✎ 2024학년도 대입부터 개인계획에 의한 봉사활동은 미반영되며, 학교교육계획에 따라 교사가 지도한 봉사활동실적은 대입에 반영된다.

✎ 학교생활에서 실천할 수 있는 공동체를 위한 다양한 활동을 권장한다.
  (학습멘토링, 통합반도우미, 배식도우미, 사서도우미, 분리수거도우미, 문단속도우미 등)

✎ 봉사활동을 통해 배울 점을 찾고 성장할 수 있는 의미 있는 경험이어야 한다.

✎ 봉사활동 관련 특기사항은 '행동특성 및 종합의견'에 기록할 수 있으므로 평소 학교생활 속에서 봉사성을 드러낼 수 있는 활동을 하는 것도 좋다.

1 내용

학교교육계획에 의해 학교에서 주최·주관하여 실시한 진로활동과 관련된 사항, 진로지도와 관련된 상담 및 권고 내용을 기록하는 항목이다.

2 기재요령 지침

TIP.1 학생의 진로희망(희망분야 또는 희망직업)은 '특기사항' 내의 '희망분야'란에 입력하며, 이와 관련된 내용은 상급 학교 진학 시 전형자료로 제공하지 않는다.

※ 기재 누락과 구분하기 위해 학생이 진로희망을 정하지 못한 경우에도 입력함.

<예시> '진로탐색 중임', '현재 진로희망 없음' 등으로 입력할 수 있음.

TIP.2 진로활동 영역의 '특기사항'란에는 다음과 같은 사항을 참고하여 실제적인 활동과 역할 위주로 입력한다.

· 특기·진로희망과 관련된 학생의 자질, 학생이 수행한 노력과 활동

· 학생의 특기·진로를 돕기 위해 학교와 학생이 수행한 활동과 결과

· 학생·학부모와 직업체험을 한 결과

· 학생의 활동 참여도, 활동 의욕, 태도의 변화 등 진로활동과 관련된 사항

· 학급담임교사, 상담교사, 교과담당교사, 진로전담교사의 상담 및 권고 내용

TIP.3 학생의 학업진로, 직업진로에 대한 계획서, 진로와 관련된 각종 검사를 바탕으로 특기사항을 입력할 수 있다.

3 대학의 평가 관점

☐ 진로탐색에 대한 자기주도성 및 경험의 다양성 등 진로역량을 평가한다.

☐ 학생의 진로탐색과정, 관심 영역에 기울인 노력 등을 확인할 수 있는 요소이다.

☐ 지원한 학과(계열)와 관련된 진로활동 참여 동기, 진로탐색 경험, 심화된 진로활동 등 적극성 및 태도 변화 등을 확인하여 평가한다.

✎ 자신의 적성이 무엇인지에 대해 끊임없이 탐색하면서 나만의 스토리를 만들어 보자.

✎ 진로활동 후에는 참여 동기, 활동내용, 활동을 통해 배우고 느낀 점, 이후 변화된 모습, 자신의 진로
탐색에 미친 영향 등을 자세하게 기록하는 것이 좋다.

✎ 진로와 관련된 책 및 진로탐색을 위한 독서를 하고 느끼고 변화한 점을 기록하자.

✎ 단체활동보다는 개별활동이 더 중요하며 진로와 관련된 분야에 대한 심화 탐구활동이 필요하다.

주요 대학에서 제시하는 진로활동 평가 내용

고려대
☑ 진로활동을 통해 지원자의 진로탐색과정과 관심분야에 기울인 노력을 확인할
수 있습니다. 물론 진로활동에 기술된 내용만으로 지원자의 전공(계열)적합성을
평가하지는 않습니다. 구체적인 진로탐색활동 사례와 더불어 세부능력 및 특기
사항, 동아리활동, 수상경력 등 학교생활기록부 곳곳에 기재된 지원자의 진로와
관련된 기술 내용, 자기소개서 내용 등을 종합적으로 파악하고 지원자의 모습을
구체화하여 이해합니다.

건국대
☑ 고등학교는 진로를 탐색해나가는 시기이므로 진로가 바뀌었다고 해서 부정적으
로 판단하지는 않습니다. 진로가 동일하든 바뀌든, 어떤 고민을 바탕으로 해당
진로를 정한 것인지가 중요합니다. 오히려 대학에서는 '왜' 해당 진로를 희망하
고, 진로를 정한 다음에는 '관련 활동과 경험'을 어떻게 탐색했는지를 더 눈여겨
봅니다.

동국대
☑ 진로활동은 학생부위주전형에서 학교생활기록부의 타 영역과 자기소개서와 연
계하여 학생의 지원동기 및 진로탐색에 대한 의지 등을 판단하는데 중요한 역할
을 합니다. 또한 진로활동 영역은 학생의 진로에 대한 확고한 의지뿐만 아니라
다양한 경험을 통한 학생의 진로 변경 가능성에도 주안점을 두고 평가됩니다.

부산대 ☑ 진로활동은 학생이 자신의 진로를 계획하고 진로에 대해 준비하며 적절한 시기에 진로를 선택할 수 있도록 도와주는 활동들이 기록되어 있습니다. 대학은 진로관련 다양한 탐색활동을 연계하여 평가함으로써 전공준비도 세부평가 지침인 '진로탐색활동과 경험'을 파악합니다.

단국대 ☑ 진로활동을 통해 지원전공(계열)에 대한 관심과 탐색과정, 진로에 대한 노력과 열정 등을 확인할 수 있습니다.

중앙대 ☑ 진로활동 항목은 학생의 관심사를 잘 보여줄 수 있는 중요한 영역 중 하나입니다. 평가자는 진로활동과 학교생활기록부의 타 영역 및 자기소개서 등을 연계하여 학생의 관심 영역과 구체적인 진로탐색 노력을 파악할 수 있습니다.

한양대 ☑ 진로희망 발달사항은 학생부 참고영역으로만 확인할 뿐 평가에 반영되지 않습니다. 또한, 본교는 전공적합성이 아닌 계열적합성에 초점을 두어 평가합니다. 따라서 1, 2, 3학년 진로희망이 다 달라도 불이익은 없습니다.

인하대 ☑ 진로활동에서는 지원자가 자신의 진로에 대해 얼마나 자기주도적으로 꾸준히 관심을 갖고 노력을 했는지 살펴봅니다. 학교생활을 통해 체험할 수 있는 여러 진로활동에 적극적으로 참여했는지 살펴보고, 진로활동내용 자체뿐만 아니라 진로희망사항, 수상경력, 동아리활동, 세부능력 및 특기사항, 행동특성 및 종합의견, 자기소개서 내용 등과 함께 비교해보면서 지원자의 진로탐색과정을 확인합니다.

서울과학기술대 ☑ 지원자의 진로탐색과정과 관심분야의 변화 등 지원자가 꿈을 찾는 과정을 전반적으로 살펴볼 수 있습니다. 진로활동을 수행하면서 지원 분야에 대한 지원자의 관심과 노력 과정을 통해 진로에 대한 본인의 구체적인 특성을 표현하는 것이 좋습니다.

인문계열 추천 진로활동

LIST

진로심리검사, 종합적성검사, 전공 특강, 직업인과의 만남, 꿈 발표,
진로탐색활동, 진로 프로젝트, 미래 사회에 대한 이해, 도전 프로젝트,
작가 특강, 선배와 함께하는 진로 멘토링, 대학 탐방,
학과 탐방, 유적지 탐방, 문화 탐방, 대학 정보 탐색, 진학 설계,
진로 독서활동, 롤모델 발표 활동, 진로 포트폴리오 작성,
전공체험의 날, 진로체험의 날 등

인문계열 맞춤형 진로활동 기재 예시

 01. 언어학과

존경하는 인물로 세종대왕을 선정하여 세종대왕의 훈민정음 창제 과정과 한글 창제의 일화를 소개함. 이를 통해 우리나라는 한글 창제로 언어의 주체성과 보편성을 갖게 되었고, 언어는 관념 문화로써 민족의 정신과 다름없으므로 현대인은 올바른 언어 가치관을 신장시켜야 한다며 언어의 중요성에 대한 자신의 견해를 논리적으로 발표함. 평소 언어에 대한 관심이 많아 언어학 관련 교양서적을 읽으며 체계적으로 진로를 준비하고 있으며, 언어학자가 되어 언어와 문화의 상관관계에 대해 연구하고 싶다는 포부를 밝힘. 전공탐색활동으로 언어학과 전공 소개 영상과 언어학자 직업인 특강을 찾아 듣고 소감문을 작성함. 진로와 연계한 독서활동에서 '거리의 언어학(김하수)'을 읽고 언어생활을 통해 세상을 바라보는 간접경험을 하면서, '언어가 사회를 변화시킬 수있을까?'에 대해 사유하는 시간을 가짐. 자신의 멘토 찾기 활동에서는 '세상에서 가장 발칙한 성공법칙(에릭 바커)'을 읽고 성공사례를 통해 그릿, 멘탈 관리법, 시간 관리의 중요성에 대해 깨닫게 되었고 멘토의 중요성을 알게 되어 자신의 멘토를 찾기 위해 진지하게 고민하는 계기가 됨.

 02. 일어일문학과

'직업인과의 만남'(2022.05.14.)에서 번역가의 강연을 듣고 번역가가 되기 위해 무엇을 준비해야 하는지, 주로 하는 일이 무엇인지, 힘든 점은 무엇인지, 직업의 전망은 어떠한지 등에 대해 알게 되었고 자신의 꿈을 이루기 위해 구체적인 진로 계획을 수립하는 계기가 됨. 일본어를 좋아하여 수업시간 외에도 혼자 어학 공부를 따로 할 만큼 흥미를 느끼고 있음. 번역가로 활동하기 위해서는 일본어뿐만 아니라 일본문화를 이해하는 것이 중요하다고 생각하고, 일본에 대한 이해를 높이기 위해 인터넷을 통한 자료조사와 함께 일본문화와 관련된 도서를 읽고 요약하여 '일본문화 미니북'을 만들어 교실 사물함 위에 전시함. '나의 꿈 발표' 활동에서는 만화, 애니메이션 영역을 넘어 웹툰 영역에서 활동하는 번역가가 되어 말풍선 속 대화를 맛깔나게 번역함으로써 새로운 '한류웹툰'을 이끄는 사람이 되고 싶다는 포부를 밝힘. 또한 번역은 '제2의 창작'이라고 불릴 정도로 전문성이 요구되고 풍부한 문화적 배경지식이 필요하므로 일본어 공부와 일본문화에 대한 전문 지식 습득을 위해 꾸준히 노력하겠다는 포부를 밝힘.

03. 인문계열 공통

'나도 디자인씽커' 프로젝트 활동에서 디자인씽킹의 사고 과정을 배우고 세상을 바꾸는 체인지메이커에 도전함. 모둠원의 만장일치로 모둠장이 되어 주변에서 문제 발견하기 활동부터 활동 과정 정리 및 다시 도전하기 활동까지 매 차시 적극적으로 모둠원의 활동을 이끌어가는 리더십을 보임. 특히 원격 수업에서 소그룹회의를 차분하게 진행하고 모둠원 각자가 역할을 잘 수행할 수 있도록 리드하는 모습이 인상적임. 모둠원과 협의하여 '비 오는 날 버스 승하차 시의 불편함'을 문제로 정의하고 페르소나 인터뷰를 통해 구체적인 니즈를 분석함. 문제해결에 대한 아이디어로 버스의 출입문 쪽에 어닝과 비슷한 형태의 날개형 천막 설치를 제안함. 프로토타입을 제작하여 최종 발표를 하면서 친구들의 피드백도 흔쾌히 수용하는 모습을 보임. 활동을 통해 작은 생각들을 모아 사회를 변화시킬 수 있다는 자신감과 도전 정신을 경험하게 되었고, 미래를 두려워하지 않고 자신의 진로를 개척해나갈 수 있는 힘을 얻게 되었다는 소감을 밝힘.

04. 사학과

'대학전공탐색의 날' 행사에서 자신의 관심분야인 사학과 전공탐색에 참여하여 교육과정과 직업 전망에 대한 정보를 수집하여 자기주도적인 진로 설계를 구체적으로 계획함. 여름방학 진로탐색 프로젝트에서 '애국 계몽 운동가의 발자취를 찾아서'라는 주제로 한국사 문화 유적 탐방 계획서를 작성하고 우정총국, 대한매일신보 창간사옥 터, 황성신문사 터, 신문박물관을 코스로 설계하여 탐방함. 도시개발로 인해 원형을 찾아보기 힘든 애국계몽운동의 중심지인 종로 일대를 답사하면서 애국계몽운동의 발자취를 추적해보고 문화 유적지에 대한 사진과 개요를 포함한 체험활동지를 작성함. 역사 현장을 탐방하면서 수업시간에는 느낄 수 없었던 역사에 대한 새로운 인식을 경험하고, '내 손안에 스마트폰이 있는데 왜 역사를 배워야 할까(샘 와인버그 외)', '역사의 역사(유시민)'를 읽는 등 역사에 대한 관심을 키우고 있음.

05. 신학과, 기독교학부

신학자가 되고 싶다는 꿈을 가지고 꾸준히 관련 학과의 입학 자료를 검색하고, 진학을 위해 필요한 학업 역량을 기르고 교내 활동에 적극적으로 참여함. 소그룹 활동으로 '예배 모임'을 구성하고 주 1회 점심시간을 활용하여 함께 기도하며 교회 밖에서도 예배의 삶을 실천함. 성경 읽기와 성경 구절 암송을 바탕으로 믿음을 신실하게 하고, 종교 신문과 서적 읽기를 계획하여 배움과 성찰 과정을 기록하는 등 꾸준히 진로탐색활동을 함. '철학자의 신학 수업(강영안)'을 읽고 하나님과 인간의 관계를 둘러싼 문제들은 무엇인지, 세상 속에서 그리스도인이 올바르고 좋은 삶을 산다는 것이 무엇을 의미하는지에 대해 질문을 던지는 계기가 되었다고 소감을 발표하는 등 관련 서적을 찾아 꾸준히 정독하고 있음.

06. 영어영문학과

종합적성검사(2022.03.31.) 실시 결과 핵심·인성 요인 중 주관성이 발달하였고, 강점 기초 역량으로 의사소통 능력이 우수한 것으로 나타남. 어학 분야가 적성에 맞고 호감을 지닌 분야인 것으로 나타나 자신의 진로희망인 영어 관련 분야와 적합성을 보임. '선배와의 진로 멘토링' 활동에서 평소 희망하던 영어영문학과 재학생과의 인터뷰를 통해 영어영문학과 전공과목, 졸업 후 진로 및 진학을 위해서 노력해야 할 점들 등을 탐색하고 본인의 진로를 확고히 함. 인터뷰 내용을 요약 정리하여 학급 게시판에 게시하고 급우들과 공유함. '나의 꿈 발표하기' 활동에서 외교관의 꿈을 갖게 된 계기와 자신의 강점인 외국어 실력과 사회전반에 대한 폭넓은 지식을 바탕으로 해외에 있는 우리 국민들의 편의 지원과 안전 강화를 위해 힘쓰는 외교관이 되고 싶다는 포부를 밝힘.

 07. 불어불문학과

직업적성검사(2022.04.07.)를 통해 예술가형과 진취형의 특성이 높은 것으로 나타났으며 문화를 통한 삶의 질 향상 관련 직업에 어울리는 것으로 판단됨. 프랑스 영화 및 문화에 관심이 많아 제한된 교육과정 안에서도 스스로 프랑스의 영화와 문화에 대해 탐구하며 진로활동을 꾸준히 해나감. 영화 '마리 이야기: 손끝의 기적'을 보면서 프랑스어의 발음에 이끌려 간단한 단어와 문장을 따라 읽어보며 프랑스어의 첫걸음을 시작함. 교육과정 클러스터 수업으로 프랑스어를 신청하여 인근 학교 학생들과 함께 배우면서 프랑스 문화와 역사에 대해 배움을 넓혀감. 외국어를 배우는 것에 흥미가 있고 친구들과 소통하는 것을 좋아하여, 간단한 어휘나 문장을 친구들에게 알려주면서 즐거워하는 모습을 보임. 또한 불어불문학과에 진학하여 졸업 후 프랑스를 무대로 한 직업을 갖고 싶다는 포부를 밝힘.

 08. 국어국문학과

평소 우리말의 유래·구조·원리, 문학 작품 읽기, 창작에 관심이 많은 학생으로 진로상담 활동에서 문학적 감수성이 풍부한 자신의 강점을 바탕으로 한국 문학 속에서 재미난 이야기를 찾아 영화 또는 드라마를 만들고 싶다는 희망을 이야기함. 진로 주제 발표 활동에서는 '언어가 개인과 사회에 미치는 영향'이라는 주제로 PPT를 만들어 구체적인 사례 중심으로 발표하였고, 남북통일 후 언어통합과 활성화 방안, 외국어 유입으로 인한 신조어 발생이 야기한 국어오염에 대해 진지하게 설명하면서 향후 사라지고 있는 우리나라 방언에 대해서도 연구하고 싶다는 포부를 밝힘. '무정(이광수)', '삼대(염상섭)', '님의 침묵(한용운)'을 읽고 PPT 자료를 제작하여 발표하였으며 수업시간에 배우는 문학 작품들을 완독하기 위한 독서 계획과 인문·사회·과학 분야의 책을 30여 권 이상 읽는 것을 목표로 꾸준히 실천하고 있음.

09. 중어중문학과, 한문학과

자기이해활동에서 부모님께서 지어주신 자신의 한자 이름 뜻풀이를 통해 이름의 의미처럼 남을 배려하고 베푸는 삶을 실천하며 사는 것이 인생의 참 행복이며, 모든 사람이 둥근 지구처럼 모나지 않고 둥글게 살았으면 좋겠다는 긍정적인 인생관에 대해 발표함. 한자에 관심을 갖게 되면서 틈틈이 한자 공부를 하고 있으며, 수업시간에 중국어를 배우면서 간체자의 원리를 알게 됨. 관심학과로 한문학과와 중국어과를 선정하여 교육과정에 대한 자료를 비교 조사하고 진로탐색을 하고 있음. 여행하고 싶은 도시로 베이징을 선정하여 '베이징 셀프 트래블(김충식)'을 읽고 중국의 대표 도시인 베이징에 더 관심을 갖게 됨. 후속활동으로 '오래된 미래도시 베이징(신경란)', '베이징 특파원 중국문화를 말하다(홍순도 외)'를 읽고 베이징의 문화와 역사에 대한 독서를 지속하고 있음.

10. 불교학부

불교학도를 꿈꾸며 마음공부를 하고 있는 학생으로 템플스테이를 통해 사찰의 일상생활을 체험하고 한국 불교의 전통문화와 수행 정신에 관심을 갖게 됨. 지역 사찰을 탐방하면서 각 사찰의 역사를 알아보고 불교 입문에 대해 조사하면서 진로를 탐색함. '여덟 단어(박웅현)'를 읽고 '자존'과 '인생' 부분의 인상 깊은 내용을 바탕으로 자신의 진로에 대해 고민하는 모습을 보임. '다시 돌아가 만나기가 어렵다(산티데바)'라는 불교 수행 지침서를 읽고 독후감을 작성하였고, 한국 불교문화의 우수성을 알리는 포교사가 되고 싶다는 포부를 밝힘. 자신이 희망하는 진로에 따라 목표를 정하고 다양한 방법으로 진로 경로를 구체적으로 탐색하고 있으며, 진로 목표를 이루기 위해 학업에 매진하고 관련 분야 독서를 꾸준히 하면서 진로 계획을 실천함.

11. 인문학부

'자기이해하기' 활동 시간에 '나'를 표현하는 키워드로 '카멜레온'을 선정하여 그 단어를 선정한 이유를 설명하고, 자신이 좋아하는 것, 잘하는 것, 자신에게 영향을 준 사건이나 사람을 바탕으로 스토리텔링하여 발표하는 활동에 적극 참여하여 자신에 대한 정체감을 확립하고 자신의 특성을 객관적이고 긍정적인 태도로 이해하는 계기로 삼음. 자신에게 영향을 준 도서로 '왜 세계의 절반은 굶주리는가(장 지글러)'를 선정하고, 세상의 불평등한 구조를 뛰어넘어 인류가 연대하고 서로 돕는 구조를 만들어야 한다는 소감을 발표함. 또한 평소 인간의 행동과 인간관계에 대해 관심이 많고, 쉬는 시간과 점심시간을 활용하여 학교 도서관을 자주 찾는 학생으로서 자신만의 도서 리스트를 작성하여 체계적인 독서를 실천하면서 인간과 사회와 문화에 대한 이해의 폭을 넓히고 있음.

12. 철학과

작가특강 '일상생활과 심리학'에 참가하여 다양한 현상 속에 숨어 있는 심리학의 원리에 대한 강연 내용을 성실하게 경청함. 강연 전에 작가의 저서를 읽고 느낀 점과 질문을 정리하여 제출하고 강연 후에는 심리학에 관심을 갖게 되었다는 소감문을 작성함. 평소 진중한 생활 태도와 철학적인 사유를 좋아하는 학생으로 진로와 연계한 독서활동에서 '동양철학 에세이1(김교빈)'을 읽고 '공자'를 주제로 발표함. 공자는 춘추시대 말기의 혼란스러운 상황에서도 인과 예를 중요시하였고 인간에 대한 깊은 관심과 생명에 대한 존중을 강조하였다는 점과, 공자가 몸소 실천했던 일화들을 제시하면서 사상가로서의 공자, 교육자로서의 공자의 본받을 점에 대해 소개함. 동양철학뿐만 아니라 서양철학에도 관심을 갖고 '서양철학사(버트런드 러셀)', '이 모든 것의 철학적 의미는?(토마스 네이글)'을 읽고 분석한 내용을 공유하면서 관심분야에 대해 꾸준히 탐색하고 있음.

13. 문예창작학과

'선배와 함께하는 진로 멘토링'(2022.08.26.)에 참여하여 문예창작학과에 진학한 선배로부터 학과에 대한 정보와 바람직한 고교생활에 대한 조언을 얻음. 선배가 제시한 과제를 수행하면서 자신이 희망하는 진로에 대해 탐색하고, 앞으로의 교내 활동 및 학업에 대한 계획을 세움. '나의 꿈 발표 활동'에서는 여행을 좋아하고 글쓰기를 잘하는 자신의 특성을 진지하게 설명하면서 적성과 소질을 바탕으로 여행에세이작가를 꿈꾸고 있으며, 더 나아가 출판사 창업을 희망한다는 진로 목표를 소개함. 진로탐색에 필요한 정보와 조언을 수집하여 관심분야에 대한 전문적인 지식을 쌓기 위해 매일 관련 기사를 모으고 작가들의 활동을 수집하고 있음. 또한 다독, 다작, 다상량을 글쓰기의 기본으로 생각하면서 독서 계획을 세우고 꾸준히 독후활동을 하는 등 자신의 꿈을 이루기 위해 노력하는 모습을 보임.

14. 글로벌학부

'나의 꿈, 나의 길 5분 스피치' 활동에서 자신의 진학 희망 학과를 소개하며 삶에서 진로와 직업을 통해 자신이 중요시하는 공감과 나눔의 가치를 실현하고 싶다는 포부를 당차고 자신감 있게 발표하여 급우들의 큰 호응을 얻음. 국제문제에 대한 관심과 외국어 능력 특기를 살려 국제 관련학과에 진학하여 세계 각 지역의 지리나 역사, 문화, 경제 등을 탐구하고 국제 감각을 지닌 지역전문가로서 국제 교류에 기여하고 싶다는 진로 설계를 구체화함. 진로 프로젝트 활동에서 '영어강연 시청반'을 조직하여 강의를 듣고 강의 내용을 주제로 토론 활동을 함. 스튜어트 러셀의 강연 '안전한 AI 개발을 위한 3가지 원칙'을 듣고, 인간과 공존 가능한 인공지능이 갖는 문제는 무엇이고 국제적으로 함께 고민하고 협력해야 하는 것은 무엇인지에 대해 토의함. 앤드류 맥아피의 강연 '미래의 직업은 어떤 모습일까?'를 시청하고 미래의 직업에 대해 알아보며, 앞으로 미래 세대에게 필요한 교육은 무엇인지에 대한 자신의 견해를 발표함. 활동을 통해 다양한 주제에 대한 지식 습득과 영어 실력 향상뿐만 아니라 논리적으로 자기 의견을 발표하는 실력도 늘었다고 소감을 이야기하며 자신의 진로 계획을 하나씩 실천하고 있는 모습을 보임.

15. 문화인류학과, 고고미술사학과, 고고학과

'대학전공탐색의 날' 행사(2022.05.25.)에서 문화인류학과 교수님의 전공 특강을 듣고 문화인류학과에서 배우는 교육 과정, 교육목표, 동아리활동, 졸업 후 취업 전망 등 새롭게 알게 된 점에 대해 활동 소감문을 작성함. '나의 꿈 발표' 시간에는 박물관이나 미술관의 전시회를 개최하기 위해 전시 목적·유형·규모 등을 결정하고, 자료 및 시장조사를 통해 전시 기획서를 작성하는 학예연구사에 대해 조사하여 소개함. 역사적으로 가치가 있는 물건이나 오래된 미술품 등을 좋아하여 학예연구사를 희망하고 있으며, 옛 선조들의 생활 방식과 당대의 문화를 보다 깊게 탐구하고 더 나아가 인류와 인류 사회에 대해 탐구하고 싶다는 포부를 밝힘. 또한 이를 계기로 꿈을 이루기 위해 학업 향상에 매진하여 희망하는 학과에 진학하겠다고 다짐하는 내용을 담은 소감문을 작성함. 자기주도 학습전략 세우기 시간을 통해 지금까지 자신의 학습 습관을 돌아보고, 자신에게 주어진 시간을 어떻게 활용할지에 대한 학업 계획을 세워 실천하는 모습을 보임.

 ### 16. 인문계열 공통

'14일간의 도전 프로젝트'에 참여하여 '자기주도적 학습 습관 만들기'라는 목표를 세우고 매일 3시간씩 자기주도 학습일지를 작성함. 학원가는 날에는 시간이 부족하여 아침 기상 시간을 조절해보기도 하고 학교에서 자투리 시간을 활용하기도 하면서 목표 달성을 위해 지속적으로 노력한 모습을 보임. 과제 수행을 통해 시간 관리 방법을 터득하게 되었고, 오늘의 할 일을 내일로 미루지 않는 좋은 습관이 생겼으며, 목표를 세우고 실천하면서 일어나는 작은 변화의 소중함을 깨달았다고 활동 소감을 발표함. 미래 사회에 대한 이해 활동에서 사물인터넷, 인공지능, 빅데이터, 긱 경제 등 4차 산업혁명 시대의 변화를 이해하고, 미래 사회의 변화가 자신의 진로에 미치는 영향을 파악하여 대비하기 위한 전략에 대해 모둠원과 진지하게 토의함. 미래 직업 세계의 변화를 인지하고 인공지능이 대체할 수 없는 감성 및 공감능력이 중요할 것 같다는 의견을 밝힘. 활동 후 '포노사피엔스(최재붕)'를 읽고 급격히 변화하는 시대의 흐름은 무엇인지, 또 어떻게 대비해야 할 것인지 고민해보는 기회를 갖고, 자신의 진로를 찾기 위해 꾸준히 탐색함.

 ### 17. 서어서문학과

'진로 프로젝트 활동'에서 '스패니쉬'를 조직하여 친구들과 함께 스페인어뿐만 아니라 스페인 문화, 역사, 인물 등 다양한 분야를 탐색하면서 자신의 진로를 구체화함. 학기말 활동 보고 시간에 스페인 문화 중 스페인 3대 축제 중 하나인 '라 또마띠나'의 유래 및 진행 과정을 조사하여 소개함. '나의 롤모델' 활동에서는 스페인 패션 기업인 '아만시오 오르테가'에 대해 알아보고, 혁신적인 사고로 끊임없이 소비자의 니즈를 분석함으로써 훌륭한 마케팅 전략으로 패스트 패션을 창출하고 세계적인 부자가 된 성공 스토리에 대해 발표함. 스페인어의 전망, 사용국가, 한국 기업의 진출, 해외 취업 등 다양한 자료조사를 통해 스페인어에 대해 더욱 관심을 가짐. '세계사를 뒤흔든 스페인의 다섯 가지 힘(김훈)'을 읽고 독후활동을 하면서 자신의 관심분야에 대해 꾸준히 탐구하고 노력하는 모습을 보임.

교과학습발달상황

1 내용

공통과목, 일반선택과목, 진로선택과목으로 구분하여 교과학습발달상황을 기록하게 되어 있으며, 각 영역별 과목별 세부능력 및 특기사항과 개인별 세부능력 및 특기사항을 기록하는 항목이다.

기재요령 지침

TIP.1 '세부능력 및 특기사항'란은 학생참여형 수업 및 수업과 연계된 수행평가 등에서 관찰한 내용을 입력한다.

※ 지필평가와 수행평가 결과를 토대로 과목별 성취기준에 따른 성취수준의 특성 및 참여도·태도 등 특기할 만한 사항을 구체적이고 객관적으로 입력함.

TIP.2 과목별 세부능력 및 특기사항은 모든 교과(군)의 모든 학생을 대상으로 입력한다. 교과수업에 참여하지 못한 학생의 경우 그 사유를 '세부능력 및 특기사항'란에 입력한다.

예시) 순회교육대상학생의 경우: 순회교육으로 특이사항 없음.

예시) 장기결석생인 경우: 장기결석으로 특이사항 없음.

TIP.3 교과학습발달상황의 '세부능력 및 특기사항'란 입력 불가 항목

- 각종 공인어학시험 참여 사실과 그 성적 및 수상실적
- 교과·비교과 관련 교외 대회 참여 사실과 그 성적 및 수상실적
  (학교장의 참가 허락을 받아 참여한 각종 교외 대회에서의 수상실적도 기재 불가)
- 교외 기관·단체(장) 등에게 수상한 교외상(표창장, 감사장, 공로상 등도 기재 불가)
- 교내·외 인증시험 참여 사실이나 그 성적
- 모의고사·전국연합학력평가 성적(원점수, 석차, 석차등급, 백분위 등 성적 관련 내용 일체) 및 관련 교내 수상실적
- 논문을 학회지 등에 투고 또는 등재하거나 학회 등에서 발표한 사실
- 도서출간 사실, 지식재산권(특허, 실용신안, 상표, 디자인) 출원 또는 등록 사실
- 교내 대회 참여사실과 그 성적 및 수상실적
- 이외 '학교생활기록부 작성 시 유의사항'에서 기재 금지한 사항 일체
- K-MOOC, MOOC, KOCW
- 자율탐구활동으로 작성한 연구보고서(소논문) 관련사항은 일체 기재할 수 없으며, 탐구보고서 등으로 편법적 기재 금지

※ 대회와 관련하여 대회의 명칭을 단순행사로 변경하여 입력하는 행위 불가('세부능력 및 특기사항'을 포함하여 '수상경력' 이외의 학교생활기록부 어떠한 항목에도 변경 입력 불가)

TIP.4 2024학년도 대입(졸업생 포함)부터 상급 학교 진학 시 영재·발명교육 실적 제공하지 않음.

3 　대학의 평가 관점

☐ 모집단위 관련 교과성적과 성적 변화 추이를 통해 수업 태도에 해당하는 학업역량, 진로역량 및 학교생활 충실도를 평가한다.

☐ 진로 희망에 따른 일반선택과목과 진로선택과목을 학습 단계에 따라 체계적으로 학습하고 있는가를 평가한다.

☐ 과목별 세부능력 및 특기사항을 통해서 학생의 다면적인 모습을 확인하고, 단순한 성취나 결과보다 결과에 이르는 과정에서 학생의 발전과 성장 모습을 평가한다.

☐ 전공 관련 과목에서 자기주도적으로 학습하여 지식의 폭을 확장하였거나 심화한 경험을 높게 평가한다.

4 　관리 가이드

🖋 진로 목표를 설정하고 자신의 진로와 관련된 과목을 선택·이수하는 것이 유리하다.

🖋 수업에 적극적으로 참여하는 자세가 필요하다. 강의식 수업이라면 집중하여 경청하고, 토론이나 발표식 수업이라면 철저한 사전 준비를 바탕으로 수업에 임하도록 한다.

🖋 수업내용과 연계된 탐구활동에 대한 발표, 교과서 내용 기반의 응용 탐구활동이 필요하다.

🖋 성적의 추이는 학년이 올라갈수록 상승하는 것이 평가에서 좋은 인상을 줄 수 있다.

🖋 교과성적이 낮더라도 과목별 세부능력 및 특기사항에 자신이 관심을 가지고 활동한 내용이 잘 기록되어 있다면 평가에서 한 단계 높은 평가를 받을 수 있다.

🖋 진로와 연계한 개별 탐구주제를 선택하고, 그에 대해 발표하는 수업 활동에 적극 참여하여 교사와 소통하는 것이 필요하다.

🖋 교과 및 진로와 관련된 독서활동 후 소감을 발표하여 자신의 심화학습을 어필하는 것도 중요하다.

주요 대학에서 제시하는 교과학습발달상황 평가내용

고려대 ☑ 교과학습발달상황에 나타난 지원자의 전체 교과 성취수준을 통해 입학사정관은 지원자의 학업 역량과 전공적합성, 자기계발의지 등을 파악할 수 있습니다. 교과 성적은 단순히 절대적인 점수와 등급만으로 평가하지 않으며 이수 과목의 난이도, 원점수, 평균, 표준편차, 이수자수 등 여러 가지 상황을 함께 고려하게 됩니다. 꾸준히 우수한 성적을 유지한 경우뿐만 아니라 성적이 점차 향상된 경우에도 학업적 측면에서의 성장 잠재력과 자기계발의지를 긍정적으로 평가합니다. 즉, 고등학교 교육환경 속에서 지원자가 학업 역량 측면에서의 성장을 위해 적극적으로 노력한 모습을 정성적으로 평가하게 됩니다. 또한 교과 선생님이 기록한 세부능력 및 특기사항을 통해 교과 시간 중의 활동내용 및 수업 태도, 학업에 대한 열정 등을 종합적으로 파악할 수 있습니다.

건국대 ☑ 학생부종합전형은 내신등급만으로 '정량평가'하지 않습니다. 학업 역량, 전공적합성, 인성, 발전가능성이라는 평가요소를 토대로 '정성평가'하므로 내신등급만으로 합격가능성을 진단하기는 어렵습니다.

동국대 ☑ 교과학습발달상황은 학업성취도를 통해 기초학업 역량, 전공수학능력 등의 역량 평가를 진행하고, 어떤 교과를 선택하여 들었는지를 통해 전공에 대한 관심도와 경험을 평가하는 데 활용됩니다. 또한 비주요교과를 통해 학생의 성실성, 학업태도 등에 대한 평가가 이루어질 수 있는 만큼 꾸준한 관리가 필요합니다.

전남대 ☑ 교과학습발달상황은 학생의 전공준비도와 학업수행역량을 평가할 수 있는 가장 중요한 평가요소입니다. 교과학습발달상황을 정성평가하는 방법은 지원 모집단위와 관련 있는 교과군 또는 개별 과목의 성취가 다른 과목에 비해 수월성을 띠고 있는지, 추이가 일정하거나 상·하향세에 있는지를 살펴봅니다. 세부능력 및 특기사항에서 학업태도의 적극성, 자발성, 자기주도적 학습전략은 학업수행역량을 예측할 수 있는 정보원이 되고, 모집단위와 관련성이 높은 교과 학습에서의 학습 내용, 학생 개인의 노력과 성과는 전공준비도를 평가할 수 있는 근거 자료가 됩니다. 그 외 심화과정 참여는 학업 외 소양과 연계하여 면접 과정에서 활동 내용의 질적 성장이 확인된다면 평가에서 긍정적으로 작용됩니다.

중앙대 ☑ 교과학습발달상황에서 확인할 수 있는 수업의 과정과 성취 결과를 통해 학생의 다양한 역량을 평가합니다. 평가자는 학생부 교과성적을 단순히 수치만으로 평가에 반영하지 않으며, 상이한 교육환경 속에서 학년별 성적 추이, 지원학과와 관련된 교과성적 등 다양한 정보를 종합해서 정성적으로 평가합니다. 또한, 세부 능력 및 특기사항에 기재된 내용을 통해 수업 환경을 확인하고, 그 속에서 학생의 학습 활동 노력과 우수성을 평가하게 됩니다.

인하대 ☑ 교과학습발달상황은 단순히 내신 성적만으로 지원자를 줄 세워 평가하는 것이 아니라 이수 과목, 수강자수, 원점수와 평균, 표준편차 등을 면밀히 들여다보며 학년별 성적 추이 및 학교에서 개설된 교과목, 전공 관련 교과 이수 내용 등을 종합적으로 고려하여 평가합니다. 또한 세부능력 및 특기사항은 인하대학교 학생부종합전형 평가요소인 지성, 적성, 인성을 모두 평가할 수 있는 중요한 항목입니다. 각 교과목별로 수업시간에 지원자가 수행한 여러 활동들을 살펴보고, 이를 종합하여 지원자의 수업 참여도, 학습태도, 성실성, 학습을 위한 노력 등을 확인합니다.

서울과학기술대 ☑ 교과학습발달상황은 학업 역량이나 전공적합성 외에도 학교생활에 충실했는지를 살펴볼 수 있는 항목 중 하나입니다. 교과성적은 단순히 등급만으로 평가하지 않으며, 교과별 이수 단위, 이수 과목의 내용 및 난이도, 학년별 성적 추이 등 정성평가를 통해 종합적으로 판단합니다. 따라서 좋은 성취나 결과도 중요하지만, 본인의 진로와 관련되거나 관심 있는 과목을 선택하여 수강하는 주도적인 태도가 필요합니다. 또한 세부능력 및 특기사항에서는 학업 역량 및 전공적합성 외에도 학습 태도, 성실성, 적극성, 창의성, 문제해결능력 등 다양한 역량을 평가할 수 있습니다.

교과 세특 기재 전략 및 방법

가. 교과 세특(세부능력 및 특기사항) 기재 전략

교과별 세부능력 및 특기사항을 쓸 때 참고할 수 있는 자료 5가지

조건	활용 가능한 자료
학교교육계획에 따라 실시한 교육 활동 중에	① 동료평가서
교사의 지도하에	② 자기평가서 ③ 수업산출물 (수행평가 결과물 포함)
학생이 직접 작성한 자료	④ 소감문 ⑤ 독후감

교과 세부능력 및 특기사항 기재 전략

* 획일화된 틀이 아닌 개별화된 평가를 구조화

* 전공 관련 심화탐구활동 기재

* 교과연계활동과 확장, 심화하여 기재

  예) 수업-지적 호기심-교과연계활동으로 확장

나. 교과 세특 기재 방법

1 세특을 쓰기 위한 활동 계획 수립

4 학생의 변화(성장) 양상

2 구체적인 사실 정보

5 배운 내용 활용

3 학생의 능력 평가

1 세특을 쓰기 위한 활동 계획 수립

- ☑ ~ 보고서 쓰기 활동에서
- ☑ ~ 모둠수업 활동에서
- ☑ ~ 모의/토론에서
- ☑ ~ 발표 시간에
- ☑ ~ OOO 책을 읽고
- ☑ ~ 팀프로젝트 활동에서

예) '긱 경제는 우리 사회의 일자리에 어떤 변화를 가지고 올까?' 라는 주제로 보고서 쓰기 활동에서

예) 고전문학 작품 속 동아시아 역사 이해하기 활동에서

예) 환경신문 칼럼쓰기 활동에서

: 배운 내용이나 진로관련 사실을 추상적인 정보가 아니라 구체적인 사실 정보를 기재한다.

'긱 경제는 우리 사회의 일자리에 어떤 변화를 가지고 올까?'라는 주제로 보고서 쓰기 활동에서 긱 경제의 특징, 긍정적인 측면 및 한계에 대해 조사하여 발표함. 디지털 플랫폼을 기반으로 하는 공유경제의 본격화, 고용의 새로운 변화 및 적은 자본으로 개인화 기반의 디지털 경제로의 변화를 유도한 다양한 특화시장 확대 일자리 변화를 강조하는 과정에서 자신의 의견을 논리적으로 제시하는 능력이 뛰어남. 추후 활동으로 '직장이 없는 시대가 온다(새라 케슬러)'를 읽은 후, 포스트 코로나 시대 및 4차 산업혁명 시대의 긱 경제와 자신의 진로분야를 연계하여 자료를 찾고 조사·분석하여 제출한 보고서에 급변하는 미래 사회에 갖추어야할 미래 핵심역량을 길러야겠다는 포부를 밝힘.

3　　**학생의 능력** 평가

'긱 경제는 우리 사회의 일자리에 어떤 변화를 가지고 올까?'라는 주제로 보고서 쓰기 활동에서 긱 경제의 특징, 긍정적인 측면 및 한계에 대해 조사하여 발표함. 디지털 플랫폼을 기반으로 하는 공유경제의 본격화, 고용의 새로운 변화 및 적은 자본으로 개인화 기반의 디지털 경제로의 변화를 유도한 다양한 특화시장 확대 등 일자리 변화를 강조하는 과정에서 자신의 의견을 논리적으로 제시하는 능력이 뛰어남. 추후 활동으로 '직장이 없는 시대가 온다(새라 케슬러)'를 읽은 후, 포스트 코로나 시대 및 4차 산업혁명 시대의 긱 경제와 자신의 진로분야를 연계하여 자료를 찾고 조사·분석하여 제출한 보고서에 급변하는 미래 사회에 갖추어야할 미래 핵심역량을 길러야겠다는 포부를 밝힘.

#KEYWORD 학생의 능력 평가 핵심 키워드

학습태도, 자료정리, 원만한 대인관계, 진로개발능력, 자기주도적 학습 능력, 문제해결능력, 일관되고 구체적인 노력, 통합적인 사고력, 종합적 평가능력, 지적 호기심, 시간관리능력, 비교분석, 대안제시능력, 발표력, 집중력, 실생활 접목, 자신감이 돋보임, 토론 능력, 다양한 자료, 결론도출능력, 합리적이고 이성적인 판단, 다양한 분야의 배경지식, 효율적인 학습 습관, 추측, 추론, 논리적이고 분석적인 능력, 창의적인 발상, 창의적인 아이디어, 비판적 사고력, 분석적 사고력, 해박한 지식과 인문학적 지식, 영어의사소통능력, 책을 읽고 성찰할 수 있는 능력, 논리정연, 폭넓게 해석, 학급의 단합을 도모, 친구가 질문해도 언제나 친절하게, 독서역량의 표현, 이해력, 학생들의 큰 호응, 리더십, 꼼꼼함, 한계점을 도출, 균형 잡힌 시각, 윤리의식, 응용력

4　학생의 변화(성장) 양상　　느낀점 등 (소감문~)

'긱 경제는 우리 사회의 일자리에 어떤 변화를 가지고 올까?'라는 주제로 보고서 쓰기 활동에서 긱 경제의 특징, 긍정적인 측면 및 한계에 대해 조사하여 발표함. 디지털 플랫폼을 기반으로 하는 공유경제의 본격화, 고용의 새로운 변화 및 적은 자본으로 개인화 기반의 디지털 경제로의 변화를 유도한 다양한 특화시장 확대 등 일자리 변화를 강조하는 과정에서 자신의 의견을 논리적으로 제시하는 능력이 뛰어남. 추후 활동으로 '직장이 없는 시대가 온다(새라 케슬러)'를 읽은 후, 포스트 코로나 시대 및 4차 산업혁명 시대의 긱 경제와 자신의 진로분야를 연계하여 자료를 찾고 조사·분석하여 제출한 보고서에 급변하는 미래 사회에 갖추어야할 미래 핵심역량을 길러야겠다는 포부를 밝힘.

5　배운 내용 활용　　후속활동, 교과내/교과간연계, 독서 등

'긱 경제는 우리 사회의 일자리에 어떤 변화를 가지고 올까?'라는 주제로 보고서 쓰기 활동에서 긱 경제의 특징, 긍정적인 측면 및 한계에 대해 조사하여 발표함. 디지털 플랫폼을 기반으로 하는 공유경제의 본격화, 고용의 새로운 변화 및 적은 자본으로 개인화 기반의 디지털 경제로의 변화를 유도한 다양한 특화시장 확대 등 일자리 변화를 강조하는 과정에서 자신의 의견을 논리적으로 제시하는 능력이 뛰어남. 추후 활동으로 '직장이 없는 시대가 온다(새라 케슬러)'를 읽은 후, 포스트 코로나 시대 및 4차 산업혁명 시대의 긱 경제와 자신의 진로분야를 연계하여 자료를 찾고 조사·분석하여 제출한 보고서에 급변하는 미래 사회에 갖추어야할 미래 핵심역량을 길러야겠다는 포부를 밝힘.

인문계열 맞춤형 세부능력 및 특기사항 기재 예시

국어 ▶ [단원명]
듣기·말하기

성취기준 📌 [10국01-03]

논제에 따라 쟁점별로 논증을 구성하여 토론에 참여한다.

창의적 사고 역량 강화 말하기 활동에서 덤스터 다이빙 운동에 관심을 가지고 조사함. 이 과정에서 충분히 먹을 수 있는 식료품이 쓰레기가 되어 길거리에 쌓이는 현실에 문제의식을 갖게됨. 이에 과잉생산 및 과잉소비와 관련된 사회적인 문제점에 대한 자신의 견해를 담아 '쓰레기들을 어떻게 하면 다시 되살려낼 수 있을까?'라는 주제로 논리정연하게 발표하는 능력이 우수함. 후속활동으로 '쓰레기에 관한 모든 것(피에로 마르티 등)'을 읽고 환경과 쓰레기에 대해 관심을 더 갖게 되었고, 쓰레기를 단순히 없애는 데 주력할 것이 아니라 새로운 자원으로 받아들여야 한다는 인식의 변화가 절실하다는 내용의 소감문을 작성하여 제출함.

관련학과 국어국문학과, 언어학과, 인문학부, 문화인류학과, 철학과, 글로벌학부, 중어중문학과, 영어영문학과, 일어일문학과, 노어노문학과, 서어서문학과, 불어불문학과, 문예창작학과　　핵심키워드 덤스터 다이빙

국어 교과군
국어 ▶ [단원명]
문법

성취기준 📌 [10국04-05]

국어를 사랑하고 국어 발전에 참여하는 태도를 지닌다.

평소 우리말에 관심이 많아 융합적 사고 역량 강화 글쓰기 활동에서 우리말 다듬기 관련 기관을 통해 다듬을 말과 원어, 새로 다듬은 말을 환경, 경제, 과학, 문화, 정치, 의학, 동물 등 분야별로 조사·정리하였으며, 이 과정에서 융합적 사고력이 우수함을 알 수 있음. 특히 코로나19와 관련하여 새로 다듬은 말을 강조하여 발표함으로써 선생님과 친구들로부터 높은 평가를 받음. 더 나아가 자신의 진로와 관련해 새로 다듬은 말에 대한 자신의 생각을 덧붙여 탐구주제로 선정하고 보고서를 작성하여 발표함. 매 수업 시작 전에 다듬을 말과 새로 다듬은 말을 칠판 한쪽 구석에 기록하여 친구들에게 안내하는 매우 성실한 모습을 보임.

관련학과 국어국문학과, 언어학과, 문예창작학과, 인문학부　　핵심키워드 다듬은 말, 새로 다듬은 말

[단원명]
화법과 작문의 태도

성취기준 📌 [12화작04-03]

언어 공동체의 담화 및 작문 관습을 이해하고, 건전한 화법과 작문의 문화 발전에 기여하는 태도를 지닌다.

통합적 사고 역량 강화 글쓰기 활동에서 '우리말의 담화관습 성찰하기'라는 주제로 매체를 통해 드러난 담화관습 사례를 조사하여 발표함. 언어 공동체의 담화관습은 사회·문화적 상황에 따라 변화한다는 사실을 강조함. 또한 바람직한 의사소통 문화 발전에 기여하기 위해 상황에 맞는 적절한 의사소통 방법을 사용해야 한다고 발표하는 과정에서 자신의 생각을 적극적이고 논리적으로 표현하는 모습이 남다름. 후속활동으로 담화관습인 겸손하게 말하기, 돌려 말하기, 신중하게 말하기, 경청하고 가려듣기와 관련된 속담이나 격언을 학급 게시판에 매주 월요일마다 새롭게 안내함으로써 배운 내용을 실생활에서 자기주도적으로 실천하는 변화된 모습을 보여 학급 친구들에게 많은 호응을 받음.

관련학과 | 국어국문학과, 언어학과, 문예창작학과, 인문학부, 글로벌학부   핵심키워드 | 담화관습

[단원명]
화법의 원리

성취기준 📌 [12화작02-02]

갈등 상황에서 자신의 생각, 감정이나 바라는 바를 진솔하게 표현한다.

바람직한 의사소통 파악하기 활동에서 닮고 싶은 소통의 달인을 조사하여 자신이 선택한 소통의 달인에게서 바람직한 의사소통을 위해 본받을 점을 고른 후, 언어문화수칙 7가지를 만들어 발표함. 이 과정에서 언어문화수칙을 실생활에 적용하기 위한 구체적인 대안으로 학급신문을 적극 활용하여 공유할 것을 제안함. 또한 효율적인 대인관계 의사소통으로 '나-전달법' 대화에 있어서 긍정적인 '나-전달법'의 정의와 종류, 3요소를 표현할 때 주의할 점을 제시하는 과정에서 프레젠테이션으로 이해하기 쉽게 발표하는 능력이 돋보임. 후속활동으로 '나-전달법'으로 말하는 것이 '너-전달법'으로 말하는 것보다 갈등 관리나 상대방과의 관계 유지에 도움이 되는 이유를 사례로 들어 발표함으로써 의사소통의 중요성을 깨닫게 되었다고 이야기함.

관련학과 | 언어학과, 국어국문학과, 인문학부, 문예창작학과, 글로벌학부, 한문학과, 일어일문학과, 중어중문학과, 영어영문학과, 독어독문학과, 노어노문학과, 서어서문학과, 불어불문학과   핵심키워드 | 나-전달법, 너-전달법

[단원명]
독서의 본질

성취기준   📌 [12독서01-01]

독서의 목적이나 글의 가치 등을 고려하여 좋은 글을 선택하여 읽는다.

'4차 산업혁명 시대, 나의 진로는?'이라는 주제로 관련 책을 읽고 나누는 활동에서 '4차 산업혁명 시대의 언어 품격(은서기)'이라는 책을 읽고 리더가 알아야 할 7가지 언어 스킬을 제시하고, 4차 산업혁명 시대에 왜 언어가 리더십일 수밖에 없는지에 대한 자신의 생각을 덧붙여 논리정연하게 발표함. 이 과정에서 기술이나 지식의 양이 아니라 생각의 힘, 상황의 흐름을 읽고 무엇보다도 누구와도 소통할 수 있는 언어능력이 필요하다는 것을 깨닫게 되었다는 부분에서 친구들의 많은 호응을 받음. 후속활동으로 '4차 산업혁명 시대 주인으로 살기(김희용)'라는 책을 읽은 후, 미래 유망기술발전에 따라 나타날 미래직업의 세계를 탐색하고, 이를 바탕으로 소감문을 작성하여 제출하는 적극적인 태도를 보임.

관련학과   언어학과, 국어국문학과, 인문학부, 문예창작학과, 글로벌학부, 한문학과, 일어일문학과, 중어중문학과, 영어영문학과, 독어독문학과, 노어노문학과, 서어서문학과, 불어불문학과

핵심키워드   7가지 언어스킬

[단원명]
독서의 분야

성취기준   📌 [12독서03-01]

인문·예술 분야의 글을 읽으며 제재에 담긴 인문학적 세계관, 예술과 삶의 문제를 대하는 인간의 태도, 인간에 대한 성찰 등을 비판적으로 이해한다.

롤모델 찾기 독서활동에서 '마더 테레사-그 사랑의 생애와 메시지(신홍범)'를 읽고 독서일지를 작성하여 수업시간에 자신이 선정한 책에 대해 소개하는 발표를 함. 책을 통해 '허리를 굽혀 섬기는 자는 위를 보지 않는다.'며 자신의 몸을 가장 낮은 데로 낮추어 인류애에 대한 희망을 보여준 테레사 수녀의 헌신적인 봉사와 박애, 희생으로 각박한 현대 인류사에 빛나는 정신을 본받고 싶다는 의지를 밝힘. 이에 독서 후 자기를 성찰하는 내적인 힘이 강하다는 것을 알 수 있음. 후속활동으로 '마더 테레사의 봉사이야기(NS교육연구소)'책을 읽고, 자선과 희생, 봉사에 관한 이야기들을 통해 나누는 삶의 중요성과 봉사의 기쁨을 깨닫게 되었다는 내용의 소감문을 작성하여 제출함.

관련학과   전 인문계열

핵심키워드   롤모델

[단원명]

언어의 매체와 본질

성취기준 ── [12언매01-03]

의사소통의 매개체로서 매체의 유형과 특성을 이해한다.

나의 진로관련 미디어 읽기 활동에서 인터넷을 통해 '빅브라더의 등장배경과 사회에 미치는 영향'을 조사·정리함. 이 과정에서 다양한 빅브라더의 사례를 통해 자신의 진로에 대한 정보를 얻고, 인터넷 글의 내용과 형식이 유기적으로 결합되어 있음을 강조하는 모습에서 분석적 사고력이 우수함을 알 수 있음. 후속활동으로 '현금 없는 사회(캐시리스 사회)가 이상적이지 않은 이유 4가지 - 디지털 결제는 거스를 수 없는 흐름일까?'라는 인터넷 글을 읽고 무엇보다도 디지털 결제에 기록된 우리의 정보를 감시하는 빅브라더로부터 자치권을 유지하기 위해 애써야한다고 발표하는 부분에서 자료를 찾아 읽고 분석하는 미디어 리터러시 능력이 우수하여 친구들로부터 긍정적인 평가를 받음.

관련학과) 언어학과, 국어국문학과, 인문학부, 문예창작학과, 글로벌학부   핵심키워드) 미디어 리터러시

국어 교과군

언어와 매체

[단원명]

매체 언어의 탐구와 활용

성취기준 ── [12언매03-01]

매체의 특성에 따라 정보가 구성되고 유통되는 방식을 알고, 이를 의사소통에 활용한다.

언어와 매체 이야기 활동에서 인터넷 통신언어 사용 실태와 세대 간 의사소통 문제 사례를 조사하여 정리함. 최근 청소년들의 한글 맞춤법과 띄어쓰기를 완전히 무시한 채로 인터넷 안에서 사용되는 통신용어로 인해 세대 및 계층 간 의사소통 문제가 크게 부각되고 있다고 강조함. 이에 대표적인 SNS에서 수집한 자료를 바탕으로 통신언어 사용 실태를 분석하고, 누리꾼들의 설문 조사 자료를 중점적으로 다루며 정리함. 이에 세대 간 의사소통에 방해가 되는 중요한 요인은 소통 태도, 욕설 등 부정적 표현의 사용임을 알게 되어 언어규범 및 의사소통 태도 익히기를 해결방안으로 제시함. 더 나아가 관련 연구학회에서 총 2,352개의 통신용어를 수집하여 분석한 '통신언어 어휘집'의 주요 내용을 핵심 요약 정리하여 보고서를 발표하는 부분에서 정보 활용능력 및 대안제시능력이 우수함을 확인할 수 있음.

관련학과) 언어학과, 국어국문학과, 인문학부, 문예창작학과, 글로벌학부, 한문학과, 일어일문학과, 중어중문학과, 영어영문학과, 독어독문학과, 노어노문학과, 서어서문학과, 불어불문학과   핵심키워드) 인터넷 통신언어

문학

[단원명]
문학의 수용과 생산

성취기준　📌 [12문학02-06]

다양한 매체로 구현된 작품의 창의적 표현 방법과 심미적 가치를 문학적 관점에서 수용하고 소통한다.

고전문학을 디지털 스토리텔링으로 활용한 사례를 찾아 발표하는 모둠활동 시간에 고전문학과 광고를 접목한 '고전문학을 패러디한 광고 스토리텔링'으로 노인과 바다의 최고 명장면을 사용한 크랩버거 광고와 셰익스피어의 햄릿을 모티브로 한 통신사의 광고 사례를 통해 광고 효과의 극대화를 위한 광고의 목적, 대상, 가치 등을 분석하고 발표함. 이 과정에서 정보를 효율적으로 전달하는 능력과 분석적 사고력이 매우 탁월하며, 자신의 진로분야에 대해 알아가는 모습이 칭찬할만한 학생임. 또한, 디지털 스토리텔링의 특징으로 사람들의 감성을 자극하여 호소하기에 설득력과 기억률 증가, 관심 유도 및 이야기 소통 등이 있다고 발표하는 부분에서 친구들의 큰 호응을 받음.

관련학과　언어학과, 국어국문학과, 인문학부, 문예창작학과, 글로벌학부　　핵심키워드　디지털스토리텔링

국어 교과군

문학

[단원명]
문학의 수용과 생산

성취기준　📌 [12문학02-05]

작품을 읽고 다양한 시각에서 재구성하거나 주체적인 관점에서 창작한다.

패러디 기법을 활용하여 창작한 시를 발표하는 모둠활동 시간에 문학 작품을 재구성하는 창작 과정은 '창작적 기분 → 창작 구상 → 내적 정련 → 외적 완성'의 단계를 거친다고 강조하면서 애송하는 시로 김춘수의 '꽃'을 선정한 후, 창작과정을 준수하여 창의적인 아이디어를 발휘한 패러디 시를 발표함으로써 친구들의 많은 호응을 받음. 패러디 기법을 통한 시 창작을 통해 문학 작품을 수용자 입장에서 비판적이고 창조적으로 재구성하였으며, 문학 활동의 결과를 내면화하여 자신의 삶으로 구체화하는 주체적인 문학 활동 능력이 매우 우수한 학생임. 더 나아가 김춘수의 '꽃'을 패러디한 시로 오규원의 '꽃의 패러디', 장정일의 '라디오와 같이 사랑을 끄고 켤 수 있다면' 시에 대해 분석·정리하여 보고서를 제출하는 적극적인 모습을 보임.

관련학과　언어학과, 국어국문학과, 인문학부, 문예창작학과, 글로벌학부　　핵심키워드　패러디 기법

실용 국어   [단원명] **정보의 해석과 조직**

성취기준 📌 [12실국02-03]

정보를 체계적으로 조직하여 대상과 상황에 적합하게 표현한다.

우리 지역 여행상품 개발하기 글쓰기 수행평가에서 '남해안 여행상품 개발'을 주제로 정보수집 목적을 고려하여 핵심어를 설정하고 다양한 매체를 통해 정보를 수집하여 정리함. 주제와 목적에 따라 분류한 후, 창의적인 아이디어로 장소, 대상 및 상황에 맞는 다양하고 적절한 어휘와 정확한 문장 형식을 활용하여 자신의 의견을 정확하게 표현하는 글쓰기 능력이 매우 탁월함. 후속활동으로 '남해안, 나를 찾아 떠나는 힐링 여행'을 브랜드로 정하여 지역경제 활성화, 관광인구 유인 및 지역특화 관광자원과의 연계성 등의 정보를 조사·분석하고 보고서를 작성하여 제출함. 특히 자신의 진로와 관련된 역사 분야와 연계하여 발표하는 열정적인 모습을 보임.

관련학과 언어학과, 국어국문학과, 인문학부, 문예창작학과, 문화인류 학과, 글로벌학부, 사학과

핵심키워드 여행상품 개발

실용 국어   [단원명] **대인관계와 의사소통**

성취기준 📌 [12실국04-01]

상대를 배려하는 태도로 언어 예절을 갖추어 대화한다. 그리고 상대의 감정을 공감적으로 수용하며 자신의 감정을 적절하게 표현한다.

공감적 경청하기 사례 보고서 작성하기 활동에서 공감적 경청이 필요한 상황과 공감적 경청 3단계를 조사하고, 단계별로 '우리 아이가 달라졌어요'라는 TV프로그램을 사례로 들어 분석하고 정리하여 발표함. 공감적 경청하기를 통해 상대의 감정을 공감적으로 수용하며, 자신의 감정을 적절하게 표현하고 상대를 배려하는 태도로 언어 예절을 갖추어 대화해야 한다고 발표하는 모습에서 자신감이 돋보임. 후속활동으로 상대를 배려하는 대화의 원리, 경청하는 태도와 방법, 상황에 맞는 호칭어와 지칭어의 사용 등 실생활에 적용할 수 있는 사례를 조사·분석한 후 학급 게시판에 게시하여 친구들과 공유하는 적극적인 모습을 보임. 전문용어를 쉽게 설명하면서 자신의 의견이나 감정을 표현하는 것이 능숙한 학생임.

관련학과 언어학과, 국어국문학과, 인문학부, 문예창작학과, 글로벌학부, 한문학과, 일어일문학과, 중어중문학과, 영어영문학과, 독어독문학과, 노어노문학과, 서어서문학과, 불어불문학과

핵심키워드 공감적 경청

심화 국어

[단원명]
창의적 사고와 문화 활동

성취기준 📌 [12심국03-02]

자신의 생각과 느낌을 창의적이고 아름답게 표현한다. 그리고 공동체의 언어문화 발전에 능동적으로 참여하는 태도를 지닌다.

언어문화 사례 발표하기 활동에서 '바람직한 학생 언어'라는 주제로 200명 이상의 학생들을 대상으로 학교 내 언어문화 실태에 대한 설문조사를 실시한 결과, 학생들 사이에서의 욕설 사용 증가 추세는 인터넷 및 휴대폰 등 다매체의 오용 언어 전파 이외에도 친구들 사이에서 소외되지 않기 위해 욕설을 사용하기 때문이라는 결과를 제시함. 이를 통해 문제점을 찾아 조사하고 분석하여 해결하는 자기주도적 문제해결능력이 우수한 학생임을 알 수 있음. 이후 '바람직한 학생 언어를 실천해요'라는 제목의 게시판을 학교 현관에 게시하고, 자신의 블로그 게시판을 활용하여 매일 올바른 언어생활을 실천하기 위해 노력하는 모습을 보임.

관련학과 언어학과, 국어국문학과, 인문학부, 문예창작학과, 글로벌학부, 한문학과, 일어일문학과, 중어중문학과, 영어영문학과, 독어독문학과, 노어노문학과, 서어서문학과, 불어불문학과

핵심키워드 언어문화

심화 국어

[단원명]
비판적 사고와 문제해결

성취기준 📌 [12심국02-03]

문제해결에 필요한 방안을 탐색하여 합리적으로 의사결정한다.

'디지털 화폐와 미래'라는 주제로 보고서를 작성하고 발표하는 활동에서 사이버 상에서 거래되는 디지털 화폐가 우리의 삶을 어떻게 바꾸어 놓을지에 대한 자신의 생각을 논리적이고 비판적인 사고를 바탕으로 발표하는 과정에서 말하기 능력이 우수함을 알 수 있음. 최근 대두되고 있는 중국의 디지털 화폐를 활용한 화폐개혁이 경제에 미치는 영향에 대해서도 각종 매체의 자료를 비교·분석하여 보고서를 완성함. 특히 금융과 결합한 블록체인 기술이 예상보다 훨씬 빠르게 우리 일상생활을 파고들 것이라고 강조하는 부분에서 어려운 전문용어를 이해하기 쉽게 설명하는 모습이 매우 인상적임. 또한 자신의 진로분야와 연계하여 지적 호기심을 해결하는 활동을 하며 자신의 진로에 대해 탐색해나가는 모습이 칭찬할 만함.

관련학과 언어학과, 국어국문학과, 인문학부, 문예창작학과, 글로벌학부, 일어일문학과, 중어중문학과, 영어영문학과, 독어독문학과, 노어노문학과, 서어서문학과, 불어불문학과

핵심키워드 디지털 화폐

성취기준 📌 [12고전02-04]

고전을 통해 알게 된 사실과 깨닫게 된 점을 바탕으로 삶의 다양한 문제에 대처할 수 있는 교양을 함양한다.

고전문학을 읽고 서평 쓰기 활동에서 '월든(소로)'을 읽은 후, 서평자로서 주관적 판단과 기준을 제시함. 이 책의 구성과 내용을 일관된 기준과 논리적 순서로 설명한 뒤, 그것을 토대로 전체의 내용에 걸쳐 지속되는 저자의 입장을 분석하여 평가함. 특히 20세기 후반 문명사회에 대한 반성과 성찰이 이루어지고 환경문제의 심각성에 대한 사람들의 인식이 향상되면서 '월든' 작품의 가치가 새롭게 재평가될 수 있도록 사회·문화적 맥락에서 책이 지닌 의의를 제시하는 부분에서 논리적으로 표현하는 글쓰기 능력이 우수함을 알 수 있음. 후속활동으로 작품을 통해 자신의 이해와 자신의 내면을 들여다볼 수 있는 귀한 시간을 갖게 되었다는 내용이 담긴 소감문을 작성하여 제출함.

관련학과) 언어학과, 국어국문학과, 인문학부, 문예창작학과, 글로벌학부, 일어일문학과, 중어중문학과, 영어영문학과, 독어독문학과, 노어노문학과, 서어서문학과, 불어불문학과

핵심키워드) 월든

성취기준 📌 [12고전02-03]

현대사회의 맥락을 고려하여 고전을 재해석하고 고전의 가치를 주체적으로 평가한다.

고전문학을 추천하는 글쓰기 수행평가에서 자신이 선정한 책을 명확하게 이해하며 책의 주제와 인물이나 사건에 관한 비판적 사고력을 발휘함. 또한, 문학적 감수성과 상상력이 풍부하여 자신이 이해한 바를 효과적으로 표현하는 글쓰기 능력이 우수함. '자유로부터 도피(에리히프롬)'를 읽은 후, 사회 심리학적 입장에서 나치즘이 부각된 원인을 분석함. 또한 그의 기반이 된 현대 문명의 획일성과 인간 소외 현상을 비판하면서 자유와 인간의 존재 양상에 대한 반성을 촉구하는 내용을 담아 추천하는 글을 발표함. 후속활동으로 에리히프롬의 생애와 철학사상에 대해 조사·정리하여 보고서를 제출함. 이 과정을 통해 자신의 진로와 연계하여 활동하며 발전해 나가는 모습을 보임.

관련학과) 언어학과, 철학과, 국어국문학과, 인문학부, 문예창작학과, 글로벌학부

핵심키워드) 자유로부터 도피

영어 교과군
영어
▶ [단원명]
쓰기

성취기준　📌 [10영04-01]

일상생활이나 친숙한 일반적 주제에 관하여 듣거나 읽고 세부 정보를 기록할 수 있다.

코로나19 영어신문 기고문 쓰기 활동에서 코로나19로 촉발된 경제침체로 인한 기본소득제 관련 이슈에 관심을 가지게 됨. 이에 기본소득제가 소득재분배와 노동 공급에 미치는 영향 및 해외 국가들의 기본소득 실험 내용에 대해 조사·분석함. 이 과정에서 비교 분석적 능력이 우수함을 알 수 있음. 또한 '기본소득제를 반대하는 이유'라는 신문 칼럼을 읽고 자칫 복지국가의 걸림돌이 될 수 있다는 사실을 알게 되었고, 이에 균형 잡힌 시각을 강조하는 부분에서 친구들의 호응을 받음. 후속활동으로 한국식 기본소득제도 도입에 대한 자신의 견해를 보고서로 영작하여 제출하였으며, 자신의 진로와 연계하여 호기심을 가지고 적극적으로 탐색하는 모습이 대견한 학생임.

관련학과　언어학과, 국어국문학과, 인문학부, 문예창작학과, 글로벌학부, 일어일문학과, 중어중문학과, 영어영문학과, 독어독문학과, 노어노문학과, 서어서문학과, 불어불문학과

핵심키워드　코로나19, 기본소득제

영어 교과군
영어
▶ [단원명]
쓰기

성취기준　📌 [10영04-01]

일상생활이나 친숙한 일반적 주제에 관하여 듣거나 읽고 세부 정보를 기록할 수 있다.

코로나19 영어신문 기고문 쓰기 활동에서 평소 신조어에 관심이 많아 코로나19 관련 신조어를 환경, 과학, 문화, 정치, 의학 등 분야별로 조사·분석하여 마인드맵으로 수업시간에 발표함. 이 과정에서 친구들의 질문에도 막힘없이 자신감 있게 답변하는 모습에서 다양한 분야의 배경지식이 탁월함을 알 수 있음. 또한, 신조어 조사과정에서 공공성이 높은 외국 용어를 새말모임에서 쉬운 우리말로 다듬어 매주 발표한다는 사실도 알게 됨. 후속활동으로 자신의 진로와 관련된 문화 부분인 새로 다듬은 말에 대한 자신의 생각을 덧붙여 보고서를 영작하여 제출함.

관련학과　언어학과, 국어국문학과, 인문학부, 문예창작학과, 글로벌학부, 일어일문학과, 중어중문학과, 영어영문학과, 독어독문학과, 노어노문학과, 서어서문학과, 불어불문학과

핵심키워드　코로나19

영어 교과군
영어 회화   [단원명] **말하기**

성취기준   📌 [12영회02-02]

일상생활이나 친숙한 일반적 주제에 관하여 자료를 요약하여 발표할 수 있다.

온라인 강연을 듣고 소감 영어로 말하기 활동에서 에릭 베리지의 온라인 강연 '기술에 인문학이 필요한 이유'를 듣고 인문학이 필요한 이유와 인문학이 사회·경제에 미치는 영향에 대한 소감을 말하는 과정에서 자신감 있고 유창한 영어 발음으로 친구들의 호응을 받음. 후속활동으로 '나는 누구인가(강신주)'를 읽고, 인문학이 우리에게 필요한 이유에 대한 고찰로 나는 누구인가라는 질문에 대한 답을 얻고 인간됨에 대한 성찰로 들어가기 위해서는 가장 먼저 자신을 알고 사랑해야한다는 사실을 깨닫게 되는 계기가 되었다는 소감문을 영작하여 제출함.

관련학과   언어학과, 인문학부, 문예창작학과, 글로벌학부,
신학과, 철학과

핵심키워드   인문학

영어 교과군
영어 회화   [단원명] **말하기**

성취기준   📌 [12영회02-03]

일상생활이나 친숙한 일반적 주제에 관해 자신의 의견이나 감정을 표현할 수 있다.

온라인 강연을 듣고 소감 영어로 말하기 활동에서 램지 무살람의 온라인 강의 '학습을 촉발하는 3가지 규칙'을 듣고 교사의 진정한 역할에 대한 소감을 말함. 이 과정에서 자신의 진로인 언어 분야와 관련하여 자신이 생각하는 교사의 역할에 대해 발표하는 과정에서 진정성이 느껴졌음. 또한 학습을 유발하는 3가지 원칙 중 호기심에 대해 다시 성찰해 보는 계기가 되었다고 하는 부분에서 자신감이 돋보임. 후속활동으로 '21세기 교사의 역할에 대하여'라는 교육칼럼을 읽고, '지금 배우는 것이 20년 후에도 유효할까?'라는 주제로 자신의 생각을 정리하여 영작한 보고서를 제출하는 적극적인 모습을 보임.

관련학과   언어학과, 인문학부, 문예창작학과, 글로벌학부

핵심키워드   학습유발, 교사의 역할

성취기준 📌 [12영 I 03-04]

일반적 주제에 관한 글을 읽고 필자의 의도나 글의 목적을 파악할 수 있다.

영어 소식지 만들기 활동에서 유네스코 인류 무형유산에 등록된 제주 해녀 문화의 특징 및 가치에 대해 조사하여 정리함. 이 과정에서 제주 해녀 문화는 공동체 내에서 여성의 지위 향상에 기여해 왔다는 사실을 알게 됨. 또한, 해녀 문화의 역사와 전승에 대해 집중적으로 조사하여 발표하는 과정에서 통합적인 사고력이 돋보임을 알 수 있음. 후속활동으로 해녀 문화를 세계적으로 홍보하기 위한 방법을 제안함. 더 나아가 관광·교육·과학을 융합하여 지속가능한 문화 콘텐츠를 개발할 수 있는 방안에 대한 제안서를 영작하여 제출하는 적극적인 모습을 보임.

관련학과) 문예창작학과, 글로벌학부, 언어학과, 인문학부   핵심키워드) 제주 해녀 문화

성취기준 📌 [12영 I 03-04]

일반적 주제에 관한 글을 읽고 필자의 의도나 글의 목적을 파악할 수 있다.

영어 소식지 만들기 활동에서 평소 난민 문제에 관심이 많아 우리나라의 난민 정책 및 난민 현황 그리고 제주 예멘 사태의 변화 과정 평가와 난민 문제의 시사점에 대해 집중 조사하여 발표함. 이 과정에서 난민 문제에 대한 자신의 견해를 논리적으로 표현하며 통합적인 사고력이 우수함을 알 수 있음. 또한 난민 문제의 해결방안을 위해서는 무엇보다도 국제사회의 노력이 요구된다는 사실을 알게 되었다고 강하게 강조하는 부분에서 친구들의 호응을 받음. 후속활동으로 '영국과 이탈리아에서 난민 유입을 반대하는 주요한 이유는 무엇인가'라는 주제로 난민 문제에 대한 각국의 대처 방안에 대해 보고서를 영작하여 제출함.

관련학과) 전 인문계열   핵심키워드) 난민 문제

영어 교과군
영어Ⅱ
[단원명]
쓰기

성취기준 📌─ [12영Ⅱ04-01]

비교적 다양한 주제에 관하여 듣거나 읽고 세부 정보를 기록할 수 있다.

영어잡지 칼럼 쓰기 활동에서 평소 다문화 사회에 관심이 많아 인터넷을 통해 다문화 가족이 겪는 문제점 및 인권문제와 해결방안에 대해 조사·분석하여 정리하는 과정에서 디지털 리터러시 역량과 균형 잡힌 시각이 뛰어남을 알 수 있음. 또한 국가 차원의 다문화가정 자녀에 대한 교육지원정책을 조사하는 과정에서 다문화가정에 대한 사회구성원들의 이해를 제고하기 위한 사회의 교육지원 측면도 중요하다는 사실을 알게 되었으며, 자신도 다문화가정을 이해하기 위해 노력해야겠다고 다짐하는 모습을 보임. 이에 더 나아가 다문화가정에 대한 한국인의 인식을 개선하기 위한 국가정책을 조사하고 보고서를 영작하여 제출함.

관련학과 언어학과, 인문학부, 문예창작학과, 문화인류학과, 글로벌학부, 사학과, 철학과

핵심키워드 다문화가정

영어 교과군
영어Ⅱ
[단원명]
쓰기

성취기준 📌─ [12영Ⅱ04-01]

비교적 다양한 주제에 관하여 듣거나 읽고 세부 정보를 기록할 수 있다.

영어잡지 칼럼 쓰기 활동에서 기본소득제에 대한 나라별 정책 현황을 조사하여 분석한 결과를 바탕으로 보편적 소득제를 도입하면 오히려 불평등이 심화된다는 문제점을 지적함. 소득에 따라 지원을 달리하는 방식이 불평등 완화에 효과적이라는 쟁점을 정리한 후, 주장과 이유 및 근거를 토대로 자신의 의견을 논리적으로 제시하는 능력이 탁월함. 이후 연계 활동으로 '소득의 미래(이원재)'를 읽고, 이를 참고하여 '기본소득제가 소득재분배와 노동 공급에 미치는 영향'이라는 주제로 탐구하여 영작한 보고서를 제출하는 등 다른 학생과 차별성을 가지고 노력하는 모습이 칭찬할 만함.

관련학과 언어학과, 인문학부, 문예창작학과, 문화인류학과, 글로벌학부, 사학과, 철학과

핵심키워드 기본소득세

영어 독해와 작문 ▶ [단원명] 쓰기

성취기준 📌 [12영독03-01]

비교적 다양한 주제에 관한 글을 읽고 세부 정보를 파악할 수 있다.

영어 에세이 쓰기 활동에서 동영상 공유사이트 상의 가짜뉴스 사례를 조사하고 문제점을 비판적으로 분석함. 이 과정에서 정보화 역기능이 심각한 사회문제로 제기되어 미디어 교육의 중요성과 필요성이 어느 때보다 강조되어야 함을 깨닫게 됨. 이에 미디어 교육은 단순히 교육적 차원을 넘어서 교육, 상담, 치료 등이 연계되어야 진정한 교육 목적을 달성할 수 있다는 점이 포함되어야 한다고 자신감 있게 발표하는 모습에서 대안제시능력이 우수하다는 것을 알 수 있음. 후속활동으로 동영상 공유사이트 가짜뉴스 문제 해결방안 및 자신의 제언에 대한 제안서를 영작하여 학급 게시판에 공유하는 등 미덕을 지니는 적극적인 모습을 보임.

관련학과 ▷ 언어학과, 인문학부, 문예창작학과, 문화인류학과, 글로벌학부, 철학과

핵심키워드 ▷ 가짜뉴스

영어 독해와 작문 ▶ [단원명] 쓰기

성취기준 📌 [12영독03-01]

비교적 다양한 주제에 관한 글을 읽고 세부 정보를 파악할 수 있다.

영어 에세이 쓰기 활동에서 평소 환경에 관심이 많아 기후 위기와 환경문제에 대응하기 위한 그린뉴딜정책의 8대 추진과제를 조사하여 분석하는 과정에서 우수한 분석적 사고력을 보여줌. 또한 효과적인 기후변화에 대응하는 실천방안으로 지속가능발전목표를 알게 되어 집중·조사하는 과정에서 지속가능한 실천을 위해서는 국가적 차원과 개인적 차원의 노력이 필요함을 강조함. 특히 개인적 차원에서 다 쓴 화장품은 공병을 버리지 않고 매장에 가서 재활용하겠다는 다짐을 밝히는 모습에서 진정성이 보임. 후속활동으로 '함께 모여 기후변화를 말하다'책을 읽고, 가정과 학교에서 에너지를 절약할 수 있는 방안에 대한 건의문을 영작하여 학교 게시판에 게시하여 공유하는 적극적인 태도를 보임.

관련학과 ▷ 언어학과, 국어국문학과, 인문학부, 문예창작학과, 글로벌학부, 일어일문학과, 중어중문학과, 영어영문학과, 독어독문학과, 노어노문학과, 서어서문학과, 불어불문학과

핵심키워드 ▷ 지속가능한 발전 목표

실용 영어

[단원명]
쓰기

성취기준 📌 [12실영04-02]

실생활 중심의 다양한 주제에 관해 자신의 의견이나 감정을 쓸 수 있다.

실생활 중심 주제로 영작하기 활동에서 스마트폰과 인터넷 사용이 아동과 청소년의 성장과정에 미치는 긍정적, 부정적 영향에 대해 조사·분석하여 정리하는 과정에서 디지털 디톡스의 필요성을 알게 됨. 이에 디지털 위험을 해소하기 위해 디지털 디톡스 운동이 절실하게 필요한 때라고 강조하면서 일상에서 실천할 수 있는 디지털 디톡스로 스마트폰 사용일지 작성하기 등을 제안하는 적극적인 모습을 보임. 후속활동으로 '디지털 디톡스가 필요한 시간(최영철)'을 읽고 디지털 시대를 대비하는 자세 및 혜안에 대한 소감문을 영작하여 제출함.

관련학과) 언어학과, 국어국문학과, 인문학부, 문예창작학과, 글로벌학부, 일어일문학과, 중어중문학과, 영어영문학과, 독어독문학과, 노어노문학과, 서어서문학과, 불어불문학과, 철학과

핵심키워드) 디지털 디톡스

영어 교과군
실용 영어

[단원명]
쓰기

성취기준 📌 [12실영04-02]

실생활 중심의 다양한 주제에 관해 자신의 의견이나 감정을 쓸 수 있다.

실생활 중심 주제로 영작하기 활동에서 평소 윤리적 소비에 대해 관심이 많아 윤리적 소비의 정의와 역사 및 사례를 조사·정리하는 과정에서 로하스족에 대해 알게 되었으며, 로하스 라이프 스타일을 가진 소비자로 일상생활에서 실천할 수 있는 윤리적 소비 실천방법에 대해 정리하여 발표하는 과정에서 친구들의 큰 호응을 얻음. 후속활동으로 '코로나19 속 윤리적 소비로 환경을 생각하다'라는 인터넷 기사를 읽고, 윤리적 소비의 핵심기준 중 하나가 근로자에게 정당한 보수와 안전한 환경을 제공하는지를 고려하여 소비하는 것임을 알게 되어 자신도 윤리적 소비를 꼭 실천해야겠다는 다짐을 밝히는 소감문을 영작하여 제출함.

관련학과) 언어학과, 인문학부, 문예창작학과, 글로벌학부, 철학과

핵심키워드) 윤리적 소비

영어권 문화 ▶ [단원명] 말하기
영어 교과군

성취기준 📌 [12영화02-01]

영어권 문화에 관하여 듣거나 읽고 생활양식, 풍습, 사고방식 등을 말할 수 있다.

마인드맵으로 문화 이해하기 활동에서 미국문화에 많은 영향을 끼치며 미국적 가치의 상징으로 여겨지고 있는 랜드마크인 테마파크에 대해 조사·정리하는 과정에서 지적 호기심이 많음을 알 수 있음. 디즈니의 생애 및 성공기 그리고 그것을 바라보는 미국인들의 시각을 알게 되었으며, 테마파크의 상업성을 조사하는 과정에서 인종과 계급차별 문제가 있다는 사실을 알게 됨. 후속활동으로 '인종차별과 자본주의(캘리니코스)'를 읽고 '인종차별의 근원은 무엇이며 인종차별을 어떻게 없앨 수 있을까'라는 주제로 소감문을 영작하여 제출함.

관련학과 언어학과, 인문학부, 영어영문학과, 사학과, 철학과, 문예창작학과, 글로벌학부

핵심키워드 인종차별

영어권 문화 ▶ [단원명] 말하기
영어 교과군

성취기준 📌 [12영화02-01]

영어권 문화에 관하여 듣거나 읽고 생활양식, 풍습, 사고방식 등을 말할 수 있다.

인포그래픽으로 문화 이해하기 활동에서 '미국 최대의 나노기술 축제, 테크커넥트 월드'라는 인터넷 기사를 읽고 '테크커넥트 월드' 행사의 특징 및 연구 성과에 대해 집중·조사하는 과정을 통해 미국의 문화를 이해하는데 많은 도움이 되었다고 자신감 있게 발표함. 이 과정에서 나노기술 프로그램은 고급 재료, 고급 제조, 에너지 및 지속가능성, 전자 및 마이크로 시스템, 생명공학·의료 및 제약, 퍼스널 홈케어, 화장품, 식품 등의 6개 부문으로 구성된다는 사실을 알게 되어 인포그래픽으로 이해하기 쉽게 설명함. 후속활동으로 우리나라의 나노코리아와 관련된 신문기사 '나노기술 교류·협력의 장, 나노코리아 2020 개최'를 읽고 다양한 기술·산업과 융합이 가능한 나노기술의 중요성에 대한 주제로 보고서를 영작하여 제출함.

관련학과 언어학과, 인문학부, 영어영문학과, 사학과, 철학과, 문예창작학과, 글로벌학부, 영어영문학과, 국어국문학과

핵심키워드 테크커넥트, 나노기술

성취기준　📌 [12진영03-04]

다양한 직업 및 진로에 관한 글을 읽고 필자의 의도나 글의 목적을 파악할 수 있다.

나의 진로 관련 책을 읽고 영어 서평 쓰기 활동에서 '정의란 무엇인가(마이클 샌델)' 책을 읽고 저자가 소개하는 정의에 대한 세 가지 관점인 복지, 자유, 미덕에 대해 자신의 견해를 덧붙여 정리하는 과정에서 자유적 공동체주의자의 의미를 새롭게 알게 됨. 이에 자신의 진로와 연계하여 자신이 속한 공동체의 특정 정체성을 발현하는 동시에 다른 공동체에 대한 존중, 나아가 인류 보편적 가치의 중요성을 인정하고 수용해야 한다고 발표하는 과정에서 친구들의 호응을 받음. 후속활동으로 노직의 자유지상주의에 대해 조사한 후 '자기 소유의 개념을 따르는 국가가 정의로운 국가이다.'라는 주제로 보고서를 영작하여 제출함.

관련학과　언어학과, 인문학부, 문예창작학과, 글로벌학부, 신학과, 철학과　핵심키워드　정의

성취기준　📌 [12진영03-04]

다양한 직업 및 진로에 관한 글을 읽고 필자의 의도나 글의 목적을 파악할 수 있다.

나의 진로 관련 책을 읽고 영어 서평 쓰기 활동에서 '10대에게 권하는 인문학(연세대학교 인문학연구원)'을 읽고 인문학의 정의, 청소년 시기에 인문학을 공부해야 하는 이유 및 인문학에 대한 접근 방법 등을 조사·정리하는 과정에서 인문학의 중요성을 깨닫게 되는 계기가 됨. 후속활동으로 '생각의 탄생(미셀 루트번스타인)'을 읽고 창조적인 인간이 되기 위해 관찰, 형상화, 추상화, 통합, 감정이입 등 생각도구를 통한 구체적인 방법을 알게 됨. 이에 '창의력과 사고는 어떻게 길러지는가?'에 대한 주제로 감상문을 영작하여 제출하는 적극적인 태도를 보임.

관련학과　언어학과, 인문학부, 문예창작학과, 글로벌학부, 신학과, 철학과　핵심키워드　인문학

성취기준 📌 [12영문03-08]

문학 작품을 읽고 작품의 배경과 시대적 상황을 이해할 수 있다.

영미 문학 작품 읽고 영어 마인드맵으로 소감 발표하기 활동에서 원작 '앵무새 죽이기(하퍼리)'를 읽고 모든 편견과 차별로 인해 고통 받는 사회적 약자에 대한 관심과 배려를 깨닫게 됨. 미국 남부지역의 사회적 배경 및 사회 정의, 인종차별에 대한 문제점을 파악하고 조사하는 과정에서 계층 간의 갈등, 용기, 성 역할 등 그 당시 시대상황을 대변하는 주요 사회문제를 마인드맵으로 이해하기 쉽게 정리하여 자신감 있게 발표함. 후속활동으로 인종차별적 가스라이팅의 사례 조사를 통해 역사의 잔재가 남아 차별적 말과 태도가 되고, 권력이 되며 법 제도가 되므로 이러한 고리를 끊어야 한다는 내용의 보고서를 제출하는 적극적인 태도를 보임.

관련학과 언어학과, 인문학부, 문예창작학과, 문화인류학과, 글로벌학부, 철학과

핵심키워드 사회적 약자, 인종차별

성취기준 📌 [12영문03-08]

문학 작품을 읽고 작품의 배경과 시대적 상황을 이해할 수 있다.

영미 문학 작품 읽고 영어 마인드맵으로 소감 발표하기 활동에서 원작 '올리버 트위스트(찰스 디킨스)'를 읽고 19세기 영국 런던의 사회적 배경과 사회의 불평등한 계층화 및 산업화의 폐해에 대해 깊이 있게 고찰함. 또한 비참한 현실 속에서도 사랑하는 마음과 용기를 잃지 않는 주인공의 인생 여정을 통해 삶을 대하는 긍정적인 태도를 배우게 되었다고 발표하는 모습에 진정성이 보임. 후속활동으로 '원작과 함께 영화 읽기' 인터넷 기사를 읽은 후, 고전 소설과 영화 매체의 특징과 차이를 비교해 보고 디지털미디어 시대에서 고전 읽기의 중요성을 담아 보고서를 작성하여 제출함.

관련학과 언어학과, 영어영문학과, 국어국문학과, 인문학부, 문예창작학과, 글로벌학부, 신학과, 철학과

핵심키워드 사회의 불평등

▶ [단원명]
전근대 한국사의 이해

성취기준 📌 [10한사01-06]

조선 시대 신분의 구성과 특성을 살펴보고, 양난 이후 상품 화폐 경제가 발달하면서 신분제에 변동이 나타났음을 이해한다.

한국사를 알리는 팸플릿 제작 활동에서 '대동법의 시행과 상공업의 변화'라는 주제로 집중 조사하였으며, 이 과정에서 통합적인 사고력이 우수함을 알 수 있음. 대동법의 시행으로 인한 조세의 금납화가 상품 화폐 경제에 어떤 영향을 끼쳤는지 분석하고 대동법의 제도적 의의와 배울 점에 대해 이해하기 쉽게 발표함. 또한 광해군이 어떤 기준으로 세금을 걷을 것인지 제대로 파악하기 위해 토지 대장을 만들고 인구조사를 했다는 사실을 알게 됨. 후속활동으로 우리나라 소득주도성장 정책의 효과 및 한계를 조사하는 과정에서 '소득주도성장이 뭐길래? 정책 소외계층 대책 필요'라는 인터넷 기사를 읽고, 최저임금의 인상이 소득 하위계층에 미치는 영향에 대한 보고서를 작성하여 제출함.

관련학과 사학과, 철학과, 언어학과, 인문학부, 문예창작학과, 글로벌학부, 국어국문학과, 일어일문학과, 중어중문학과, 영어영문학과, 독어독문학과, 노어노문학과, 서어서문학과, 불어불문학과

핵심키워드 대동법

사회 교과군
한국사

▶ [단원명]
전근대 한국사의 이해

성취기준 📌 [10한사01-03]

고려 시대 통치 체제의 성립과 변화를 국제질서의 변동과 연결 지어 파악한다.

우리 지역의 역사적 인물 소개하기 활동에서 고려시대의 외교가이자 문신인 서희의 일대기, 당시 국제정세 및 주변 환경, 그리고 거란 소손녕과의 협상 과정에 대해 조사하고 분석하는 과정에서 분석력이 우수함을 알 수 있음. 또한 전쟁이 아닌 대화의 방법으로 거란과의 협상을 성공으로 이끈 서희를 보며 말의 힘이 갖는 리더십에 감동받았다고 발표하는 과정에서 친구들의 많은 호응을 받음. 후속활동으로 '서희, 협상을 말하다(김기홍)'를 읽고, 자신의 진로와 연계하여 '서희의 협상력에 대한 분석 및 협상가로서의 자질'이라는 주제로 소감문을 작성하여 제출하는 적극적인 모습을 보임.

관련학과 사학과, 중어중문학과, 한문학과, 언어학과, 인문학부, 국어국문학과, 문예창작학과, 글로벌학부

핵심키워드 서희의 협상

[단원명]
일제 식민지 지배와 민족 운동의 전개

성취기준   📌 [10한사03-03]

3·1 운동 이후 나타난 국내외 민족 운동의 흐름을 파악한다.

역사 인물 탐구활동에서 백범 김구의 주요 활동을 연대순으로 조사·정리하여 이해하기 쉽게 프레젠테이션으로 발표하는 과정에서 분석적 사고력이 우수하다는 것을 알 수 있음. 한국의 독립에서 백범 김구의 생애를 통해 바라보는 역사적 의의 및 가치가 매우 중요함을 깨닫게 됨. 더불어 백범 김구의 삶이 우리나라의 역사발전에 미친 영향과 자신의 견해를 논리적이고 조리 있게 발표함. 특히 백범 김구의 백범일지를 읽고 자전적 서사에서 형상화 요소들이 어떻게 작용하는지 파악하고, 서사 창작 교육에서 형상화 교육의 방향에 대해 자신의 진로와 연계하여 집중적으로 조사함. 후속활동으로 백범 김구의 어록을 정리하여 학급 게시판에 공유하는 적극적인 태도를 보임.

관련학과   사학과, 철학과, 언어학과, 인문학부, 문예창작학과, 글로벌학부, 국어국문학과, 일어일문학과, 중어중문학과, 영어영문학과, 독어독문학과, 노어노문학과, 서어서문학과, 불어불문학과

핵심키워드   백범 김구

[단원명]
전근대 한국사의 이해

성취기준   📌 [10한사01-06]

조선 시대 신분의 구성과 특성을 살펴보고, 양난 이후 상품 화폐 경제가 발달하면서 신분제에 변동이 나타났음을 이해한다.

전근대 한국사 마인드맵으로 이해하기 활동에서 세도정치와 농민의 저항이라는 주제로 조선후기 농민봉기가 자주 일어난 이유, 의식 표출 방법 및 농민들의 요구사항 등을 조사하고 자신의 견해를 정리하여 논리정연하고 자신감 있게 발표하는 과정에서 친구들의 호응을 받음. 더 나아가 현대 사회 발전을 위해 우리가 할 수 있는 사회참여 및 연대 방법에 대해 조사·정리하면서 민주 시민의식 함양을 위해 힘써야겠다고 깨닫게 됨. 또한 자신의 진로와 연계하여 농민봉기를 묘사한 중국의 장편소설 '수호전'을 읽고, 중국 봉건사회에서 농민 봉기를 통해 지주와 통치계층의 부패성을 폭로하고 규탄하는 내용을 주제로 소감문을 작성하여 제출함.

관련학과   중어중문학과, 사학과, 철학과, 언어학과, 인문학부, 문예창작학과, 글로벌학부, 국어국문학과

핵심키워드   세도정치, 농민봉기

통합사회

[단원명]
시장경제와 금융

성취기준 📌 [10통사05-01]

자본주의의 역사적 전개 과정과 그 특징을 조사하고, 시장경제에서 합리적 선택의 의미와 그 한계를 파악한다.

착한 소비 사례를 조사하여 발표하는 활동에서 착한 소비의 의미와 가치에 대해 파악하고, 개인의 소비 행위가 이웃, 사회, 나아가 환경에까지 미치는 효과를 고려하고 배려하는 윤리적 소비라는 점을 강조함. 같은 제품이더라도 공정무역이나 동물복지를 고려한 상품, 친환경 재배 작물, 저탄소 제품 등을 구매하는 행위를 통해 평소 자신이 관심 있어 하는 사회문제와 연결하여 표현함으로써 자신의 진로와 연계하여 노력하는 모습이 인상적임. 이를 바탕으로 밀레니얼 세대의 윤리적 소비에 대한 의식수준 및 특징 그리고 기업의 생산과 유통과정의 변화 등에 대해 조사하고 분석하여 추가적으로 보고서를 제출함.

관련학과 전 인문계열 **핵심키워드** 윤리적 소비, 공정무역

사회 교과군

통합사회

[단원명]
사회 정의와 불평등

성취기준 📌 [10통사06-03]

사회 및 공간 불평등 현상의 사례를 조사하고, 정의로운 사회를 만들기 위한 다양한 제도와 실천방안을 탐색한다.

인권문제 인포그래픽으로 이해하기 활동에서 사회적 소수자 및 차별의 의미를 파악하고, 사회적 소수자에 대한 다양한 차별 양상을 조사·분석함. 이 과정에서 다양한 매체를 활용하여 정보를 습득하는 정보활용능력이 우수함을 알 수 있음. 인권문제 해결방안을 제시하는 과정에서 진중하고 열정적인 모습에 친구들로부터 좋은 평가를 받음. 후속활동으로 유리천장 차별의 발생 원인 분석과 여성 인권 및 해결방안 그리고 인종차별의 역사에 관한 보고서를 작성하여 제출함. 통합적인 사고력과 다양한 관점을 이해하고 해석하는 능력을 지닌 학생임.

관련학과 전 인문계열 **핵심키워드** 사회적 소수자

[단원명]
동아시아의 사회 변동과 문화 교류

성취기준 | 📌 [12동사03-01]

17세기 전후 동아시아 전쟁의 배경, 전개 과정 및 그 결과로 나타난 각국의 변화를 파악한다.

고전문학 작품 속 동아시아 역사 이해하기 활동에서 '홍루몽'을 읽고 시대적·역사적 배경을 분석하여 문학과 역사와의 상호 관계를 프레젠테이션으로 알기 쉽게 설명하면서 자신의 의견이나 생각을 적극적으로 발표함. 홍루몽의 인기는 중국 역사공동체의 마지막 왕조인 청나라에 대한 중국인의 관심과 사랑을 반영한다고 강조하는 부분에서 친구들의 많은 호응을 받음. 더 나아가 중국의 봉건사회를 파악하기 위해 관련 인터넷이나 신문기사 등을 활용하여 자료를 찾고 조사·분석한 후 보고서를 작성하는 과정에서 정보활용능력이 탁월하다는 것을 알 수 있음. 이를 바탕으로 '홍학(紅學)'에 호기심이 생겨 통합적인 사고력으로 자신의 진로와 연계하여 관련 자료를 탐색한 후 정리하여 수업시간에 발표하는 모습이 매우 인상적임.

관련학과 | 중어중문학과, 한문학, 언어학과, 인문학부, 국어국문학과, 문예창작학과, 문화인류학과, 글로벌학부, 사학과

핵심키워드 | 홍루몽, 봉건사회

[단원명]
동아시아 세계의 성립과 변화

성취기준 | 📌 [12동사02-03]

율령 체제의 특징을 파악하고, 각 지역에서 유교·불교·성리학이 수용되는 과정과 영향을 비교한다.

동아시아 불교가 사회와 문화에 끼친 영향에 대해 논의하는 활동에서 동아시아 각국의 불교 수용 과정 및 발전 양상을 당시의 정치·사회적 상황과 관계지어 조사하고 분석하여 인포그래픽으로 알기 쉽게 발표하는 과정에서 자신의 생각을 적극적이고 논리적으로 표현하는 모습이 우수하여 친구들의 많은 공감을 얻어냄. 후속활동으로 '불교에 의한 동아시아 문화적 연결망'이라는 주제로 불교의 전파에 대해 조사하는 과정에서 한자와 유교 등 공통적인 요소가 본격적으로 확산되기 시작한 것은 불교의 전파에 의한 것이라고 강조하는 내용을 담아 보고서를 작성하여 제출함. 이에 다양한 분야의 배경지식이 남다르다는 것을 알 수 있음.

관련학과 | 언어학과, 인문학부, 사학과, 한문학, 불교학부, 신학과, 철학과, 문예창작학과, 글로벌학부

핵심키워드 | 불교 전파

세계사

[단원명]

인류의 출현과 문명의 발생

성취기준 📌 [12세사01-03]

여러 지역에서 탄생한 문명의 내용을 조사하여 공통점과 차이점을 설명한다.

인도 이해하기 보고서 작성 후 발표하는 활동에서 '인도에서 카스트 제도는 아직 영향력이 있을까'라는 주제로 고대 카스트 제도의 형성 과정과 카스트 제도가 인도에 끼친 영향에 대해 조사하고 분석하여 인포그래픽으로 이해하기 쉽게 설명하는 부분에서 다른 학생들의 공감을 얻음. 더 나아가 현재 인도 사회에 존재하는 카스트로 인한 영향 및 불평등을 바로잡기 위한 정책적 노력에 대해 조사하고, 이를 바탕으로 신분 세습에 대한 자신의 견해를 덧붙여 보고서를 작성함. 이 과정에서 다양한 매체를 활용하여 정보를 분석하는 능력이 우수함을 알 수 있음. 후속 활동으로 '신기하고 재미있는 인도 이야기(박제이콥)'를 읽고 소감문을 작성하여 제출하는 모습에서 인도를 이해하기 위한 노력과 적극적인 태도를 볼 수 있음.

관련학과 언어학과, 인문학부, 사학과, 불교학부, 신학과, 철학과,
문예창작학과, 글로벌학부

핵심키워드 카스트 제도

세계사

[단원명]

제국주의와 두 차례 세계 대전

성취기준 📌 [12세사05-02]

제1, 2차 세계대전의 원인과 결과를 알아보고, 세계평화를 실현하기 위한 방법에 대해 토론한다.

세계평화를 실현하기 위한 방법에 대해 토론하는 모둠활동에서 제1, 2차 세계 대전의 원인과 결과를 파악하여 세계 대전을 경험한 국제사회의 전쟁 없는 지구촌 만들기 위한 노력에 대해 프레젠테이션으로 자신감 있게 표현하는 과정에서 다양한 배경지식이 우수하다는 것을 알 수 있음. 이를 바탕으로 지구촌 전쟁 종식 평화 선언문(DPCW)을 소개하면서 세계평화와 함께 한반도 평화 실현 방안에 대해서도 자신의 의견과 생각을 논리적으로 발표함. 추후 활동으로 학급 평화 선언문을 함께 만들어 실천해보자고 권유하는 모습에서 공동체 의식이 남다르다는 것을 알 수 있음. 또한 활동 결과를 학급 게시판에 공유함.

관련학과 전 인문계열

핵심키워드 지구촌 전쟁 종식 평화 선언문

성취기준 [12경제01-03]

경제 문제를 해결하는 다양한 방식의 장단점을 비교하고, 시장경제의 기본 원리와 이를 뒷받침하는 사회 제도를 파악한다.

세포마켓 이해하기 모둠활동에서 유통시장의 변화가 우리 사회·경제에 미치는 긍정적인 영향과 부정적인 영향에 대해 조사하여 분석한 결과를 논리적으로 표현하는 능력이 우수함. 세포마켓은 SNS 활용 인구 증가와 각종 비대면 결제 서비스의 발달과 함께 급증하고 있으며, 개개인도 하나의 유통 주체로 활약할 수 있기 때문에 인플루언서들의 역할과 사회적 책임이 중요하다며 대안을 제시하는 모습에서 남다른 배경지식과 창의적 문제해결력이 우수함을 알 수 있음. 후속활동으로 프로슈머와 셀슈머의 개념을 이해하기 위해 평소 관심분야인 새로 다듬은 말을 조사하고 분석하는 추가적인 활동을 하여 보고서를 제출하는 등 자신의 진로에 의미를 부여하는 능동적인 자세를 보임.

관련학과 언어학과, 인문학부, 국어국문학과, 문예창작학과, 문화인류학과, 글로벌학부

핵심키워드 세포마켓, 프로슈머, 셀슈머

성취기준 [12경제03-03]

실업과 인플레이션의 발생 원인과 경제적 영향을 알아보고, 그 해결방안을 모색한다.

생활 속 경제 이야기 활동에서 '긱 경제는 우리 사회의 일자리에 어떤 변화를 가지고 올까?'라는 주제로 긱 경제의 특징, 긍정적인 측면 및 한계에 대해 조사하여 발표함. 디지털 플랫폼을 기반으로 하는 공유경제의 본격화, 고용의 새로운 변화, 적은 자본으로 개인화 기반의 디지털 경제로의 변화를 유도한 다양한 특화시장 확대 등 일자리 변화를 강조하는 과정에서 자신의 의견을 논리적으로 제시하는 능력이 뛰어남. 추후 활동으로 '직장이 없는 시대가 온다(새라 케슬러)'를 읽고, 포스트 코로나 시대 및 4차 산업혁명 시대의 긱 경제와 자신의 진로분야를 연계하여 자료를 찾고 조사·분석하여 보고서를 제출하는 등 남다른 노력을 보임.

관련학과 언어학과, 인문학부, 문예창작학과, 글로벌학부, 국어국문학과, 일어일문학과, 중어중문학과, 영어영문학과, 독어독문학과, 노어노문학과, 서어서문학과, 불어불문학과

핵심키워드 긱 경제

성취기준 📌 [12정법01-01]

정치의 기능과 법의 이념을 이해하고, 민주주의와 법치주의의 발전 과정을 분석한다.

생활 속 법 이야기 활동에서 '불법사이트에 대한 통신규약 차단 정책'에 대해 조사·정리함. 통신규약 차단은 인터넷 검열과 감청의 가능성이 있고, 불법 사이트 차단이라는 본 목적에 실효성이 없다는 자신의 의견과 생각을 타당한 근거를 제시하여 논리적이고 비판적인 사고로 발표하는 능력이 뛰어남. 또한 상대방의 다른 의견을 경청하는 태도가 바르며, 적극적으로 수용하여 원활한 의사소통을 이끌어가는 모습이 인상적임. 국가 차원의 불법사이트 차단을 위한 노력에 대한 긍정적인 면과 웹사이트 차단 기술에 대해 호기심을 가지고 좀 더 알아보고자 다양한 매체를 활용하여 조사·정리함. 후속활동으로 인터넷 콘텐츠 관련 저작권 침해 사례를 조사하여 보고서를 제출하는 적극적인 태도를 보임.

관련학과 인문학부, 문예창작학과, 글로벌학부   핵심키워드 https 차단 정책

사회 교과군
정치와 법 ▶ [단원명]
민주주의와 헌법

성취기준 📌 [12정법01-01]

정치의 기능과 법의 이념을 이해하고, 민주주의와 법치주의의 발전 과정을 분석한다.

인권문제 비주얼씽킹으로 이해하기 활동에서 '우리나라의 외국인 노동자 인권문제'를 주제로 외국인 노동자 역사와 배경, 노동자 체류 현황, 유입에 따른 경제적 영향 및 인권침해 사례 등을 조사·분석하였으며, 비주얼씽킹을 활용하여 이해하기 쉽게 발표하는 능력이 우수함. 특히 외국인 노동자의 인권문제 사례 및 문제점을 분석하여 해결방안을 제시하는 과정에서 외국인 노동자 복지 및 지원 시설 활용, 정부의 성의 있는 신속한 대응 등을 제시함. 이후 외국인 노동자의 벗 되어주기 실천을 통해 사회참여에 의미를 부여하는 적극적인 태도를 보임.

관련학과 전 인문계열   핵심키워드 외국인 노동자, 인권문제

사회 교과군	[단원명]
사회문화	**사회·문화 현상의 탐구**

성취기준 📌 [12사문01-01]

사회·문화 현상이 갖는 특성을 분석하고 다양한 관점을 적용하여 사회·문화 현상을 설명한다.

'1인 가구 증가에 따른 미래 사회 변화'라는 주제로 논의하는 활동에서 1인 가구 발생의 사회적, 경제적 배경 및 원인과 통계자료를 활용하여 실태조사를 실시하고 분석함. 이를 바탕으로 미래 사회의 변화된 모습에 대한 자신의 견해와 자신의 진로와 관련한 능동적이고 비판적인 접근을 통해 프레젠테이션으로 자신감 있게 발표함. 이를 통해 1인 가구 증가의 문제점을 분석하고 해결방안을 제안하는 능력이 우수하다는 것을 알 수 있음. 후속활동으로 여성 1인 가구에 대해 관심을 가지고 정부의 정책방향을 조사하여 이에 대한 정책을 제안하는 보고서를 제출한 후 지방자치단체 정책참여 제안 게시판을 통해 실천하는 적극적인 모습을 보임.

관련학과 　전 인문계열　　　　　　　　　　　　핵심키워드 　1인 가구

사회 교과군	[단원명]
사회문화	**현대의 사회 변동**

성취기준 📌 [12사문05-04]

전 지구적 수준의 문제와 그 해결방안을 탐색하고 세계시민으로서 지속가능한 사회를 위해 노력하는 태도를 가진다.

지속가능한 발전 실천 사례 발표하기 활동에서 지속가능한 발전의 필요성 및 국내외 사례를 조사하여 분석한 결과를 인포그래픽으로 이해하기 쉽게 발표하는 능력이 탁월함. 이 과정에서 미래 세대에 대한 고려와 더불어 환경 쟁점과 사회 경제적 쟁점을 통합적으로 연결하는 노력을 해야 한다고 강조함. 또한 우리 사회의 지속가능한 발전에 있어 가장 큰 약점은 에너지원과 식량자원의 부족임을 이해하게 되었고, 이를 극복하기 위해 지속가능한 발전을 적용시킬 수 있는 기술 분야에 대한 호기심을 갖게 됨. 후속활동으로 국내 사례 중 저탄소 녹색성장에 대한 관심을 바탕으로 자신의 진로분야와 연계하여 조사·분석하고 자기주도적으로 탐구한 후 보고서를 제출하는 적극적인 태도를 보임.

관련학과 　언어학과, 인문학부, 문예창작학과, 글로벌학부　　　핵심키워드 　지속가능한 발전

사회문제 탐구　　[단원명]
저출산·고령화에 따른 문제

성취기준　📌 [12사탐04-03]

저출산·고령화의 원인에 대한 다양한 관점을 파악하고, 비용 편익 분석 등을 통해 저출산·고령화 문제 해결을 위해 제시된 대안들을 평가한다.

저출산·고령화에 따른 문제 해결방안을 모색하는 모둠활동에서 '코로나 블랙에 급증하는 노인 고독사 원인 분석과 대책방안'이라는 주제로 다양한 매체를 활용하여 관련 자료를 조사하고 다양한 관점으로 분석하여 발표하는 능력이 탁월함. 특히 독거노인의 생활상 어려움으로 간호, 외로움, 경제적 불안감 등이 원인으로 파악되고, 무엇보다 노인들의 우울증이 심각한 수준이라고 강조함. 이에 대한 대처 방안으로 대화 가능한 AI스피커 제공, 지역공동체 돌봄서비스 확충, 상담치료, 소통교육, 주택공급 등 국가 차원에서 고독사를 예방할 수 있는 정책적, 제도적 차원의 방안들을 적극 시행할 것을 제안하는 모습이 인상적임. 또한 해외의 제도 및 프로그램 사례를 분석하는 부분에서 정보활용능력 및 비판적 사고력이 우수함을 확인할 수 있었음. 후속활동으로 저출산·고령화 사회로의 변화에 따라 수요 증가가 예상되는 직업과 수요 감소가 예상되는 직업에 대해 조사하는 등 지적 호기심을 해결하는 능동적인 모습이 매우 인상적임.

관련학과　언어학과, 인문학부, 문예창작학과, 글로벌학부, 기독교학과, 불교학부, 신학과, 철학과　　**핵심키워드**　노인 고독사

사회문제 탐구　　[단원명]
사회적 소수자에 대한 차별

성취기준　📌 [12사탐05-03]

사회적 소수자에 대한 편견과 차별의 발생 원인에 대한 다양한 관점을 파악하고, 토의 등을 통해 사회적 소수자 차별 문제의 해결방안을 도출한다.

사회적 소수자에 대한 차별 사례에 대한 대안을 찾는 모둠활동에서 비정규직의 필요성과 문제점, 고용현황 및 비정규직 보호법에 대한 조사·분석하는 과정에서 분석적 사고력과 균형 잡힌 시각이 우수함을 알 수 있음. 비정규직 정규직 전환에 대한 사례를 집중·조사하여 발표하는 과정에서 친구들의 질문에 차분하고 진중하게 답변하는 모습이 돋보임. 후속활동으로 '비정규직 고용개선 계획 수립, 삶의 질 향상·휴식권 보장'이라는 인터넷 기사를 읽고, '비정규직 근로자들의 처우 개선을 위한 해법'이라는 주제로 보고서를 제출하는 적극적인 모습을 보임.

관련학과　언어학과, 인문학부, 문예창작학과, 글로벌학부, 기독교학과, 불교학부, 신학과, 철학과　　**핵심키워드**　사회적 소수자

한국지리

[단원명]
생산과 소비의 공간

성취기준 📌 [12한지05-02]

농업 구조 변화의 원인 및 특성을 이해하고, 이로 인해 발생하는 다양한 문제의 해결방안을 탐구한다.

농업과 미래라는 주제로 보고서를 작성하고 발표하는 활동에서 농업구조 변화의 원인 및 특성을 파악하고, 이로 인해 발생하는 다양한 문제의 해결방안을 제시함. 특히 미래를 만들어가는 농업 경영인들의 사례를 분석하여 보고서를 작성하는 과정에서 농업과 자신의 진로와 연계하여 융합적인 사고를 발휘하는 모습이 매우 인상적임. 추후 활동으로 '미래산업, 이제는 농업이다(김준호)'를 읽은 후, 농업 경영의 성공적인 원리는 무엇이며, 농업에 경영을 적용시켜 비전에 대해 어떻게 정의하고 핵심 가치와 역량을 어떻게 구체화할 수 있는지에 대한 풍부한 사례를 균형 잡힌 시각으로 분석하여 프레젠테이션으로 이해하기 쉽게 발표하는 능력이 우수하여 매우 인상적임.

관련학과 언어학과, 인문학부, 국어국문학과, 문예창작학과, 글로벌학부 **핵심키워드** 농업과 미래

사회 교과군

한국지리

[단원명]
인구 변화와 다문화 공간

성취기준 📌 [12한지06-03]

외국인 이주자 및 다문화가정의 증가와 이로 인한 사회·공간적 변화를 조사·분석한다.

다문화 공간 이해하기 활동에서 다문화가정의 증가와 이로 인한 사회·공간적 변화를 조사·분석하고, 이를 바탕으로 발표하는 과정에서 다양한 매체 및 자료를 정리하고 비교·분석하여 제시하는 능력이 우수함. 평소 다문화가정에 관심이 많아 정부와 지자체가 추진하고 있는 다문화가정 지원정책에 대해 살펴보고, 지역 특성을 반영한 실질적인 지원을 위해 주변 지역 다문화가정 자녀에 대한 실태조사를 함. 이를 바탕으로 다문화가정 자녀를 위한 대학생 멘토 연계 사업, 찾아가는 다문화 교실 운영, 전문 의료통역 서비스 도입 및 시행, 다문화가정과 함께하는 다문화 영상여행을 정책적 대안으로 제시하는 과정에서 친구들의 많은 호응을 받음. 이후에 시청 홈페이지 정책 제안 게시판을 통해 지속가능한 다문화 공간으로의 사회를 만들어갈 수 있도록 제안하는 적극적인 태도를 보임.

관련학과 언어학과, 인문학부, 문예창작학과, 글로벌학부, 국어국문학과, 일어일문학과, 중어중문학과, 영어영문학과, 독어독문학과, 노어노문학과, 서어서문학과, 불어불문학과 **핵심키워드** 다문화가정

사회 교과군
세계지리 [단원명] 세계화와 지역 이해

성취기준 📌 [12세지01-01]

세계화와 지역화가 한 장소나 지역의 정체성 변화에 영향을 주는 사례를 조사하고, 세계화와 지역화가 공간적 상호작용에 미치는 영향을 파악한다.

우리나라의 세방화 관광 상품 홍보글을 발표하는 모둠활동에서 방한 도시 관광의 선도 모델 육성을 위한 관광 거점도시 5곳을 비교·분석함. 이 과정에서 대표적인 지역의 비전 '가장 한국적인 문화 거점도시' 세방화 관광 상품에 대해 고유한 지역 관광브랜드를 지닌 도시로써 세방화 관광도시로 도약할 수 있는 잠재력을 지니고 있으며 세계적 수준의 관광자원이 될 수 있다고 발표하는 부분에서 균형 잡힌 시각으로 홍보하는 능력이 돋보임. 후속활동으로 '세방화의 시대, 지방이 관광의 중심'이라는 신문 기고문을 읽고 세계 다른 지역의 변화가 우리 지역의 변화, 우리 삶의 변화와 긴밀히 연결되어 있으며 지리적으로 세상을 바라보고 이해하는 것의 중요성과 가치를 강조하는 내용이 담긴 보고서를 작성하여 제출함.

관련학과) 언어학과, 인문학부, 문예창작학과, 글로벌학부   핵심키워드) 세방화

사회 교과군
세계지리 [단원명] 세계의 인문환경과 인문 경관

성취기준 📌 [12세지03-04]

세계 주요 식량 자원의 특성과 분포 특징을 조사하고, 식량 생산 및 그 수요의 지역적 차이에 따른 국제적 이동 양상을 분석한다.

인류 식량 문제해결이라는 주제로 신문 칼럼 작성하기 활동에서 '농업기술과 푸드테크'라는 주제로 이를 활용한 사례를 조사하여 분석함. 이 과정에서 지속가능한 농업을 이어가기 위해 농업기술과 푸드테크에 답이 있으며 논과 밭농사, 축산 등 농업에 생명공학, 인공지능(AI), 클라우드, 로봇 등을 적용해 먹거리를 효율적으로 생산할 수 있다고 강조함. 특히 식물로 고기 맛을 내는 햄버거 임파서블 푸드, 우유를 대신한 100% 식물성 우유, 먹을 수 있는 플라스틱 에보웨어 등 사례를 발표하는 과정에서 친구들의 많은 호응을 받음. 후속활동으로 '향후 글로벌 푸드테크 시장의 잠재적 성장 가능성'이라는 주제로 전자상거래의 대중화, 인터넷의 발달 등으로 인한 성장 가능성에 대해 자신의 생각을 덧붙여 보고서를 제출하는 적극적인 모습을 보임.

관련학과) 언어학과, 인문학부, 문예창작학과, 글로벌학부, 문화   핵심키워드) 농업기술, 푸드테크
인류학과, 기독교학과, 불교학부, 신학과, 철학과

성취기준 📌 [12여지03-02]

종교, 건축, 음식, 예술 등 다양한 문화로 널리 알려진 지역을 사례로 각 문화의 형성 배경과 의미를 이해하고 관광적 매력을 끄는 이유를 탐구한다.

지역의 문화축제 행사 계획서 작성하기 활동에서 축제의 개최 배경, 의미, 성공적인 축제 관광의 조건을 탐구하고, 특색 있는 문화로 널리 알려진 지역을 사례로 문화의 형성 배경과 의미를 이해하며 관광적 매력을 끄는 이유를 조사·분석함. 이를 바탕으로 참신한 아이디어를 발휘하여 현실화하고 구체화하여 미래를 예측함으로써 타당한 근거를 제시하고, 실현 가능한 문화축제 행사 기획 능력이 우수하다는 것을 알 수 있음. 후속활동으로 '지역공동체의 문화적 정체성과 전통성 계승'이라는 주제로 보고서를 제출하여 자신의 진로와 연계하는 등 노력하는 모습이 인상적임.

관련학과 언어학과, 인문학부, 문예창작학과, 글로벌학부 ｜ 핵심키워드 문화축제

성취기준 📌 [12여지03-04]

우리나라의 다채로운 문화여행이라는 주제로 우리나라의 문화에 대한 이해를 높이고 즐길 수 있는 여행지를 선정하고 소개한다.

공정여행의 사례를 분석하여 발표하는 모둠활동에서 여행지와 현지 주민을 배려한 윤리와 인권에 바탕을 두고 여행지의 경제와 환경, 문화를 존중하고 보호하며 지역의 장기적 이익에 초점을 맞추는 등 책임감 있고 바람직한 여행을 위한 실천방안을 모색하여 프레젠테이션으로 자신감 있게 발표함. 특히 자신의 진로와 연계하여 다양한 매체를 통해 자료를 찾아 읽고 분석하는 능력이 우수하다는 것을 알 수 있음. 후속활동으로 여행 산업의 특성과 변화 과정을 조사하고, 미래 사회의 변화에 따라 여행 산업이 어떻게 변화하는지에 대한 호기심을 바탕으로 자기주도적으로 탐구함. 이를 바탕으로 홍콩의 스타트업 클룩이 여행 액티비티 플랫폼이 될 수 있었던 이유를 분석하여 수업시간에 적극적으로 소개하는 모습이 매우 인상적임.

관련학과 언어학과, 인문학부, 문예창작학과, 글로벌학부, 국어국문학과, 일어일문학과, 중어중문학과, 영어영문학과, 독어독문학과, 노어노문학과, 서어서문학과, 불어불문학과 ｜ 핵심키워드 공정여행, 클룩

생활과 윤리 현대의 삶과 실천윤리

성취기준 📌 [12생윤01-03]

윤리적 삶을 살기 위한 다양한 도덕적 탐구와 윤리적 성찰 과정의 중요성을 인식하고, 도덕적 탐구와 윤리적 성찰을 일상의 윤리 문제에 적용할 수 있다.

소크라테스의 산파술 예시 분석하기 활동에서 소크라테스의 교육 방법인 문답법을 파악하여 자신의 진로분야와 연계하여 자료를 조사·분석하는 모습이 칭찬할 만함. 특히 성찰의 방법으로 독특한 문답식 대화를 통해 상대방의 오류와 모순을 드러내어 무지를 스스로 깨닫게 하는 산파술을 강조함. 이를 통해 도덕적 탐구와 윤리적 성찰을 통해 윤리적 실천의 삶이란 무엇인지 토론하는 과정에서 다른 사람의 의견을 경청하는 태도가 매우 바르며 적극적으로 수용하여 원활한 의사소통을 이끌어가는 모습을 보여줌.

관련학과 ▷ 언어학과, 인문학부, 문예창작학과, 문화인류학과, 글로벌학부, 신학과, 철학과   핵심키워드 ▷ 소크라테스, 산파술

생활과 윤리 평화와 공존의 윤리

성취기준 📌 [12생윤06-01]

사회에서 일어나는 다양한 갈등의 양상을 제시하고, 사회 통합을 위한 구체적인 방안을 제안할 수 있으며 바람직한 소통 행위를 담론윤리의 관점에서 설명하고 일상생활에서 실천할 수 있다.

화쟁 사상의 적용사례를 조사하여 발표하는 활동에서 원효 화쟁 사상의 핵심 내용을 정리함. 화쟁의 논리나 근거를 조사하여 분석하는 과정에서 화쟁이란 여러 가지 서로 다른 의견이나 주장의 대립을 하나로 돌아가도록 하는 통일의 논리를 의미한다고 강조함. 화쟁 사상 적용의 의의는 우리 사회 전반에 팽배하고 있는 빈부 격차, 노사 갈등, 남북문제 등과 같은 다양한 갈등 해소에 필요한 정신적 기준이 될 수 있다고 발표하는 부분에서 친구들이 쉽게 이해할 수 있도록 자신의 의견을 적극적이고 논리적으로 표현하는 모습이 뛰어남.

관련학과 ▷ 언어학과, 인문학부, 한문학과, 문예창작학과, 글로벌학부, 문화인류학과, 신학과, 철학과, 불교학부   핵심키워드 ▷ 화쟁

윤리와 사상 [단원명] 서양윤리사상

성취기준 📌 [12윤사03-03]

행복에 이를 수 있는 방법으로서 쾌락의 추구와 금욕의 삶을 강조하는 윤리적 입장을 비교하여 각각의 특징과 한계를 토론할 수 있다.

'진정한 행복이란 무엇인가'를 주제로 토의하는 활동에서 보편적인 행복은 무엇이고, 그 행복에는 어떻게 도달할 수 있는지, 그 과정에서 필요한 앎은 무엇인지에 대해 토의하는 과정을 통해 상대방의 의견을 적극적으로 경청하며 자기 생각이나 감정을 진솔하게 표현하는 능력이 우수함을 알 수 있음. 추후 연계 활동으로 아리스토텔레스의 '니코마스 윤리학'을 읽고 무엇이 올바른 행복한 삶이고, 탁월한 올바른 행위인가와 같은 윤리적인 문제에 대하여 논리적이고 체계적인 답을 정리하여 보고서를 작성함. 더불어 행복한 삶이란 무엇인지 스스로 정립해보면서 자신의 삶을 되돌아보는 계기가 됨.

관련학과 언어학과, 인문학부, 한문학과, 문예창작학과, 문화인류학과, 글로벌학부, 신학과, 철학과

핵심키워드 보편적 행복, 니코마스 윤리학

윤리와 사상 [단원명] 인간과 윤리사상

사회(도덕포함) 교과군

성취기준 📌 [12윤사01-01]

인간에 대한 다양한 관점을 비교하고, 우리의 삶에서 윤리사상과 사회사상이 필요한 이유를 탐구할 수 있다.

'정의란 무엇인가'라는 주제로 토론하는 모둠활동에서 일상생활을 사례로 들어 정의에 대한 올바른 판단 기준에 대해 깊이 있고 다양한 고찰이 필요하다고 강조함. 이후 마이클 샌델의 '정의란 무엇인가'라는 책을 읽은 후, 윤리적 딜레마의 상황을 주제로 삼아 정의에 관한 공리주의와 자유지상주의 등의 이론을 여러 사례와 더불어 제시하고 윤리적 존재로서 인간의 존엄성에 대해 숙고하면서 정의에 대한 자신의 견해를 발표함. 후속활동으로 현대사회의 문제 중 쓰레기 배출 문제나 온실가스로 인한 환경오염 등을 사례로 들고, 그 대안으로 동양의 사상에서 보이는 자연과 인간의 관계를 재정립할 것을 제안함. 이를 통해 윤리 사상들을 일상생활의 다양한 문제에 적용시켜 올바른 것과 좋은 것을 구분하며 자신의 삶을 통찰할 수 있는 계기가 됨.

관련학과 언어학과, 인문학부, 중어중문학과, 한문학과, 문예창작학과, 문화인류학과, 글로벌학부, 신학과, 철학과, 불교학부

핵심키워드 윤리적 딜레마

고전과 윤리   타인과의 관계

성취기준   📌 [12고윤02-03]

관계적 존재로서 인간의 존재를 탐구하고 삶 속에서 서로 베풂의 관계를 형성하기 위한 자세를 제시할 수 있다.

고전을 읽고 에세이 쓰기 활동에서 '중용'을 읽고 '어떤 순간에도 기울지도 치우치지도 않는, 내 인생의 무게 중심을 잡는 법'이라는 주제로 에세이를 작성함. 이 과정에서 고전 중용을 통해 심성론과 우주론에 대해 탐구할 수 있는 계기가 됨. 이를 통해 치우치지 않고 세상을 탐구하는 힘을 길러 세상의 이치를 깨닫고 성실함으로 배움, 생각, 질문, 분별, 실행을 실천함으로써 자신의 진로를 설계하는 데 많은 도움이 되었다고 발표하는 부분에서 자신의 의견과 감정을 적극적으로 표현하는 능력이 우수함을 알 수 있음. 후속활동으로 중용에 대한 서평을 작성하여 보고서를 제출하는 적극적인 태도를 보임.

관련학과   언어학과, 인문학부, 중어중문학과, 한문학과, 국어국문학과, 문화인류학과, 문예창작학과, 글로벌학부, 신학과, 철학과, 불교학부   핵심키워드   중용

고전과 윤리   자신과의 관계

성취기준   📌 [12고윤01-01]

도덕적 주체로 살아가기 위해서 '뜻 세움'이 중요함을 알고 자신이 세운 뜻을 실현하기 위한 구체적인 계획을 수립하여 이를 실천하기 위한 방법을 제시할 수 있다.

자신의 삶에서 '뜻 세움'의 필요성과 실천방법을 토론하는 활동에서 도덕적 주체로 살아가기 위해서 '뜻 세움'이 중요함을 깨닫고, 자신이 세운 뜻을 실현하기 위한 구체적인 계획을 수립함. 이를 바탕으로 뜻 세움을 실천하기 위한 방법을 제시하는 과정에서 융합적인 사고력을 발휘하여 발표함으로써 친구들의 호응을 받음. 더 나아가 이이의 '격몽요결'을 읽고 세상을 살아가는데 올바른 사람이 되기 위해서 배우고 깨우쳐야 할 덕목을 탐구하여 생활 교육 지침서로 삼고 실천하고자 하는 의지를 밝힘. 이후에 추가 활동으로 보조국사 지눌선사의 '수심결'을 읽고 돈오점수와 정혜쌍수의 의미를 이해하여 '마음을 찾는 방법'이라는 주제의 수필을 써서 제출함. 이를 통해 마음공부의 의미와 중요성을 깨닫고 자신의 마음 공부법을 제안하는 과정에서 의견을 적극적으로 표현하는 능력이 돋보임.

관련학과   언어학과, 인문학부, 문예창작학과, 글로벌학부, 국어국문학과, 일어일문학과, 중어중문학과, 영어영문학과, 독어독문학과, 노어노문학과, 서어서문학과, 불어불문학과, 신학과, 철학과, 불교학부   핵심키워드   뜻 세움, 돈오점수, 정혜쌍수

수학 교과군 **수학**	▶ [단원명] **함수**

성취기준 📌 [10수학04-02]

함수의 합성을 이해하고, 합성함수를 구할 수 있다.

생활 속 수학의 원리를 찾아 탐색하기 활동에서 실생활에서 접할 수 있는 함수의 사례를 찾아 함수가 되는 이유를 조사하고 정리하는 과정에서 천연가스 국제 가격과 도시가스 요금, 일본 엔화와 원화 환율 등에 대한 사례를 이해하기 쉽게 설명함. 또한 수학적 사고력과 호기심으로 함수 그래프의 유용성에 대해 새롭게 알게 되었고, 이에 대한 자신의 견해를 덧붙여 자신감 있게 발표함. 후속활동으로 '이차함수 실생활 사용사례에 대해 알아보다.'라는 인터넷 기사를 읽고, 남해대교, 위성방송수신용 안테나, 망원경 등에 이차함수가 적용된 이유를 분석 및 정리한 후 보고서를 작성하여 제출함.

관련학과 언어학과, 인문학부, 문예창작학과, 글로벌학부   **핵심키워드** 함수의 사례

수학 교과군 **수학**	▶ [단원명] **문자와 식**

성취기준 📌 [10수학01-12]

간단한 삼차방정식과 사차방정식을 풀 수 있다.

창의사고 수리주제 발표하기 모둠활동에서 동·서양 속 방정식의 역사를 조사함. 이 과정에서 우리나라에서 사용되고 있는 방정식의 어원이 중국에서 쓰여진 구장산술로부터 비롯되었다는 사실을 알게 됨. 삼차방정식의 근의 공식에 얽힌 카르다노와 타르탈리아 논쟁에 대해 집중·조사하여 분석함. 이에 통합적 사고력이 우수함을 알 수 있음. 후속활동으로 '수학과 문명의 스케치(김진용)'를 읽고, '위대한 술법'에 소개된 삼차방정식의 대수적인 해법을 조사하여 정리하는 과정에서 일반적인 삼차방정식에 대한 대수적인 해법의 발견이 갖는 의미와 문제를 해결하는 데 생각의 전환이 얼마나 중요한지 깨닫게 되었다는 보고서를 작성하여 제출함.

관련학과 언어학과, 국어국문학과, 인문학부, 문예창작학과, 글로벌학부, 일어일문학과, 중어중문학과, 영어영문학과, 독어독문학과, 노어노문학과, 서어서문학과, 불어불문학과   **핵심키워드** 카르다노와 타르탈리아

수학 Ⅰ

[단원명]
지수함수와 로그함수

성취기준 📌 [12수학Ⅰ01-08]

지수함수와 로그함수를 활용하여 문제를 해결할 수 있다.

생활 속 수학이야기 활동에서 자연현상을 설명하는 수학적 공식에 관심을 가지고 '전파의 세기와 지수, 로그함수'라는 주제로 다양한 매체를 활용하여 깊이 있게 조사·분석함. 이를 통해 전파의 감쇠 특성이 만유인력의 법칙과 형태가 유사함을 강조하는 모습에서 지적 호기심을 갖고 탐구하는 통합적 사고력이 우수하다는 것을 알 수 있음. 후속활동으로 '지수함수와 로그함수를 연계하여 5G통신을 중심으로'라는 주제로 무선통신과 사물인터넷 및 자율주행자동차의 향후 전망과 원리에 대해 보고서를 작성하여 제출하는 적극적인 태도를 보임.

관련학과) 언어학과, 국어국문학과, 인문학부, 문예창작학과, 글로벌학부, 일어일문학과, 중어중문학과, 영어영문학과, 독어독문학과, 노어노문학과, 서어서문학과, 불어불문학과

핵심키워드) 지수함수, 로그함수

수학 교과군

수학 Ⅰ

[단원명]
삼각함수

성취기준 📌 [12수학Ⅰ02-02]

삼각함수의 뜻을 알고, 사인함수, 코사인함수, 탄젠트함수의 그래프를 그릴 수 있다.

실생활 속 수학 사례 발표하기 활동에서 '실생활 속에 삼각함수 어떤 것이 있을까요?'라는 인터넷 기사를 읽고 삼각함수가 적용되는 바다 높이, 악기의 고유진동수, 바이오리듬에 대해 조사·정리함. 이 과정에서 특히 악기의 소리는 사인함수와 코사인함수의 합으로 표현할 수 있으며, 역으로 사인함수와 코사인함수의 결합을 통해 여러 가지 음색을 만들어 낼 수 있다는 사실을 알게 되어 소리를 사인곡선으로 표현한 예를 조사함. 이에 수학적 사고력이 뛰어남을 알 수 있음. 더 나아가 삼각함수의 기원에 대해 보고서를 작성하여 제출하는 적극적인 태도를 보임.

관련학과) 언어학과, 국어국문학과, 인문학부, 문예창작학과, 글로벌학부, 일어일문학과, 중어중문학과, 영어영문학과, 독어독문학과, 노어노문학과, 서어서문학과, 불어불문학과

핵심키워드) 사인함수, 코사인함수

[단원명]
함수의 극한과 연속

성취기준 📌 [12수학Ⅱ01-02]

함수의 극한에 대한 성질을 이해하고, 함수의 극한값을 구할 수 있다.

수학 인포그래픽 활동에서 건물과 공간의 미적분이라는 주제로 도시 시스템을 효과적이고 안전하게 설계할 수 있다는 사실에 흥미를 느껴 직접 도로설계에 어떤 적분 원리가 들어갔는지 조사·분석하였으며, 인포그래픽을 활용하여 효과적으로 발표하는 과정에서 정보활용능력이 우수하다는 것을 알 수 있음. 후속활동으로 유토 곡선 적용 예를 도함수와 관련한 보고서를 제출하는 적극적인 모습을 보임. 상세 그림과 함수 그래프를 도입하여 비교하고, 도함수를 통한 극대 및 극소의 활용 예를 제시하는 부분에서 지적 호기심이 강하다는 것을 알 수 있음.

관련학과) 언어학과, 인문학부, 문예창작학과, 글로벌학부   핵심키워드) 함수

수학 교과군
수학Ⅱ

[단원명]
적분

성취기준 📌 [12수학Ⅱ03-05]

곡선으로 둘러싸인 도형의 넓이를 구할 수 있다.

수학잡지 칼럼쓰기 활동에서 평소 로렌츠 곡선에 관심이 많아 로렌츠 곡선을 활용하여 우리나라 국민의 소득 분배 상태를 파악할 수 있는 자료를 조사·정리함. 또한 미분과 적분의 개념을 이용하여 소득 분재 상태와 지니계수를 이해하기 쉽게 발표하는 과정에서 융합적 사고력이 우수함을 알 수 있음. 후속활동으로 '소득격차 완화되었지만 자산 불평등은 심해졌다.'라는 신문 기사를 통해 소득이 불균등할수록 1에 가깝고 균등할수록 0에 가까워지는 처분가능소득 기준 지니계수가 해를 거듭할수록 역대 최저 수준까지 떨어지고 있다는 사실을 알게 되었고, 국가 소득 지니계수와 빈곤율에 대해 보고서를 작성하여 제출함.

관련학과) 언어학과, 인문학부, 문예창작학과, 글로벌학부   핵심키워드) 로렌츠 곡선

수학 교과군
미적분

[단원명]
미분법

성취기준　📌 [12미적02-03]

삼각함수의 덧셈정리를 이해하고, 삼각함수의 극한을 구할 수 있다.

수학 스토리텔링 활동에서 생활 속 삼각함수에 대해 조사·정리함. JPEG 디지털 영상은 압축과
정에서 DOT라는 수학 변환 공식이 이용되며, 이 과정에서 삼각함수가 활용된다는 사실을 알
게 되어 집중·분석함. 정리된 자료를 친구들이 쉽게 이해할 수 있도록 논리정연하게 발표하는
모습이 인상적임. 후속활동으로 생활 속 미분에 대해 조사·정리하는 과정에서 변압기, 송전기,
텔레비전, 세탁기 등 전기의 원리가 적용되는 가전제품들에도 미분의 원리가 사용된다는 사실
을 알게 되었다며, 이를 이해하기 쉽게 정리한 자료를 제출하는 등 적극적인 모습을 보임.

관련학과　문화인류학과, 문예창작학과　　　　핵심키워드　디지털영상

수학 교과군
미적분

[단원명]
미분법

성취기준　📌 [12미적02-01]

지수함수와 로그함수의 극한을 구할 수 있고, 또 그 함수들을 미분할 수 있다.

수학신문 만들기 활동에서 오일러의 생애, 일화 및 업적 그리고 오일러 공식을 활용한 사례를
조사 분석하는 과정에서 수학적 사고력이 우수함을 알 수 있음. 신호처리에 쓰는 푸리에 변환
은 오일러 공식을 활용한 사례로, 컴퓨터 음원 프로그램으로 작곡할 때나 이어폰으로 음악을
들을 때 등 많은 상황에서 직간접적으로 푸리에 변환의 원리가 쓰인다는 사실을 새롭게 알게
됨. 후속활동으로 '과학계가 3월 14일을 기념하는 이유'라는 과학 잡지 기사를 읽고 오일러 항
등식이 '세상에서 가장 아름다운 식'으로 평가받는 이유에 대한 보고서를 작성하여 제출함.

관련학과　사학과, 고고학과, 문화인류학과　　　　핵심키워드　오일러 수

[단원명]
이차곡선

성취기준 📌 [12기하01-04]

이차곡선과 직선의 위치관계를 이해하고, 접선의 방정식을 구할 수 있다.

수학 스토리텔링 활동에서 평소 대칭에 관심이 많아 고구려와 통일신라시대의 귀문들을 조사하고 기하학적 공통점에 대해 집중 탐구하는 과정에서 융합적인 사고력이 탁월함을 알 수 있음. 또한 기하학적 공통점으로 귀문과 수막새를 완성하기 위한 전략과 방법에 대해 조사함. 후속활동으로 '최후의 만찬 속 수와 기하학'이라는 인터넷 기사를 읽고 최후의 만찬에 원근법이 어떻게 표현되었는지 조사하여 정리하는 과정에서 무한원점에 대해서도 알게 됨. 이를 통해 논리적인 사고와 새로운 생각을 해낼 수 있는 능력을 길러야겠다는 의지를 담아 보고서를 작성하여 제출함.

관련학과 언어학과, 국어국문학과, 인문학부, 문예창작학과, 글로벌학부   핵심키워드 귀문과 수막새

수학 교과군
기하

[단원명]
이차곡선

성취기준 📌 [12기하01-04]

이차곡선과 직선의 위치관계를 이해하고, 접선의 방정식을 구할 수 있다.

생활 속 기하 이야기 활동에서 실생활 속에서 기하가 적용되는 사례를 조사·정리함. 이 과정에서 파라볼라 안테나, 태양열 조리기, 자동차의 전조등, 체외충격파 쇄석기 등에 기하가 적용되고 있음을 알게 되어 집중 조사함. 이에 다양한 자료를 검색하여 결론을 도출하는 능력이 우수함을 알 수 있음. 후속활동으로 영화 '택시운전사를 통해 본 기하학의 세계'라는 인터넷 신문기사를 읽고 택시 기하학과 유클리드 기하학의 차이점에 대해 조사함. 이 과정에서 택시 기하학은 주어진 기존의 틀을 깨고 새로운 발상으로 사물을 볼 수 있다는 것을 알려주는 중요한 예라는 것을 알게 되었고, 더 나아가 수학은 창조적 생각을 할 수 있도록 도와주는 유용한 도구임을 깨닫게 되었다는 내용을 담아 보고서를 작성하여 제출함.

관련학과 언어학과, 국어국문학과, 인문학부, 문예창작학과, 글로벌학부   핵심키워드 파라볼라 안테나, 태양열 조리기

성취기준 📌 [12확통03-07]

모평균을 추정하고, 그 결과를 해석할 수 있다.

생활 속 확률과 통계 이야기 활동에서 벤포드 법칙이 적용된 사례들을 조사하고 분석하는 과정에서 전기요금 고지서, 도로명 주소, 주택 가격, 인구수, 사망률, 강의 길이 등 다양한 데이터에 등장하는 수들이 벤포드 법칙을 따른다는 사실을 알게 됨. 특히 기업의 회계부정과 관련된 수치 조작에 대해 집중적으로 조사함. 이 과정에서 결론 도출 능력이 우수함을 알 수 있음. 후속활동으로 부자연스러운 수 e를 밑으로 하는 '자연로그'에 관한 뉴스 기사를 읽고, 금융상품에 적용된 자연로그에 대한 보고서를 제출하는 적극적인 태도를 보임.

관련학과 언어학과, 문화인류학과, 사학과, 고고학과 ｜ 핵심키워드 벤포드 법칙

성취기준 📌 [12확통03-07]

모평균을 추정하고, 그 결과를 해석할 수 있다.

뉴스 기사 속 확률과 통계 활동에서 '디지털 인문학과 데이터 과학'이라는 인터넷 기사를 읽고 빅데이터로 하는 일, 데이터 과학의 등장 등에 대해 관심을 가지고 탐색함. 특히 문학 작품의 진위 여부를 판단하기 위해 디지털화한 작품의 양식을 정량적으로 분석하는 양식 측정학에 대해 집중 조사하는 과정에서 셰익스피어의 작품이라고 추정되는 '죽을까요?'라는 시에 대한 진위여부도 이러한 방법을 활용하여 가려냈다는 사실을 알게 됨. 후속활동으로 데이터 산업으로 인해 많은 사람이 자신도 모르는 사이에 디지털 유목민이 되어 자신의 신상정보를 기업에 무방비로 노출시키고 있음을 강조하면서 '디지털 유목민, 이대로 괜찮은가?'라는 주제로 보고서를 작성하여 제출함.

관련학과 언어학과, 영어영문학과, 인문학부, 문예창작학과, 글로벌학부 ｜ 핵심키워드 모평균의 추정

성취기준 📌 [12실수02-01]

평면도형과 입체도형의 모양은 관찰하는 시각에 따라 다르게 보일 수 있음을 이해한다.

실용 수학 신문 만들기 활동에서 '뫼비우스 띠의 수학적 탐구'라는 주제로 조사·정리함. 이 과정에서 실생활에 뫼비우스 띠의 원리가 적용된 사례로 놀이공원에 있는 롤러코스터, 재활용 마크, 컨베이어 벨트, 에스컬레이터 손잡이 등을 집중 조사함. 이에 수학적 호기심과 탐구력이 우수함을 알 수 있음. 후속활동으로 위상수학을 응용한 인문학에 대해 조사·정리함. 인류학의 문화 지리학, 정신 분석 등 여러 다른 영역에서 근접성, 닫힘, 근방, 변형의 비유를 사용하여 위상수학을 사용하는 사례를 주제로 보고서를 작성하여 제출하는 적극적인 모습을 보임.

관련학과 국어국문학과, 언어학과, 문예창작학과   핵심키워드 뫼비우스의 띠

성취기준 📌 [12실수03-04]

목적에 맞게 자료를 수집, 정리, 분석, 해석하여 산출물을 만들 수 있다.

실용 수학 신문 만들기 활동에서 평소 통계학에 관심이 많아 통계학의 어원, 정의, 특성 및 연구 분야 등을 조사하는 과정에서 '출산율과 출생률 어떻게 다를까요'라는 인터넷 기사를 읽고 인구변화 예측과 관련된 통계는 합계출산율, 출생률, 사망률, 국제이동인구로 나누어진다는 사실을 파악하여 자료를 정리함. 최근 5년간 합계출산율, 연령별 출산율과 관련된 통계청 자료를 인포그래픽으로 제시하는 과정에서 자료 결론 도출 능력이 우수함을 알 수 있음. 후속활동으로 '통계로 세상보기(김달호)'를 읽고 '인구통계 미래보기'라는 주제로 한국의 인구변동 및 저출산·고령화 사회에 대한 내용을 담아 소감문을 작성하여 제출함.

관련학과 언어학과, 국어국문학과, 인문학부, 문예창작학과, 글로벌학부, 문화인류학과, 사학과, 기독교학과, 불교학부, 신학과, 철학과   핵심키워드 출산율, 출생률

경제 수학

[단원명]
수와 경제생활

성취기준 📌 [12경수01-02]

경제지표의 증감을 퍼센트와 퍼센트포인트로 설명할 수 있다.

수와 생활경제 이야기 활동에서 퍼센트와 퍼센트포인트의 뜻과 차이점을 조사함. 이 과정에서 퍼센트와 퍼센트포인트가 사용되는 상황에 대한 의미와 차이점을 실업률로 예를 들어 비교 분석하고 이해하기 쉽게 발표함으로써 친구들로부터 많은 호응을 받음. 또한 은행 금리나 드라마 시청률, 야구선수의 타율 등을 말할 때 흔히 사용하는 용어라는 사실을 알게 됨. 후속활동으로 '숫자가 만만해지는 책(브라이언 W. 커니핸)'을 읽고 숫자에 강한 사람들의 사고법은 무엇이 다른가라는 주제로 수학에 자신 없는 사람들도 숫자가 넘쳐나는 세상에서 현명하게 살아갈 수 있도록 자신감을 심어준다는 내용을 담아 소감문을 작성하여 제출함.

관련학과 | 언어학과, 국어국문학과, 인문학부, 문예창작학과, 글로벌학부, 일어일문학과, 중어중문학과, 영어영문학과, 독어독문학과, 노어노문학과, 서어서문학과, 불어불문학과

핵심키워드 | 퍼센트, 퍼센트포인트

경제 수학

[단원명]
수와 생활경제

성취기준 📌 [12경수01-05]

세금의 종류에 따라 세금을 계산할 수 있다.

수와 생활경제 이야기 활동에서 평소 세금에 관심이 많아 '역사속 세금이야기(문점식)'를 읽고 세금과 관련된 정책, 적용범위와 계산법, 백성들의 삶의 변화를 조사·정리하는 과정에서 융합적인 사고력이 우수함을 알 수 있음. 후속활동으로 '내 퇴직금에 세금 얼마나 붙나?'라는 인터넷 기사를 읽고 장기에 걸쳐 발생하는 퇴직소득은 종합과세하지 않고 분류과세한다는 사실을 알게 됨. 퇴직소득세의 특징 및 퇴직금 세금이 얼마나 나오는지에 대해 파악하고, 사례를 통해 퇴직 소득세 계산법을 숙지한 다음 계산과정을 정리하여 이해하기 쉽게 발표함으로써 친구들의 호응을 받음.

관련학과 | 사학과, 고고학과, 문화인류학과

핵심키워드 | 세금

📌 성취기준 ▬ [12인수04-03]

합리적 의사결정과 관련된 인공지능 수학 탐구 주제를 선정하여 탐구를 수행한다.

인공지능과 수학 이야기 활동에서 '왓슨, 인간의 사고를 시작하다(스티븐 베이커)'를 읽고 IBM의 '왓슨'이라는 인공지능 컴퓨터가 퀴즈 프로그램 제퍼디에 출전하기까지의 과정을 조사함. 이 과정에서 슈퍼컴퓨터 왓슨의 개발과정 및 특징 등을 집중 조사·정리하여 발표할 때 친구들의 호응을 받음. 또한 나날이 스마트해지는 컴퓨터에 대해 미래를 긍정적으로 받아들이고 그만큼 자신도 지혜로운 사람이 되어야겠다는 다짐을 밝히는 소감문을 작성하여 제출함. 후속활동으로 '왓슨이 너희를 자유케 하리라'라는 인터넷 기사를 읽고, IBM의 의료용 인공지능 왓슨의 역할이라는 주제로 보고서를 작성하여 제출하는 적극적인 모습을 보임.

관련학과) 언어학과, 인문학부, 문예창작학과, 글로벌학부, 철학과,
신학과

핵심키워드) 왓슨

📌 성취기준 ▬ [12인수04-03]

합리적 의사결정과 관련된 인공지능 수학 탐구 주제를 선정하여 탐구를 수행한다.

인공지능과 수학 이야기 활동에서 얼굴인식의 알고리즘과 PCA와 LDA방법의 이해 및 장·단점을 비교하고 차이점을 조사하는 과정에서 분석적 사고력이 우수함을 알 수 있음. 후속활동으로 '인공지능 얼굴인식은 21세기 골상학'이라는 신문기사를 읽고 홍콩에서 개발된 '4리틀트리' 프로그램과 미국의 인공지능 채용 프로그램 파이메트릭스, 하이어뷰의 특징을 조사·정리함. 이 과정에서 얼굴인식 기능은 인종과 성별을 기반으로 사람을 도식화하고 분류한다는 점에서 본질적으로 유해한 기술이기 때문에 정부가 안정성을 연구·관리해야 한다는 위험한 기술이라는 내용을 담아 보고서를 작성하여 제출함.

관련학과) 언어학과, 인문학부, 문예창작학과, 글로벌학부, 신학과,
철학과

핵심키워드) 얼굴인식 기능

성취기준 📌 [10통과07-03]

생물다양성을 유전적 다양성, 종 다양성, 생태계 다양성으로 이해하고, 생물다양성 보전방안을 토의할 수 있다.

'생물다양성의 진정한 의미와 가치'라는 주제로 발표하는 활동에서 숫자와 지도로 보는 멸종위기 동식물 및 멸종위기 생물을 위한 환경복원 사업, 생물다양성협약 그리고 생물다양성 및 이용에 관한 법률 등 생물다양성 관련된 다양한 정보와 자료를 수집·분석·조직하여 프레젠테이션으로 발표하는 과정에서 통합적 사고력이 돋보임. 이 과정에서 생물다양성과 생태계 보전의 중요성을 강조하며, 4차 산업혁명의 기술적 발전을 생물다양성 확보와 생태계, 환경보전에 집중적으로 투자할 것을 정책적으로 제안하는 등 과학적 문제해결력이 돋보임. 후속활동으로 이본 배스킨의 '아름다운 생명의 그물'이라는 책을 읽고, 생물다양성 보전을 위해 자연과 환경을 보호하기 위한 활동을 실천해보겠다는 다짐을 밝힌 감상문을 제출하는 적극적인 태도를 보임.

관련학과 언어학과, 인문학부, 문예창작학과, 글로벌학부, 국어국문학과, 일어일문학과, 중어중문학과, 영어영문학과, 독어독문학과, 노어노문학과, 서어서문학과, 불어불문학과, 철학과

핵심키워드 생물다양성

성취기준 📌 [10통과08-04]

에너지가 사용되는 과정에서 열이 발생하며, 특히 화석 연료의 사용 과정에서 버려지는 열에너지로 인해 열에너지 이용의 효율이 낮아진다는 것을 알고, 이 효율을 높이는 것이 사회적으로 어떤 의미가 있는지를 설명할 수 있다.

에너지 신문 만들기 활동에서 평소 친환경 에너지에 관심이 많아 그중 태양광발전의 기본 원리 및 장단점, 기술개발 동향 및 활용 성공사례를 조사·분석하여 온실가스나 환경오염을 줄일 수 있는 대안으로 제시하는 능력이 매우 우수함. 더 나아가 자동화, 무인화 및 유지보수가 용이한 영농형 태양광에 많은 관심을 가지고 활용 사례를 집중·조사함. 이 과정에서 이슈화되었던 폭우로 인한 산사태와 태양광발전 시설과의 연관성에 대해 문제의식을 느끼고, 관련 전문가의 인터뷰나 신문기사 등을 스크랩하여 정리한 자료를 가지고 수업시간에 발표하는 적극적인 모습을 보임.

관련학과 언어학과, 인문학부, 문예창작학과, 글로벌학부

핵심키워드 태양광발전

성취기준 📌 [12물리 I 02-07]

일상생활에서 전자기 유도 현상이 적용되는 다양한 예를 찾아 그 원리를 설명할 수 있다.

'과학자에게 감사의 편지쓰기' 활동에서 평소 역학적에너지와 전기에너지에 관심이 많아 전자기 유도 현상을 발견하고 전기모터를 발명한 마이클 패러데이에 대해 집중 조사함. 이 과정에서 탄소의 새로운 염소화합물 발견, 강철의 합금 제조, 석유가스 속에서 벤젠 발견 등의 업적을 알게 되어 이를 이해하기 쉽게 프레젠테이션으로 발표하는 적극적인 태도를 보임. '마이클 패러데이(랄프 뷘트)'를 읽은 후, 명예를 높일 수 있는 수많은 제의를 거부하고 과학과 가난한 자들의 손을 잡은 마이클 패러데이의 불우했지만 치열했던 어린 시절, 물리와 화학계에서 업적을 쌓아가기까지의 과정 그리고 후대 과학자들에게까지 끼친 영향 등을 생각하며 마이클 패러데이를 위한 시를 창작하여 낭송하는 과정에서 인문학적 배경지식이 폭넓다는 것을 알 수 있음. 더 나아가 후속활동으로 일상생활에서 전자기 유도 현상이 적용되는 예로 발전기, 교통 카드 판독기, 고속도로의 통행료 지불 단말기, 인덕션 레인지 등의 원리를 파악하여 보고서를 제출하는 열의를 보임.

관련학과 언어학과, 인문학부, 문예창작학과, 글로벌학부   핵심키워드 마이클 패러데이, 전자기 유도 현상

과학 교과군
물리학 I
[단원명]
물질과 전자기장

성취기준 📌 [12물리 I 02-07]

일상생활에서 전자기 유도 현상이 적용되는 다양한 예를 찾아 그 원리를 설명할 수 있다.

코로나19 과학신문 만들기 활동에서 방사광가속기가 코로나19와 같은 새로운 감염병의 치료제와 백신 개발을 앞당기는 필수 첨단 연구 장비라는 사실을 알게 되어 호기심이 생겨 집중 조사하고 분석함. 이 과정에서 방사광가속기의 성능, 활용 분야 및 사례를 제시하며 반도체와 소재, 바이오, 마이크로 의학용 로봇 개발에 필요한 모든 기초 과학 분야 연구에 활용되어 국가 전략산업을 성장시키는 핵심 역할을 하고 있다는 사실을 알게 됨. 이를 바탕으로 소개 자료를 특히 자신의 진로분야와 연계하여 인포그래픽으로 이해하기 쉽게 발표하는 과정에서 융합적 사고력이 우수하다는 것을 알 수 있음. 후속활동으로 방사광가속기를 통해 만들어진 신종 플루 치료제인 타미플루, 발기부전 치료제 비아그라, 백혈병 치료제 글리벡에 대해 조사한 후 학급 칼럼 기고문을 작성하여 학급 게시판에 게시하는 등 실생활 속 실천을 몸소 실행하는 적극적인 태도를 보임.

관련학과 생명공학과, 유전공학과   핵심키워드 방사광가속기

과학 교과군
화학 I

[단원명]
화학의 첫걸음

성취기준 📌 [12화학 I 01-01]

화학이 식량 문제, 의류 문제, 주거문제 해결에 기여한 사례를 조사하여 발표할 수 있다.

화학으로 이루어진 일상생활 하루 일기 쓰기 활동에서 '화학으로 이루어진 세상(K.메데페셀헤르만)'을 읽고, 이를 바탕으로 자신의 하루 일과를 생활하면서 화학이 생활 속에서 어떻게 쓰이는지 시간대별로 일기를 써서 발표함. 이 과정에서 생활 속 유해화학물질 줄이는 방법을 정리하여 대안을 제시하는 능력이 남다르다는 것을 알 수 있음. 평소 생활 속 유해화학물질에 관심이 많아 후속활동으로 시중에 판매되고 있는 샴푸와 린스에 함유된 유해화학물질 성분을 조사하여 분석함. 이를 바탕으로 유해화학물질 성분이 함유된 일상생활용품의 리스트를 꼼꼼하게 작성하여 학급 게시판에 게시하고 안내하는 적극적인 태도를 보임.

관련학과 언어학과, 인문학부, 문예창작학과, 글로벌학부, 국어국문학과, 일어일문학과, 중어중문학과, 영어영문학과, 독어독문학과, 노어노문학과, 서어서문학과, 불어불문학과

핵심키워드 유해화학물질

과학 교과군
화학 I

[단원명]
역동적인 화학반응

성취기준 📌 [12화학 I 04-05]

산화·환원을 전자의 이동과 산화수의 변화로 설명하고, 산화수를 이용하여 산화·환원 반응식을 완성할 수 있다.

화학이야기가 담긴 책 읽고 서평쓰기 활동에서 평소 금속에 대한 관심을 바탕으로 '녹(조나단 월드먼)'을 읽고, 이를 바탕으로 녹의 발생 원인과 효과적인 녹의 방지법 및 금속의 부식으로 인한 피해 현황을 조사·정리하여 프레젠테이션으로 발표하는 부분에서 논리적이고 분석적인 능력이 우수하다는 것을 알 수 있음. 이 과정에서 산업 현장에서 쓰는 금속의 부식을 막는 방법으로 녹의 철 표면에 니켈이나 크롬 등의 피복, 아연을 철판에 담가 부착시키는 용융도금도 있다는 사실을 알게 되어 지적 호기심을 해결함. 후속활동으로 실생활에서의 녹을 제거하는 방법에 대한 안내서를 제작하여 학교 도서관에 비치함으로써 친구들과 함께 공유하는 미덕을 실천하는 학생임.

관련학과 언어학과, 인문학부, 국어국문학과, 문예창작학과, 글로벌학부

핵심키워드 녹

성취기준 📌 [12지과 I 04-04]

기후변화의 원인을 자연적 요인과 인위적 요인으로 구분하여 설명하고, 인간 활동에 의한 기후변화의 환경적, 사회적 및 경제적 영향과 기후변화문제를 과학적으로 해결하는 방법에 대해 토의할 수 있다.

기후변화문제를 해결하기 위한 사례 조사하여 발표하기 활동에서 저탄소 경제구조로의 전환 속 기후위기와 환경문제에 대응하기 위한 그린뉴딜정책에 대해 조사함. 이 과정에서 기후변화 대응 등 환경에 대한 투자를 통해 경기부양과 고용촉진을 끌어내는 정책이라는 사실을 알게 되어 환경과 공존하는 인류의 삶에 대해 깊이 고민해보는 계기가 되었다고 하는 부분에서 친구들의 많은 호응을 받음. 후속활동으로 '위기 이후 녹색 기금의 시대'라는 제목의 신문 칼럼을 읽고, 코로나19 사태로 인한 경제적 충격을 해결하기 위해서는 환경 분야에 집중적인 투자를 하는 '그린뉴딜'이 필요함을 강조하는 소감문을 제출함.

관련학과) 언어학과, 인문학부, 문예창작학과, 글로벌학부   핵심키워드) 그린뉴딜, 기후변화 대응

성취기준 📌 [12지과 I 06-02]

우주배경복사, 우주 망원경 관측 등의 최신 관측 자료를 바탕으로 급팽창 우주와 가속팽창 우주를 포함하는 빅뱅(대폭발) 우주론을 설명할 수 있다.

신문기사 속 우주 이야기 보고서 작성하기 활동에서 2019년 노벨물리학상 수상자의 공로에 대해 조사·정리함. 이 과정에서 빅뱅 이후 우주 속 수많은 은하의 분포와 양상을 수학적으로 표현하는 방법으로 우주를 이해하는 이론적 도구에 대한 자료를 꼼꼼하게 정리하여 발표하는 모습에서 분석적인 능력이 우수함을 알 수 있음. 후속활동으로 빅뱅을 우주복사이론으로 설명하고, 우주의 역사와 진화과정을 밝혀낸 노벨물리학 수상자에게 감사의 글을 작성하여 제출하는 적극적인 모습을 보임. 또한 '우주의 기원 빅뱅(사이먼 싱)'을 읽고 빅뱅 이론이 성립, 증명되기까지의 과정과 빅뱅모델에 남아있는 과제에 대해 소감문을 작성하여 제출함.

관련학과) 언어학과, 인문학부, 문예창작학과, 글로벌학부, 국어국   핵심키워드) 빅뱅
문학과, 일어일문학과, 중어중문학과, 영어영문학과, 독
어독문학과, 노어노문학과, 서어서문학과, 불어불문학과

생명과학 Ⅰ

[단원명]
항상성과 몸의 조절

성취기준 📌 [12생과Ⅰ03-06]

다양한 질병의 원인과 우리 몸의 특이적 방어 작용과 비특이적 방어 작용을 이해하고, 관련 질환에 대한 예방과 치료 사례를 조사하여 발표할 수 있다.

생명 잡지 칼럼 쓰기 활동에서 '고맙다, 줄기세포(라정찬)'를 읽은 후, 줄기세포의 역사와 현재의 줄기세포 치료법에 대해 조사·분석하고 인포그래픽으로 이해하기 쉽게 설명하는 부분에서 통합적 사고력이 우수하다는 것을 알 수 있음. 이 과정에서 줄기세포의 역할과 치료 원리에 대해 집중 조사하고, 줄기세포를 통해 병들고 노화된 장기의 치료에 성공한 사례를 심층 분석하여 지적 호기심을 해결함. 더 나아가 인간의 노화를 되돌릴 수 있다는 텔로머레이스가 개발되었다는 사실을 알게 되었고, '텔로미어와 텔로머레이스'라는 주제로 보고서를 작성하여 제출하는 적극적인 태도를 보임.

관련학과 언어학과, 인문학부, 문예창작학과, 글로벌학부, 신학과, 철학과

핵심키워드 줄기세포, 텔로미어, 텔로머레이스

생명과학 Ⅰ

[단원명]
생명과학의 이해

성취기준 📌 [12생과Ⅰ01-02]

생명과학의 통합적 특성을 이해하고, 다른 학문 분야와의 연계성을 예를 들어 설명할 수 있다.

생명과학 기술이 우리의 삶에 끼친 영향 조사하기 활동에서 '플레밍이 전하는 페니실린 이야기(김영호)'를 읽고, 페니실린의 기원 및 발견 과정 그리고 효능과 부작용에 대해 조사하여 마인드맵으로 정리한 후 자신감 있게 발표하는 모습이 매우 인상적임. 이 과정에서 페니실린이 뇌막염, 폐렴과 같은 그램양성세균성 질병을 치료하는 데 효과가 있다는 사실을 알게 되었다고 하는 부분에서 지적 호기심이 충만하다는 것을 알 수 있음. 후속활동으로 항생제의 종류 및 항생제 내성균에 대한 관리 또는 대처 방법에 대해 조사하고 학급 게시판에 게시하여 친구들과 공유하는 적극적인 태도를 보임.

관련학과 언어학과, 인문학부, 문예창작학과, 글로벌학부

핵심키워드 페니실린, 항생제

성취기준 | 📌 [12과사03-06]

한국 현대 과학의 발전 과정을 이해하고, 최근 세계 과학계에서의 한국 과학이 갖는 위상을 소개할 수 있다.

과학계에서 한국 과학이 갖는 위상 소개하기 활동에서 로봇과학자가 마이크로의료로봇을 최초로 연구·개발하였고, 특히 대장내시경 로봇을 개발하여 성공한 공로에 대해 조사·정리하여 자신감 있게 발표함. 이 과정에서 한국이 마이크로의료로봇 분야에서 세계 최고의 기술력과 경쟁력을 갖추고 있다는 사실을 알게 되었다는 부분에서 친구들에게 많은 호응을 받음. 후속활동으로 "혈관을 따라 아픈 부위를 찾아가는 '초미세 로봇' 개발됐다… 자율주행 기능 적용 목표"라는 신문기사를 읽고, 질병의 위치와 종류에 따라 치료제를 신속 정확하게 전달할 수 있는 다양한 모양의 초미세 의료용 로봇 개발에 대한 자료를 탐색함. 이에 질환별 마이크로로봇의 필요성 및 질환 선정에 대한 자료를 정리하여 보고서를 제출하는 적극적인 태도를 보임.

관련학과) 언어학과, 인문학부, 문예창작학과, 글로벌학부　　　　핵심키워드) 마이크로의료로봇

과학 교과군
과학사

▶ [단원명]

동양 및 한국 과학사

성취기준 | 📌 [12과사03-06]

한국 현대 과학의 발전 과정을 이해하고, 최근 세계 과학계에서의 한국 과학이 갖는 위상을 소개할 수 있다.

과학기술발전이 우리 삶에 끼친 영향 조사하여 발표하기 활동에서 열·전기·충격 등에 강해 미래세계를 바꿀 물질로 평가받는 신소재인 에어로젤의 특성 및 활용 분야에 대해 조사하고 정리함. 이 과정에서 2003년 한국인 공학자가 세계 최초로 실용화에 성공하였다는 사실을 알게 됨. 이에 호기심을 가지고 집중·조사하는 과정에서 에어로젤의 응용 범위로 스키복·장갑, 불에 타지 않는 슈퍼 단열재, 우주복, 충격을 막는 특수 철갑, 로봇 소저너의 단열재 등 활용 분야를 마인드맵으로 정리한 후 학급 게시판에 게시하여 친구들과 공유하는 미덕을 가진 학생임. 후속활동으로 '세상에서 제일 가벼운 고체 에어로젤은 무엇인가'라는 인터넷 기사를 읽고, 가벼우면서도 단열 능력이 뛰어나 미래 친환경 건축 재료로 사용될 것이라는 내용의 보고서를 작성하여 제출함.

관련학과) 언어학과, 인문학부, 문예창작학과, 글로벌학부　　　　핵심키워드) 신소재 에어로젤

생활과학   [단원명] 편리한 생활

성취기준   📌 [12생활03-02]

인간의 외부 환경, 주거의 개념, 건물의 기능, 편안함, 쓰레기, 안전 등 건축물을 설계할 때 고려해야 하는 사항들을 조사하고 발표할 수 있다.

'편리한 생활과 과학'이라는 주제로 보고서 작성하기 활동에서 코로나19 상황 속 유통업의 발달로 인한 포장 폐기물 증가에 따른 문제점을 분석하고 폐기물 관리와 처리 방법을 조사·정리하여 발표하는 과정에서 논리적이고 분석적인 능력이 우수함을 알 수 있음. 폐기물 중 특히 플라스틱에 더 많은 관심을 가지고 플라스틱 관련 정책을 조사하고 플라스틱 사용량을 줄이는 방안에 대해 집중 조사함. 후속활동으로 환경을 위한 프리사이클링 실천 사례 및 쓰레기 발생을 줄이는 방법에 대한 제안서를 학교 현관 게시판에 게시하여 교육공동체 속에서 실천하는 적극적인 태도를 보임.

관련학과   언어학과, 인문학부, 문예창작학과, 글로벌학부, 국어국문학과, 일어일문학과, 중어중문학과, 영어영문학과, 독어독문학과, 노어노문학과, 서어서문학과, 불어불문학과

핵심키워드   플라스틱, 프리사이클링

생활과학   [단원명] 건강한 생활

성취기준   📌 [12생활01-04]

약물 오남용의 폐해에 대해 경각심을 높이고, 약물의 올바른 이해와 사용을 권장하는 캠페인을 기획하고 발표할 수 있다.

'건강한 생활과 과학'이라는 주제로 보고서 작성하기 활동에서 의약분업의 정의, 도입목적과 추진 경과 및 의약분업의 효과와 문제점에 대한 각종 자료를 조사하고 정리하여 인포그래픽으로 친구들이 알기 쉽게 설명하는 부분에서 균형 잡힌 시각이 우수하다는 것을 알 수 있음. 또한 의약품 분류의 가장 본질적인 부분인 접근성과 안정성에 대한 자신의 견해를 발표하는 과정에서 친구의 질문에도 친절하게 대답하는 성숙한 모습을 보임. 후속활동으로 의약분업이 우리 국민과 사회에 미친 영향과 성과에 대해 보고서를 작성하여 제출하는 적극적인 태도를 보임.

관련학과   언어학과, 인문학부, 문예창작학과, 글로벌학부, 철학과

핵심키워드   의약분업

성취기준 📌 [12융과06-02]

지구의 가장 중요한 에너지원은 태양 에너지와 화석 연료이고, 에너지를 빛, 열, 소리, 전기 등으로 전환시키는 기술을 바탕으로 인류 문명이 발전해온 과정을 설명할 수 있다.

생활 속 에너지 키워드 찾기 활동에서 태양에너지의 주요 활용 방법 및 태양열, 태양광의 차이점과 장단점을 조사·분석하여 정리하였으며, 이 과정에서 비교·분석하는 능력이 우수함을 알 수 있음. 생활 속에서 활용되는 사례로 태양열 온수난방, 태양열 증류, 태양열 건조에 대해 집중 조사하는 과정을 통해 특히 과일의 태양열 건조는 건조 시 설탕 농도가 증가함에 따라 과일의 품질을 향상시킨다는 사실을 알게 됨. 후속활동으로 '태양에너지의 발달이 우리 일상생활을 어떻게 변화시키는가'라는 주제로 보고서를 작성하여 제출하는 적극적인 태도를 보임.

관련학과 언어학과, 인문학부, 문예창작학과, 글로벌학부, 국어국문학과, 일어일문학과, 중어중문학과, 영어영문학과, 독어독문학과, 노어노문학과, 서어서문학과, 불어불문학과

핵심키워드 태양광

성취기준 📌 [12융과05-02]

식량 자원의 지속적인 개발 및 확보와 관련하여 생태계와 생물다양성의 가치 및 종자은행의 중요성을 이해하고, 물의 소독, 살균, 세제의 사용이 인간 수명의 증가와 건강의 증진에 기여하였음을 조사하여 발표할 수 있다.

식량자원의 지속적인 개발 사례 발표하기 활동에서 '기후변화로 인한 식량위기 시대, 신품종 개발로 돌파한다'라는 인터넷 기사를 읽고, 기후변화 위기에 대응해 우리나라를 지속가능한 사회로 만들고 식량 문제를 해결하기 위한 대안으로 환경 스트레스에 강한 식물 개발 연구, 즉 사막화 방지와 척박한 땅에서 잘 자랄 수 있는 고구마 개발에 대한 사례를 조사·정리함. 고구마의 특성 및 환경 스트레스에 강한 이유 등을 발표하는 과정에서 통합적인 사고력이 우수함을 알 수 있음. 고구마에 풍부한 항산화물질이 인간의 노화를 늦추고 질병을 예방하는 데 도움이 된다는 사실도 알게 됨. 후속활동으로 '바나나 제국의 몰락(롭던)'을 읽고, 식량 위기에 관심을 가지고 식량 해결책에 대한 대안을 제시하는 보고서를 작성하여 제출함.

관련학과 언어학과, 인문학부, 문예창작학과, 글로벌학부, 국어국문학과, 일어일문학과, 중어중문학과, 영어영문학과, 독어독문학과, 노어노문학과, 서어서문학과, 불어불문학과, 철학과, 신학과

핵심키워드 식량위기, 사막화 방지

독서활동상황

1 내용

독서활동상황은 학생이 읽은 책의 제목과 저자를 기록하는 항목이다.

2 기재요령 지침

TIP.1 독서활동은 교과목별로 해당교과 관련 독서활동을 교과담당교사가 입력하되, 특정 교과에 해당하지 않을 경우 학급담임교사가 공통으로 입력할 수 있다.

TIP.2 '독서활동상황'은 독서기록장, 독서 포트폴리오, 독서교육종합지원시스템의 증빙자료를 근거로 입력한다.

TIP.3 '독서활동상황'란에는 학생이 읽은 책의 제목과 저자를 입력한다.

TIP.4 단순 독후활동(감상문 작성 등) 외 교육활동을 전개하였다면, 도서명을 포함하여 그 내용을 다른 영역 (교과 세특, 창의적 체험활동 등)에 입력할 수 있다.

TIP.5 2024학년도 대입(졸업생 포함)부터 상급 학교 진학 시 '독서활동상황'은 제공하지 않음.

3 대학의 평가 관점

☐ 2024학년도 대입부터는 독서활동 기록을 대학에 제공하지 않으므로 독서가 학교생활기록부 다양한 영역 (교과세특, 동아리활동, 진로활동 등)에 기록될 수 있도록 대비가 필요하다.

☐ 교과와 연계한 독서 목록을 만들고 독서활동을 통해 사고의 깊이와 지식의 확장을 위하여 노력해야 한다.

☐ 자신의 진로와 관련 있는 독서를 통해 특정 분야에 대한 지속적인 관심을 드러내는 것이 좋다.

☐ 독서의 양이 많다고 좋은 평가 점수가 보장되는 것은 아니다. 학년별 독서 목록을 계획하여 꾸준히 독서에 임하는 자세가 필요하다.

☐ 책을 읽고 난 후에는 반드시 기록하는 습관을 갖도록 한다. 독서활동을 기록할 때는 책을 읽게 된 동기, 독서를 통해 알게 된 사실과 자신의 생각 쓰기, 독서 후 깨달은 점 및 성장한 점을 기록하자.

행동특성 및 종합의견

1 내용

행동특성 및 종합의견은 학생의 학습, 행동 및 인성 등 학교생활에 대한 상시 관찰·평가한 누가기록을 바탕으로 다양한 분야에서의 구체적인 변화와 성장 등을 종합적으로 기록하는 항목이다.

2 기재요령 지침

TIP.1 '행동특성 및 종합의견'란에는 행동발달상황을 포함한 각 항목에 기록된 자료를 종합하여 학생을 총체적으로 이해할 수 있도록 학급담임교사가 문장으로 입력하여 학생에 대한 일종의 추천서 또는 지도 자료가 되도록 작성한다.

TIP.2 장점과 단점은 누가 기록된 사실에 근거하여 입력하되, 단점을 입력하는 경우에는 변화가능성을 함께 입력한다.

TIP.3 학교교육계획에 따라 실시한 봉사활동의 경우, 교사가 직접 관찰·평가한 학생의 특기사항은 필요시 '행동특성 및 종합의견' 란에 기재 가능함.

3 대학의 평가 관점

☐ 학생의 특성을 구체적으로 서술한 내용으로써 지원자를 종합적으로 이해하는 평가 자료로 활용된다.

☐ 학생부 요약서보다는 학업 관련 소양과 생활 태도 등 학생의 전반적인 부분에 대해 기록하는 것이 좋은 평가를 받을 수 있다.

4 관리 가이드

🍃 교과 및 비교과활동에 적극 참여하고 공동체 의식, 나눔, 배려, 사회성, 리더십 등과 같은 인성을 지닌 학생으로 성장하도록 학교생활에 충실해야 한다.

🍃 3학년 행동특성 및 종합의견은 수시 전형 지원에서는 반영되지 않으므로 1, 2학년 입력 자료가 매우 중요한 평가요소임을 알고 준비해야 한다.

🍃 학생부의 다른 영역에서 부족하다고 판단되는 부분이 있다면 행동특성 및 종합의견란에 기록될 수 있으면 좋다. 평소 담임선생님과 적극적으로 소통하는 것이 필요하다.

🍃 학생부종합전형의 평가요소(학업역량, 진로역량, 공동체역량)가 고르게 드러나도록 기록되는 것이 좋다.

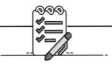

주요 대학에서 제시하는 행동특성 및 종합의견 평가내용

고려대

☑ 행동특성 및 종합의견은 1년간 지원자를 지켜본 담임교사가 지원자에 대한 종합적인 의견을 작성하는 항목입니다. 학생부종합전형이 고교 3년간의 학교생활에서 보여주는 성실성, 잠재력, 성장가능성 등에 주목하는 전형이라는 점을 고려할 때, 실제로 학생을 오랜 기간 동안 가까이서 지켜본 교사의 의견을 확인할 수 있는 항목이므로 학교생활기록부의 다른 항목에서 찾아보기 어려운 학생의 학교생활 모습과 특성 등을 파악할 수 있는 중요한 항목이라고 할 수 있겠습니다. 이 항목을 통해 입학사정관은 지원자의 학교생활기록부에 기술된 객관적 활동 기록들을 종합하여 파악한 학생의 특성이 교사의 의견과 어느 정도의 일치성을 보이는지, 다른 항목들을 통해 미처 파악하지 못한 부분에 대해 교사는 어떤 의견을 보이는지 등을 확인하여 지원자에 대해 입체적으로 파악하고 평가하게 됩니다.

동국대

☑ 지원자의 학교생활 전반을 기반으로 학생의 특성과 태도, 성향 등을 총체적으로 확인하고 이해할 수 있는 항목입니다. 담임교사가 지원자를 가장 가까이에서 지켜보고 평가한 누가기록을 바탕으로 다양한 분야에서의 구체적인 변화와 성장 등을 종합적으로 기재한 행동특성 및 종합의견의 내용은 교사추천서의 역할을 대신한다고 볼 수 있습니다. 따라서 지원자를 파악하고 종합적으로 이해하는 평가 자료로 활용됩니다.

전남대

☑ 행동특성 및 종합의견은 교사가 학생을 수시로 관찰하여 기록된 행동특성을 바탕으로 총체적으로 학생을 이해할 수 있는 구체적인 종합의견으로써 학생에 대한 일종의 추천서 또는 지도 자료로써 받아들여지고 있습니다. 따라서 행동특성 및 종합의견을 통해 지원자의 학업 외 소양 및 인성 역량 전반에 관한 내용을 파악할 수 있습니다.

단국대

☑ 행동특성 및 종합의견은 일종의 담임교사의 교사추천서라고 할 수 있습니다. 이를 통해 평가자들은 학생의 인성이나 특성, 학업에 대한 태도, 관심도 등을 파악할 수 있으며, 특별한 환경이나 학교의 특이점도 파악할 수 있습니다. 따라서 지원자의 개별적인 특성이 잘 드러난다면 평가에 보다 용이한 부분이기도 합니다.

중앙대

☑ 행동특성 및 종합의견은 학생의 학교생활에 대한 종합적인 평가가 학년별로 기술되어 있어 총평의 성격을 지닙니다. 학교생활기록부에 기술된 다른 항목과의 상관관계를 통해 학생 개인에 대한 전반적인 모습을 떠올릴 수 있도록 합니다. 학생의 우수성에 대한 최종적인 확인이 가능한 부분으로 펜타곤 평가요소를 총체적으로 확인합니다. 타 항목 중에서 누락되었던 내용을 보충해주거나 학생의 우수한 측면을 부각해주는 역할을 하기도 합니다. 학생의 특성이나 수행 과정에 대한 구체적 사례를 통해 학업 역량을 평가할 수도 있고, 대인관계의 특성 및 개인적 성향 등에 대한 자세한 기술을 통해 인성적 측면을 평가할 수도 있습니다.

한양대

☑ 행동특성 및 종합의견의 경우 담임선생님께서 1년 동안 학생의 모습을 관찰하여 기록하는 항목입니다. 따라서 본교에서는 학년별 담임선생님의 추천서로 판단하고 해당 항목을 평가하고 있습니다. 또한, 다른 평가항목과 달리 인성관련 부분이 가장 많이 나타나는 항목이기도 합니다. 따라서 행동특성 및 종합의견의 경우 매우 중요한 평가항목 중 하나입니다.

인하대

☑ 행동특성 및 종합의견은 지원자의 지성, 적성, 인성을 모두 살펴볼 수 있는 항목입니다. 지원자의 수업에 대한 태도뿐만 아니라 학교생활 전반에서 드러나는 지원자의 성격, 성향 등의 개별적 특성에 주목하여 살펴볼 수 있습니다. 지원자의 특성에 대해 담임선생님이 특히 강조하고 싶은 부분이 기재되어 있기 때문에 행동특성 및 종합의견에 기재된 내용과 관련된 부분을 학교생활기록부의 다른 항목에서 찾아 더욱 눈여겨보면서 지원자를 조금 더 심층적으로 이해하기 위한 자료로 활용합니다.

서울과학기술대

☑ 행동특성 및 종합의견은 지원자의 특성에 대한 담임교사의 추천서라고 할 수 있습니다. 행동특성 및 종합의견에서는 학생의 개별적 특성에 주목합니다. 특별한 활동보다는 그 학생의 학업태도와 인성 등 고교생활 전반을 가늠할 수 있는 내용을 평가에 반영하고 있습니다.

인문계열 맞춤형 행동특성 및 종합의견 기록 사례

 01. 국어국문학과

다정다감한 성격의 소유자로서 재치 있는 말과 행동으로 주변을 즐겁게 하여 친구들의 호감을 얻고 학교생활을 긍정적이고 즐겁게 하는 학생임. 학업에 대한 의욕이 높아 급우들과 국어, 영어 교과의 스터디그룹을 만들어 부족한 부분을 공부하면서 자기주도적 학업 역량을 향상시켜 나감. 스터디 역할 분배 과정에서 생긴 갈등을 본인이 솔선수범하여 어렵고 많은 양을 맡아 하는 모습을 보이면서 친구들의 협력적인 태도를 이끌어 학습할 내용과 일정을 조율하는 등 갈등 해결자의 역할을 함. 책 읽는 것을 좋아하고 독서량이 많은 학생으로서 급우들에게 읽을 만한 책을 추천해주기도 하고, 기본적인 언어 감각과 논리적 사고력이 뛰어나 수업시간에 교과 내용과 관련된 비판적인 질문을 제기함으로써 다른 학생들과 함께 토론할 수 있는 장을 만들기도 함. 국문학자가 되어 외래어의 범람 속에서 오염되고 있는 우리말을 지키고 싶다는 구체적인 진로 목표를 세우고 자기주도적으로 학업 계획을 세워 실천하는 자기관리 역량이 탁월함.

 02. 영어영문학과

성실하고 바른 자세로 학교생활에 임하는 학생으로서 스스로 계획을 세워 실천하면서 학업 역량을 강화하는 자기주도성이 뛰어남. 영어 어휘와 어법의 기본 학습이 확립되어 있고, 특히 문맥을 통한 의미 추론 능력이 우수하여 급우의 영어 독해 멘토 활동을 함. 3명의 멘티에게 자신이 직접 정리한 내용을 공유하고 어려운 부분을 보충 설명하는 등 지식 나눔을 실천함. 언어적 능력뿐만 아니라 비언어적 표현능력과 의사소통능력이 뛰어나고, 타인에 대한 공감과 배려심이 깊음. 다양한 사회문제 및 국제정세에도 관심이 많아 신문기사 스크랩하기를 좋아하고 꾸준히 영자신문을 읽고 있음. 기초 교과 성취도가 우수하고, 특히 영어 및 국어 교과의 성취도가 우수한 학생으로 영어 능력을 바탕으로 영미문학에 관심과 열정이 있음.

 03. 중어중문학과

1학기 학급자치회 회장으로서 부드러우면서도 통솔력 있는 리더십으로 단합하는 학급을 만드는 데 큰 역할을 함. 급우들과 함께 계획을 세워 진행한 학급 행사에서도 한 사람이라도 소외되지 않고 모두 참여할 수 있도록 독려하는 모습이 인상적임. 학급 자치 활동으로 소그룹 진로 프로젝트를 제안하여 관심분야가 같은 친구들끼리 모둠을 만든 후 주제 탐구 활동을 진행함. '홍콩 국가보안법'이라는 주제로 온라인 회의를 주도하고 협업 툴을 활용하여 수시로 조사한 내용을 올려 서로 피드백하면서 보고서를 작성함. 홍콩 국가보안법은 무엇인지 제정 배경을 알아보고, 홍콩 민주화 운동을 이끄는 조슈아 윙의 입장에서 유럽 지도자들의 지지를 촉구하는 기자회견 발표문을 작성하여 발표함. 비판적 사고와 통찰력을 바탕으로 중국의 문화와 사회에 대한 관심이 큰 학생으로서 학업에 열의가 있으며 명확한 진로 목표를 가지고 자신의 미래를 설계하여 꾸준히 실천하는 학생이므로 앞으로 더 큰 발전이 기대됨.

04. 일어일문학과

자신을 내세우지 않고 자신과 다른 의견을 받아들일 줄 아는 포용력이 있는 학생으로서 교우관계가 매우 좋음. 평소 외국어에 관심이 많아 일본어, 영어 교과의 학업성취도가 높으며, 특히 일본의 엔터테인먼트 분야를 좋아하여 다작의 애니메이션을 보면서 일본어 실력이 향상되었다고 함. 처음에는 단순히 일본의 문화 및 매체에 흥미가 있었지만 일본어를 본격적으로 배우면서 일본의 정치적 이슈와 우리나라와의 관계에도 관심을 갖게 되었고, 역동적인 대일 관계에 대처하기 위해서는 일본전문가가 필요하다는 생각을 하게 됨. 주제발표 시간에 '가깝고도 먼 나라'라는 주제로 일본에 관심을 갖게 된 동기, 일본의 애니메이션의 특징 및 시장 규모, 애니메이션 산업 역사, 미국·중국·한국 애니메이션의 차이점을 비교하여 발표하면서 우리의 과거와 현재 그리고 미래를 동시에 바라볼 수 있는 일본에 대해 공부하여 일본과의 국제적 관계에 긍정적 영향을 미치는 사람이 되고 싶다는 포부를 밝힘.

 05. 문예창작학과

평소 연극, 영화, 미술, 광고 등 다양한 문화예술 장르에 흥미를 가지고 상상력과 창의력을 키우기 위해 노력하고, 꾸준히 글쓰기와 읽기를 하고 있음. '언어의 아이들(조지은)', '지극히 문학적인 취향(오혜진)', '데미안(헤르만 헤세)', '우리말의 탄생(최경봉)', '한국의 고전을 읽는다(권성우 외)', '사회심리학의 이해(한규석)'등 다방면의 독서활동 후 감상문을 작성하였고, 독서를 통한 풍부한 배경지식과 논리성을 바탕으로 글쓰기 활동에서 탁월한 역량을 보임. 감수성이 풍부하여 소설이나 드라마의 줄거리를 유추하거나 이야기를 흥미 있게 만들어내는 것을 좋아하여 학급활동 시간에 자신이 습작하고 있는 시놉시스를 발표하고 급우들의 박수를 받음. 또한 교내 및 학급활동에도 적극적으로 참여하면서 항상 웃음으로 친구들을 대하여 친구들로부터 '긍정의 아이콘'이라는 별명의 얻음. 삶의 애환과 인간의 진정성에 대한 이야기를 담아내는 드라마작가가 되고 싶다는 목표를 바탕으로 진로를 설계해나가고 있음.

 06. 고고학과, 문화인류학과

밝고 유쾌한 성격으로 유머감각이 있으며 긍정적이어서 주변에 친구가 많고 1학기 학급자치회장으로 많은 투표수를 얻어 당선됨. 학기 초 서먹서먹한 관계를 개선하고자 마니또를 제안하고 진행하여 급우들과 정서적 친밀감 및 공동체 의식을 형성함. 평소 박물관을 좋아하고 시간이 날 때마다 박물관과 유적지를 찾아 감상하는 것을 즐겨하는 학생임. 자신의 진로를 설정하기 위해 여름방학 동안 관련 도서인 '박물관 보는 법(황윤)', '삼국시대, 진실과 반전의 역사(권오영)', '일상이 고고학, 나 혼자 경주 여행(황윤)', '사피엔스(유발 하라리)', '강인욱의 고고학 여행(강인욱)'을 읽고 소감문을 작성하였으며, 고고학과와 문화인류학과에 대한 학과 탐색을 통해 자신의 진로 목표를 세움. 땅속에 있는 유적과 유물을 발굴해서 연구하고 분석하는 것과 인류 문명의 변천사에 대해 흥미를 느끼고 있어 발굴조사기관의 연구원이나 박물관의 학예사를 진로 목표로 세우고 학업에 매진하는 모습을 보임.

07. 사학과

기본적인 학습 습관이 잘 형성되어 있고 학습 내용을 스스로 탐구하는 자기주도성을 보이며 교내 및 학급 행사에 적극적으로 참여함. 역사에 관심이 많은 학생으로서 1학기에는 또래 멘토링 활동에 참여하여 급우 3명의 한국사 멘토가 되어 멘티의 성적 향상에 도움을 주었고, 2학기에는 지필고사 시험 범위에 해당하는 내용을 시대적 흐름에 따라 정리하여 학급 전체를 대상으로 자료를 공유하고 학습도우미를 자청하여 아침 조회시간에 복습을 진행함. 급우들에게 추천해주고 싶은 책으로는 '역사의 쓸모(최태성)'를 선정하여 내용을 요약 및 소개하고 역사로부터 무엇을 배워야 하는지, 역사의 쓸모를 찾는 것보다 역사의 쓸모를 현재의 우리가 잘 만들어가야 한다는 자신의 생각을 발표함. 역사에 왕성한 호기심을 가지고 한국사의 흐름을 큰 시야로 바라보기 위해 관련 도서를 찾아 체계적으로 읽는 모습에서 진실됨을 느낄 수 있는 학생이며, 항상 노력하는 자세가 앞으로의 발전을 더 기대하게 함.

 ## 08. 철학과

세상에 일어나는 모든 일에 대해 호기심을 가지고 있으며, 끊임없이 '왜'라는 질문을 자주 하는 학생으로서 수업시간에 배운 내용을 단순히 이해함에 그치지 않고 인터넷을 활용하여 궁금증을 찾아보거나 관련 도서를 통해 지식을 확장하려는 탐구 정신을 가지고 있음. 동양철학뿐만 아니라 서양철학에도 관심을 보이면서 '논어, 사람의 길을 열다(배병삼)', '칸트와 헤겔의 철학(백종현)', '러셀 서양철학사(버터런드 러셀)', '간명한 중국철학사(펑유란)'를 읽고 감상문을 작성함. 학급 자유 주제 발표 시간에는 니코마스 윤리학에서 아리스토텔레스가 주장했던 보편적인 행복은 무엇이고, 그 행복과 세 가지 삶의 유형에 대해 사례를 들어 재미있게 설명하면서 자신이 추구하는 좋음과 행복에 대해 발표함. 평소 책을 통해 깊이 사고하기를 좋아하고 친구들과의 토론을 통해서 다양한 사고방식을 이해하려고 노력하는 합리적 토론 능력과 논리적 사고력을 갖춘 학생임.

09. 한문학과

1학기 학급 봉사부장을 맡아 매일 아침 발열 체크를 하고 급우들이 손 소독을 할 수 있도록 돕는 등 학급 방역에 힘씀. 2학기에는 학습부장을 맡아 수업 준비물, 수행평가, 시험 범위 등 관련 안내 사항을 공지하고 학습 분위기를 조성하는데 중요한 역할을 함. 교과 요점 정리 및 나만의 공부법을 게시하고, 급우들의 질문이 있을 때는 항상 친절하게 설명해주는 봉사심과 이타심을 보임. 협력적 태도가 내면화되어 공동체 생활에 필요한 역량을 잘 갖춘 학생임. 한문을 배우면서 한국, 중국, 일본 등 한자문화권의 고전을 연구하는 한문학과에 관심을 갖게 됨. 학급 발표 시간에 '고전에서 오늘을 보고 내일을 연다.'라는 주제로 자신의 관심사인 한문학과에 대한 소개와 문학, 역사, 철학을 폭넓게 접하고 한국의 고전을 번역하여 과거에 우리 조상들이 남겼던 좋은 생각들을 바탕으로 옛것을 배워 오늘날을 살아가고 미래를 계획하는 사람이 되고 싶다는 포부를 밝힘.

MEMO

학생부 바이블
인문계열

CHAPTER

인문계열?

인문계열은 인간에 대한 이해 즉, 인간의 정신과 삶의 모습, 언어와 문화 등의 연구에 관심을 가지고 인간에 대한 깊이 있는 이해와 세계에 대한 새로운 통찰력, 창의력, 윤리의식, 심미안과 융합능력을 키워 변화하는 미래에 적극적으로 대응한다. 세계와 지역, 사상과 역사, 언어와 문화 등을 연구하는 순수과학으로서의 전문성은 물론이고 사회과학과 자연과학을 아우르는 통섭 학문으로서의 교양적 보편성을 추구한다. 그리고 인간을 소중히 여기는 사람, 인간의 가치를 최대한 발휘할 수 있는 사람을 양성하는 것을 목적으로 한다.

인문계열은 언어·문학, 인문과학 등으로 분류된다. 인문계열 진학에 관심이 많은 학생은 삶의 의미 및 가치에 대한 연구를 즐겨하고, 문화와 고전에 대한 이해능력과 언어능력, 표현 및 소통능력, 주체적 · 비판적 사유 능력을 함양하는 데 흥미가 있으면 좋다.

인문계열은 인간과 세계에 대한 폭넓은 이해와 통찰력, 두터운 윤리의식과 봉사정신을 갖춘 미래의 인재들을 길러내는데 교육의 목표를 두고 있다. 특히 지역과 세계, 민족과 인류를 관통하는 국제화·세계화의 새로운 방향성을 선도할 리더십, 인간의 본성과 내적가치를 직관할 수 있는 통찰력, 새로운 것을 구상하여 창출할 수 있는 상상력과 표현력, 사회와 자연을 바르고 정확하게 관찰하여 그 본질과 이치를 파악할 수 있는 지적능력 그리고 상황 안에서 스스로 문제를 발견하고 그 해결책을 모색하고 제시할 수 있는 창의력을 갖추는 것이 매우 중요하다.

인문계열 분류

언어·문학
- 언어학
- 국어·국문학
- 일본어문학
- 중국어·문학
- 영미어·문학
- 기타아시아어·문학
- 독일어·문학
- 러시아어·문학
- 스페인어·문학
- 프랑스어·문학
- 기타유럽어·문학
- 교양어·문학

인문과학
- 문헌정보학
- 문화·민속·미술사학
- 역사·고고학
- 종교학
- 국제지역학
- 철학·윤리학
- 교양인문학

언어·문학

언어와 문화에 대한 전문적 지식을 공부하면서 경제, 정치, 사회의 복합적 산물인 문화를 통해
국제적 감각을 갖춘 전문적 국제인력이 되도록 교육한다. 또한 언어와 문화가 서로 불가분의
관계임에 주안점을 두고 언어와 문화의 교육과 연구 분야에 있어서 이상적인 조화를 지향하며
각국의 언어구사능력을 바탕으로 국제화·세계화 시대에 기여할 수 있는 전문가로서의
기본 소양을 갖추게 하는 것을 교육 목적으로 한다.

어학, 문학과 사회의 복합적 실체에 대한 전문가가 되어 언어와 사회의 현재적 관계는
물론 예견되는 미래의 문화현상 등을 중심으로 어학, 문학, 문화 및 사회과학 등을 아우르는
통섭적 시각을 겸비할 수 있도록 한다. 또한 각국의 어학과 문학교육을 통해 그 나라의 언어와 문화를
이해하고 문학적 소양을 배양함으로써 세계화 시대에 걸맞은 유능한 인재 양성, 인간과 사회에
대한 포괄적 이해와 지식을 갖춘 교양인 및 문화 창달에 기여할 수 있는 소양을 갖춘 문화인
그리고 국제 감각을 갖춘 세계인의 양성을 교육목표로 두고 있다.

관련 학과

국어국문학과, 노어노문학과, 독어독문학과, 동양어문학과, 말레이·인도네시아어과, 문예창작학과, 베트남어과, 불어불문학과, 서어서문학과, 아랍어과, 언어학과, 영어영문학과, 영어통번역학과, 일어일문학과, 중어중문학과, 태국어과, 한국어학과, 한국어교육학과, 한문학과

진출 직업

관광통역안내사, 구성작가, 국제회의통역사, 네이미스트, 다문화언어지도사, 드라마작가, 번역가, 사이버평판관리자, 소설가, 시인, 언어학연구원, 영화시나리오작가, 출판물전문가, 카피라이터, 평론가 등

관련 자격

관광통역안내사, 논술지도사, 독서지도사, 문예창작사, 외국어번역행정사, 중등학교 2급 정교사, 한국어교육능력검정시험 등

인재상

A 각국의 언어와 문화를 이해하고 문학적 소양을 갖춘 학생

B 사회현상에 대한 문제의식을 가지고 통합적 사고력이 있는 학생

C 인문학적 상상력이 풍부하고 언어와 문학에 관심과 소질이 있는 학생

D 국제사회에서 열린 사고를 갖고 유연하게 소통할 수 있는 창의적인 학생

E 비판적인 사고와 합리적인 의사소통능력 및 창의적인 문학능력이 우수한 학생

01

관광통역안내사

💻 직업 소개

관광통역안내사는 내국인이 해외여행을 할 때 동행하여 공항에서 수속업무를 대행하기도 하며, 관광지를 안내하고 통역업무를 수행하므로 기본적인 회화능력을 갖추어야 한다. 국내를 관광하는 외국인 관광객을 돕는 '관광통역안내사'와 해외로 나가는 내국인의 인솔을 돕는 '해외여행인솔자'로 구분된다. 또한 여행지로 적합한 장소를 검토하여 결정하고, 여행경로와 일정을 계획하는 일, 여행비를 산출하고 일정표를 작성하는 일, 여행 출발 전 목적지 및 일정 등에 대한 예비조사를 실시하고 담당자와 협의하는 일을 한다.

💡 적성 및 흥미 ● ● ●

여행과 관광에 흥미를 느끼고 다양한 삶과 문화에 대한 호기심을 가지고 관광서비스를 제공하기 때문에 친절함과 리더십 그리고 여행기획능력이 요구된다. 또한 한국 관광의 전문지식은 물론 문화와 역사에 대한 지식을 끊임없이 탐구해야 하며 의사소통능력을 갖추어야 한다. 출입국, 탑승수속, 수하물관리, 숙박 및 식사조건, 운송기관과의 계약조건, 여행 전반에 걸친 전문용어 등에 대한 지식이 요구된다. 더나아가 여행은 운송·숙박·식사 등 많은 관계자의 협력에 의해 진행된다. 이에 관계자들과 협의하고 서비스 진행을 요청하는 역할을 수행해야하므로 관광통역안내사는 현지 사정에 대한 정확한 지식을 갖추어야 한다.

외국어 분야에서 요구하는 언어능력, 의사소통능력을 키우기 위한 노력을 기울여야 하고, 평소 리더십 및 문화적 소양을 기르기 위해 다양한 책을 읽을 필요가 있다. 독서토론, 외국어 관련 교내 동아리에서 해당 국가의 문화·사회·언어와 관련된 내용을 조사, 발표하는 등 전공 관련 활동을 주도적으로 이끌어나가는 역할을 할 수 있도록 한다. 더 나아가 학교교육계획에 의해 진행되는 봉사활동이나 진로활동, 자율활동에 적극적으로 참여하여 발전가능성, 인성, 나눔과 배려, 협동심, 진로개발 역량 등을 드러내는 것이 중요하다.

♥ ○ ◁ 관련 직업

(# 통역사) (# 외교관) (# 번역가)
(# 호텔리어) (# 외국어강사)

📇 관련 자격

관광통역안내사(국가전문)

국내여행안내사(국가전문)

🖊 진출 방법

관광통역안내사가 되기 위해서는 필수적으로 관광통역안내사 국가자격을 취득하여 외국어 능력 등의 전문성을 검증받아야 한다. 관광통역안내사 자격증 취득 후 여행사, 호텔, 항공사, 해외여행업계, 무역회사 등에 취업할 수 있으며, 프리랜서 관광통역안내사로 활동할 수도 있다. 관광통역안내사는 주로 일반여행업체, 국외여행업체 등 여행사에 소속되어 근무하거나 프리랜서로 활동할 수 있다. 이외에도 관광호텔업체, 무역회사, 항공사, 외국인상사, 면세점, 호텔, 학원 등으로 다양하게 진출할 수 있다.

구성작가

직업 소개

구성작가는 텔레비전, 라디오, 인터넷 등의 오락프로그램, 교양물 등 비드라마용 방송 프로그램의 기획과 구성, 대본 작성 등에 참여한다. 교양 및 오락 프로그램의 제작 형식을 기획·검토하고 제작에 필요한 자료를 수집, 정리한다. 방송 중에는 프로그램 진행자의 순조로운 진행을 돕고 원고를 수정하며, 방송출연자를 섭외하기도 한다. 문학, 미술, 음악, 연극, 영화 등의 작품을 분석하고 평가하여 정기간행물에 평론을 기고하기도 한다.

적성 및 흥미

✅ 문장력
✅ 아이디어
✅ 풍부한 감성

인간과 사물에 대한 세밀한 관찰력과 호기심을 가지고 글로써 잘 표현해낼 수 있는 문장력과 언어감각이 필수적으로 요구된다. 또한, 항상 참신한 아이디어를 생산해야하는 스트레스를 잘 견디어낼 수 있는 인내심과 대처능력이 요구되며, 생산된 아이디어를 명확한 논리와 풍부한 감성으로 문장화할 수 있는 글쓰기 능력이 필요하다. 출연자, 방송 관계자 등 많은 사람과 접촉하면서 일을 해야 하므로 이들과의 원만한 인간관계를 형성할 수 있는 사회적인 능력이 요구된다.

국어를 매개로 한 표현능력을 연마하며 언어와 문학에 관심을 가지고, 창작의 기본이 되는 상상력과 사회현상에 대한 호기심으로 인문학적 지식을 습득할 필요가 있다. 독서·논술, 토론, 문예창작, 교지편집, 학교신문 등의 교내 동아리에서 다양한 문화예술체험활동이나 전공 관련 활동을 자기주도적으로 할 필요가 있다. 또한 국어, 외국어, 사회 교과의 우수한 학업성취를 올릴 수 있도록 하고, 수업시간에 적극적으로 참여하여 문제해결능력, 전공적합성, 학업 역량 등이 학교생활기록부 교과 세부능력 및 특기사항에 기록될 수 있도록 한다.

관련 직업

극작가   # 네이미스트

방송연출가   # 방송작가

사이버아티스트   # 애니메이션작가

영화시나리오작가   # 출판물기획전문가

카피라이터   # 독서지도사

관련 자격

논술지도사   독서지도사   문예창작사

진출 방법

구성작가가 되기 위해서는 전문대학이나 대학교의 국어국문학과, 극작과, 문예창작학과, 연극영화과, 연극과 등 관련학과를 졸업하는 것이 유리하다.

구성작가의 경우 방송사에서 인원이 필요할 때마다 아카데미에 추천을 의뢰하기 때문에 대부분 아카데미의 추천으로 들어가는 경우가 많다. 한국방송작가협회의 방송작가 연수 프로그램, 각 언론사 방송문화원의 구성작가반 등에서 구성작가가 되기 위한 교육과 훈련을 받을 수 있다. 방송 구성작가의 경우 자료를 조사·수집하고 섭외 등의 일을 도맡아 하는 막내작가로 경력을 쌓은 후에 실제 집필을 하는 보조작가, 메인작가 등의 단계로 올라간다.

국제회의통역사

💻 직업 소개

국제회의통역사는 각국의 연구자, 고위관리가 모인 국제회의, 심포지엄, 세미나, 포럼 등에서 서로 다른 언어로 인한 언어장벽을 허물어주기 위해 한 언어를 상대 언어로 바꾸어 전달하는 업무를 수행한다. 2인 1조를 이뤄 진행되며, 고도의 집중을 필요로 하는 일이기에 20분 정도마다 교대로 통역한다. 또한 대화나 연설을 즉시 통역해 주는 동시통역 외에 연설 내용을 기록하면서 연설이 끝나면 순차적으로 통역을 하는 순차통역이 있고, 통역장비 없이 귓속말로 소곤거리며 통역하는 위스퍼링통역, 그리고 3개국어 이상으로 진행되는 국제회의에서 한번 통역한 내용을 다시 다른 언어로 통역하는 릴레이통역 등의 여러 통역방법을 이용하여 업무를 수행한다.

📨 진출 방법

국제회의통역사가 되기 위해 특별한 조건이 있는 것은 아니지만, 통번역대학원에서 석·박사 학위를 취득한 사람이 유리하다. 전공 및 연령과는 상관없이 대졸 이상의 학력이면 통번역대학원에 입학할 수 있는 자격을 갖추게 되지만, 일부 인기 있는 대학원의 경우 입학 경쟁률이 매우 치열하다. 대학원에서의 교육을 통해 다양한 통역방법을 이용하여 실무를 경험해 볼 수 있으며, 정치, 경제, 역사, 문화 등 다양한 방면에서 실무적 지식을 쌓을 수 있다.

💬 ✈ 관련 직업

#통역사

💡 적성 및 흥미   ● ● ●

국제회의 통역이라는 업무 특성상 경제, 정치, IT, 문화, 의학 분야 등 전문적인 지식이 요구되는 분야로 해당 분야에 대한 고도의 전문적인 지식과 지적 호기심이 요구된다. 통역 도중 언제든 돌발 상황이 발생할 수 있으므로 집중력과 순발력이 뛰어난 사람에게 더 적합한 일이다. 또한, 우리말의 정확한 표현이나 어휘력도 요구된다. 많은 사람을 상대하기 때문에 외향적인 사람에게 적당하며, 항상 다방면의 지식을 습득하고 새로운 것을 배우려는 능동성, 스트레스 감내성, 적응성의 성격을 지닌 사람에게 유리하다.

학교생활을 하는 동안 외국어 구사 능력뿐 아니라 우리말을 정확하게 표현하고 전달하는 능력을 기르기 위해 노력해야 하며, 다방면으로 폭넓은 지식을 쌓을 수 있도록 항상 국제적 이슈에 관심을 가지고 다양한 종류의 서적을 읽도록 해야 한다. 독서토론, 국제사회 연구, 외국어 연구 등과 같은 전공 관련 동아리활동이나 진로활동에 적극 참여하여 리더십, 순발력, 협업, 문제해결능력, 의사소통능력 등을 드러내는 것이 중요하다. 또한, 학문 영역 간의 전이능력과 자유로운 사고능력, 열린 사고를 가지고 유연하게 소통할 수 있는 창의적인 역량을 갖출 수 있도록 해야 한다.

네이미스트

직업 소개

네이미스트는 브랜드의 중요성이 높아짐에 따라 생겨난 새로운 직종으로 기업명이나 도메인, 상표, 인명 등 전문적으로 이름을 짓는다. 주로 기업의 제품, 서비스 등 브랜드 이름을 짓는다. 만들어야 할 브랜드의 제품 특성과 정확한 타겟 소비자와 시장 상황 등을 파악한다. 또한, 상징 로고나 슬로건을 비롯해 전반적인 광고와 관련되어 있기 때문에 마케팅이나 광고 전략도 세워야 하며, 조사한 내용을 바탕으로 최고의 네이밍을 결정하기 위해 여러 개의 이름을 만들고 선별한다. 이 모든 요소를 고려하여 후보작과 같은 이름의 등록 여부를 검색한 후 최종 이름을 결정한다.

진출 방법

네이미스트가 되기 위해 요구되는 학력의 제한은 없지만, 전문대학이나 대학교에서 국문학이나 영어, 중국어, 일어 등 언어 관련학과나 문예창작학과를 졸업하는 것이 유리하다. 또한 문예창작학과를 전공한 뒤 카피라이터의 경험을 쌓아 네이미스트로 활약하는 사람도 많다. 대학 재학 중 네이밍 관련 업체가 시행하는 공모전에 응시하여 경험을 쌓는 것도 좋은 방법 중 하나다. 프리랜서 네이미스트로 활동할 수도 있으며, 공채나 특채를 통해 광고대행 업체에 채용될 수도 있다.

관련 직업

카피라이터

적성 및 흥미

언어에 대한 감각과 호기심이 많고 여러 분야에 걸쳐 다양한 지식을 가지고 있어야 한다. 사람이나 기업에 대한 특징을 잘 파악할 수 있는 예리한 통찰력과 순발력, 그리고 창조적이고 감각적인 언어구사능력이 요구된다. 각종 문헌과 매체를 통해 정보를 습득하고 네이밍 사례를 연구하는 태도도 중요하다. 창의적인 브랜드 이름을 지어야 한다는 것에 대한 스트레스가 많기 때문에 스트레스를 잘 극복할 수 있는 인내심과 스트레스 대처능력이 요구된다. 또한, 자신의 생각을 적극적으로 표현하는 것을 좋아하며 다양한 정보와 자료를 활용하여 새로운 지적 산물을 창출하는 창의적인 학생에게 유리하다.

평소 학교생활을 하는 동안 언어능력을 기르기 위해 예리한 관찰력으로 사회현상에 관심을 가지고 다양한 매체를 통해 정보를 습득할 필요가 있다. 독서, 문학, 토론, 문예창작, 신문 등 교내 동아리를 통해 창작의 기본이 되는 상상력과 함께 사회의 여러 현상에 대해 자기 나름의 해석을 할 수 있는 안목을 기를 필요가 있다. 또한 문학, 논리학, 심리학, 철학, 예술학, 과학 등 다양한 분야의 독서를 통해 기본적인 소양을 기르는 것이 매우 중요하다.

다문화언어지도사

🖥 직업 소개

다문화언어지도사는 다문화가정 자녀의 의사소통 문제를 평가하여 적절한 언어발달을 지원하고 교육을 제공하는 업무를 수행한다. 다문화지원센터의 언어교실에서 업무를 수행하거나, 검사도구와 교구를 지참하여 아동이 있는 집으로 직접 방문하기도 한다. 해당 부모와 상담하고 언어평가를 실시하여 언어평가 검사보고서를 작성하며, 검사결과를 바탕으로 언어발달 지원을 위한 중장기 수업계획서를 작성한다. 언어발달 지체가 있을 경우에는 출생배경이나 언어 환경 등 원인을 분석하는 동시에 현재 언어수행 수준이나 결함의 원인에 대해 분석한다. 또한 부모에게 아동의 언어발달을 촉진할 수 있도록 교육방법을 제공하기도 하며, 아동이 학교생활을 원만하게 적응할 수 있도록 지도 및 상담한다.

✈ 진출 방법

전문 평생교육원에서 관련 교육과정을 이수한 후 한국어 교원 자격증을 취득하거나, 관련학과를 졸업하고 시험에 응시하여 언어치료사 자격증을 취득해야 한다. 이 경우, 다문화가족지원센터와 지역 보육시설 등에서 활동할 수 있다. 사회복지사가 건강가정사나 보육교사 자격증을 획득하여 다문화 언어지도사로 활동하는 경우도 있다.

♥ ○ ◁ 관련 직업

(# 한국어강사)

🪪 관련 자격

언어재활사   언어발달지도사

언어장애전문가   다문화전문가

💡 적성 및 흥미 ● ● ●

다문화가정에 대한 관심이 있어야 하며, 한국어 능력 및 언어 교육방법에 대한 전문적 지식이 요구된다. 또한 차이와 다양성을 인정하고 세상의 관념에 끊임없이 의문을 가지며 통찰할 필요가 있다. 다양한 문화권의 역사, 생활양식, 문화, 언어 등 문화 전반에 대한 관심이 많아야 한다. 다양한 문화를 가진 사람들과 많은 시간을 함께해야 하므로 타인에 대한 배려, 자기통제능력, 적응성 및 사회성을 지닌 사람에게 유리하다.

평소 다문화가정에 대한 이해도를 높이기 위해 관련 서적이나 인터넷 등 다양한 매체를 활용하여 다문화가정의 문제점이나 해결방안 그리고 다문화가정 지원정책에 대해 관심을 가지고 조사·정리해보는 적극적인 태도를 지닐 필요가 있다. 다문화 연구, 사회적 소수자 등 관련 교내 동아리활동에서 자료를 조사, 발표하는 등 적극적인 태도를 드러내야 한다. 더불어 언어학과와 관련이 있는 국어, 외국어, 사회 등 교과의 학업성취를 올릴 수 있도록 하고, 수업시간에 적극 참여하여 학업 역량, 문제해결능력, 통합적 사고력 등이 학교생활기록부 교과 세부능력 및 특기사항에 기록될 수 있도록 한다. 또한, 전공 관련 다양한 진로활동을 통해 언어발달을 촉진할 수 있는 교육방법 등에 대한 적극적인 관심을 드러내야 한다.

드라마작가

직업 소개

드라마작가는 텔레비전 드라마에 필요한 대본을 창작하고 글을 쓰는 일을 담당한다. 작품을 통해 전달하고자 하는 메시지를 분명히 하고, 드라마의 소재와 주제를 설정한다. 내용에 따른 역사적 현실이나 사건의 과정 등을 통해 조사, 분석하여 작품의 줄거리를 구상한다. 극의 사건과 갈등을 표현할 등장인물을 결정하고 공간과 시간을 구체적으로 설정하며, 드라마를 전개하는데 필요한 대사와 동작, 인물과 사건 등을 구상해 스토리를 창작한다. 드라마의 간단한 줄거리 또는 개요를 담은 시놉시스를 작성하는데, 이는 연출자와 배우캐스팅 등 다양한 곳에 참고하여 사용된다.

적성 및 흥미

✔ 관찰력

✔ 문장력

✔ 인간관계

인간과 사물에 대한 예리한 관찰력과 호기심, 그리고 관찰한 것을 글로써 잘 표현해낼 수 있는 문장력과 언어감각능력이 요구된다. 제작사, 출연자, 감독, 방송연출자 등 다양한 사람들과 일을 하면서 갈등과 타협을 자주 경험하게 되기 때문에 이들과의 원만한 인간관계를 형성할 수 있는 능력이 요구된다. 항상 새롭고 창의적인 아이디어를 도출해 내야 하는 스트레스를 극복할 수 있는 인내심과 이에 대한 대처능력이 요구되며, 아이디어를 명확한 논리와 탁월하고 풍부한 감성으로 문장화할 수 있는 능력이 필요하다.

언어연구, 독서토론, 문화예술, 논술, 신문, 문예 등의 교내 동아리활동에서 언어·인문학과 관련된 내용을 다양한 매체를 통해 조사·정리하여 발표하는 등 전공 관련 활동에 적극적으로 참여했다는 사실을 드러내야 한다. 멘토-멘티 활동, 나눔 활동, 학급활동 등과 같이 학교교육계획에 의해 진행되는 자율활동, 봉사활동, 행사활동에 주도적으로 참여하여 발전가능성, 나눔과 배려, 의사소통능력, 협업능력, 비판적 사고력 등을 보이는 것이 중요하다.

관련 직업

시나리오작가

진출 방법

드라마작가가 되기 위해 요구되는 학력의 제한은 없지만, 전문대학이나 대학교의 문학 및 언어 관련학과를 졸업하는 것이 유리하다.

한국방송작가협회의 드라마작가 연수 프로그램, 각 언론사 방송문화원의 드라마작가반 등에서 방송작가가 되기 위한 교육과 훈련을 받을 수 있다. 각 방송사 및 작가협회 등에 개설된 아카데미를 통해 방송작가 양성반 교육이 활성화되면서, 그 과정을 수료한 학생들이 공모전이나 다양한 경로를 통해 드라마작가로 데뷔하는 경우가 많다.

번역가

🖥 직업 소개

번역가는 외국어로 쓰인 문서, 전문 서적 등을 우리말로 옮기거나 또는 우리말을 외국어로 옮기는 작업을 전문적으로 한다. 번역에 필요한 용어나 사회적·문화적 배경 등 번역에 필요한 내용을 수집하고, 원문을 연구하여 본래의 사상과 감정을 그대로 살려서 쓴다. 번역된 내용을 수정·보완하고 교정 작업을 거쳐 최종 완성본을 만든다. 번역의 종류에는 문학번역, 영상번역, 전문서류번역 등이 있다.

💡 적성 및 흥미 ● ● ●

번역가는 높은 어학수준과 문장력과 창의적인 표현력, 외국어에 대한 흥미가 있어야 하며, 외국문화와 정서에 대한 관심을 바탕으로 정치, 경제, 역사 등 전문 영역에 대한 해박한 지식이 있어야 한다. 완성도 높은 번역을 위해 차분하고 꼼꼼한 성격, 끈기와 인내심이 요구된다. 또한 우리 문화를 적극 홍보하고 우리 문화와 상대방 문화를 융합하는 것에 관심이 많으면 좋다. 예술형과 탐구형의 흥미를 가진 사람에게 적합하며 독립성, 책임감 등의 성격을 가진 사람들에게 유리하다.

기본적으로 외국어에 관심을 가지고 다양한 분야의 독서활동을 통해 기초지식을 쌓을 수 있도록 하고, 해당 국가의 문학과 언어에 대한 심도 있는 소양을 갖출 수 있도록 노력할 필요가 있다. 언어학, 역사학, 정치 경제학, 철학, 사회문화학 등 관련 학문에 관심을 가지고 다양한 매체를 통해 탐구하여 학교생활기록부 교과 세부능력 및 특기사항에 기록될 수 있도록 해야 한다. 또한 독서 토론, 사회문화 연구, 신문, 언어 연구 등 관련 교내 동아리에서 언어 인문학과 관련된 자료를 조사하여 발표하는 등 전공 관련 활동을 주도적으로 하여 의미 있는 역할을 드러내는 것이 중요하다.

❤ 〇 ◁ 관련 직업

인문번역가 # 경영·경제번역가
과학기술번역가 # 영어번역가
일어번역가 # 중국어번역가
러시아번역가 # 독일어번역가
스페인어번역가 # 불어번역가
초벌번역가 # 전문번역가
게임번역가 # 지식재산번역가

🪪 관련 자격

외국어번역능력인정시험 1, 2, 3급의 민간자격

번역능력인정시험 1, 2, 3급의 민간자격

🖋 진출 방법

번역가는 프리랜서로 활동하는 경우가 많고 전문번역회사, 일반 기업체, 출판사 등에 입사할 수 있다. 번역 작업을 알선하는 에이전시의 회원으로 가입하여 업무를 맡거나 기타 개인적인 인맥을 통해 번역을 의뢰받기도 한다. 번역가는 대부분 프리랜서로 활동하는데, 특별한 경우에는 번역의뢰를 한 회사에 일정 기간 동안 머물면서 번역작업을 한다. 대기업, 공공기관 등에서는 서류전형, 면접 및 필기시험 등을 통해 번역 업무 담당자를 채용하기도 한다.

사이버평판관리자

직업 소개

사이버평판관리자는 온라인상에서 개인이나 기업과 관련된 사람들의 평가나 만족·불만족 내용과 같은 평판을 감시한다. 누군가가 의도적으로 만들어낸 좋지 않은 내용인 악성 평판을 해결하기도 한다. 평판과 관련된 의견을 모으거나, 좋지 않은 내용이 인터넷에 퍼지기 전에 미리 대응할 수 있도록 자료를 수집하는 일을 하면서 평판을 체계적으로 관리한다. 또한 기업에 대한 나쁜 평판에 관해 체계적이고 조직적으로 대응하여 좋은 평판을 얻기 위한 방안을 찾는다.

적성 및 흥미

✔ 호기심

✔ 논리적

✔ 사고력

사이버평판관리자는 평소 글쓰기를 매우 좋아하고 새로운 것에 대한 호기심이 많으며 논리적이고 합리적인 사고를 한다. 또한 SNS로 소통하는 것을 즐기며, 사회현상에 대해 깊이 있게 탐구하고 누군가의 위기에 대응하기 위해 남들과는 다른 시각으로 세상을 바라보고 해석하는 창의적인 작업을 좋아한다. 수많은 사람의 생각에 영향을 줄 수 있어야하므로 다양한 사람들과 원활하게 소통하고 타협하는 의사소통능력과 대인관계능력이 중요하다. 스토리텔링 능력, 프로그래밍 능력, 기획력이 있어야 하며 미디어에 대한 이해와 통합적 사고력, 직관력 및 다양한 분야에 대한 전문적인 지식이 요구된다.

언어학과 관련이 있는 국어, 영어, 제2외국어, 사회 교과의 학업성취를 올릴 수 있도록 하고 수업시간에 주도적으로 참여하여 학업 역량, 발전가능성, 전공적합성, 문제해결능력 등이 학교생활기록부 교과 세부능력 및 특기사항에 기록될 수 있도록 노력해야 한다. 또한 비판적 사고와 합리적 의사소통능력 및 융합적 사고능력의 향상을 위해 전공 관련 진로활동에 적극적으로 참여하여 자신의 진로개발 역량을 키울 것을 권장한다.

관련 직업

\# 소셜 미디어 분석가

\# 미디어 분야의 직업인

\# 미디어 콘텐츠 창작자

진출 방법

사이버평판관리자가 되기 위해서는 국어국문학과, 언론홍보, 마케팅, 미디어 관련학과를 전공하면 업무 수행에 도움이 된다.

프랜차이즈 기업, 개인 및 공인, 대기업 및 브랜드가 주 고객층이기 때문에 사이버 평판 전문 업체와 기업 내 홍보 마케팅팀에서 근무할 수 있다. 기업 평판 관리, 기업 이미지 관리, 위기관리 및 홍보 관련 업체에서 활동하게 된다. 법률회사나 대기업 위주로 위기가 일어났을 때 적절한 대응 절차나 시스템을 세우고, 법적 소송 등에 대비할 수 있는 인력을 필요로 하고 있다.

09

소설가

💻 직업 소개

소설가는 소설의 주제를 결정하고, 그 주제를 가장 효과적으로 나타낼 수 있는 소재들을 찾아 적절하게 구성하여 예술적으로 표현함으로써 이를 형상화시킨다. 선택된 주제, 자연 및 인생 등 여러 현상을 작가의 주관적인 시각을 통하여 재조명하고 정리한다. 다양한 소재 발굴을 위해 취재를 하거나, 많은 사람들과의 접촉을 통해 정보를 수집하고 창작에 반영한다. 또한 소설의 줄거리나 등장인물을 결정하고 등장인물의 성격, 심리묘사, 사회적 배경, 줄거리 전개 등을 구상하여 작품을 쓴다. 다양한 소재와 시대적 배경을 다루는 작가가 많지만 역사, 애정, 공상과학, 추리 등 특정 분야를 전문적으로 쓰는 작가들도 있다. 출판사, 신문사, 문예지, 문학상을 통해 등단하기도 하고 출판을 위해 저술하거나 잡지 등의 정기간행물에 연재하기도 한다.

💡 적성 및 흥미 ● ● ●

인간과 사물에 대한 관찰력과 호기심을 바탕으로 글로써 잘 표현해낼 수 있는 문장력, 통찰력, 언어감각, 그리고 창의력이 요구된다. 항상 새로운 아이디어를 생산해야 하는 스트레스를 잘 견디어낼 수 있는 인내심과 대처능력이 필요하다. 예술형과 탐구형의 흥미를 가진 사람에게 적합하며 혁신, 성취, 독립성 등의 성격을 가진 사람들에게 유리하다.

학교생활을 하는 동안 평소 사색, 글쓰기 연습을 하며 여러 경험을 쌓고, 다방면으로 폭넓은 지식을 쌓을 수 있도록 다양한 종류의 서적을 읽도록 해야 한다. 언어학, 역사학, 정치학, 경제학, 철학, 사회문화학 등 관련 학문에 관심을 가지고 다양한 매체를 통해 탐구하여 학교생활기록부 교과 세부능력 및 특기사항에 기록될 수 있도록 해야 한다. 언어 연구, 문화예술, 논술, 신문, 문예, 독서토론 등의 교내 동아리활동에서 언어·인문학과 관련된 내용을 다양한 매체를 통해 조사하여 발표하는 등 전공 관련 활동에 자기주도적으로 참여했다는 사실을 드러낼 필요가 있다.

❤ 💬 ➤ 관련 직업

(# 시인) (# 방송작가) (# 구성작가)
(# 영화시나리오작가) (# 평론가)
(# 카피라이터) (# 번역가) (# 통역가)

➤ 진출 방법

소설가가 되기 위해 정해진 준비방법이 있는 것은 아니지만, 대학의 국어국문학과, 문예창작학과 등에서 관련 교육을 받으면 소설을 쓰는데 많은 도움을 받을 수 있다. 다양한 작품과 작가를 분석하게 되고 습작훈련을 통해 문장력, 표현력, 통찰력 등을 기를 수 있다. 소설가의 경우 일간지의 신춘문예 당선, 출판사나 문학잡지 등의 공모전 당선 혹은 개인 창작집 발표 등을 통해 등단할 수 있다. 요즘은 온라인 글쓰기 플랫폼을 통해 작품을 연재한 다음 책을 발간하는 소설가도 늘고 있다.

시인

직업 소개

시인은 선택된 주제, 자연, 인생 등 여러 현상에 대한 인간의 사상과 감정을 함축적인 시어로 표현한다. 글을 쓰기 위해서는 먼저 주제를 결정한다. 그 주제를 가장 효과적으로 나타낼 수 있는 소재들을 찾아 적절하게 구성하고, 작가의 주관적이고 독특한 시각으로 관찰하여 예술적으로 표현한다. 그리고 다양하고 현실성 있는 소재 발굴을 위해서 취재를 하거나, 다양한 사람들과의 만남을 통해 정보를 수집하고 창작에 반영한다. 신문사, 출판사, 문예지, 문학상, 인터넷을 통해 등단하고 각종 문예지에 기고하거나 창작시집을 발간한다.

적성 및 흥미

✔ 통찰력

✔ 문장력

✔ 창의력

평소 독서와 사색, 글쓰기 연습을 하고 다양한 경험을 쌓는 것이 필요하다. 그리고 인간과 사물에 대한 세밀한 관찰력과 지적 호기심, 관찰한 것을 간결하고 함축된 글로써 잘 표현해낼 수 있는 문장력, 창의력 및 언어감각이 요구된다. 항상 새로운 아이디어를 생산해야 하는 스트레스를 잘 견디어낼 수 있는 인내심, 대처능력 및 통찰력이 필요하다. 또한 아이디어를 명확한 논리와 풍부한 감성으로 문장화할 수 있는 능력을 갖추고 있어야 한다. 예술형과 탐구형의 흥미를 가진 사람에게 적합하며, 독립성, 혁신, 분석적 사고 등을 가진 사람들에게 유리하다.

언어 연구, 문화예술, 논술, 신문, 독서토론 등의 교내 동아리활동에서 언어·인문학과 관련된 내용을 조사·정리하여 발표하는 등 전공 관련 활동에 주도적으로 참여했다는 사실을 드러내야 한다. 또한 문학, 심리학, 역사, 철학, 예술학, 과학, 경제 등 다양한 분야의 독서를 통해 기본적인 소양을 기르는 것이 매우 중요하다.

관련 직업

\# 소설가   \# 방송작가

\# 영화시나리오작가   \# 평론가

\# 카피라이터   \# 번역가   \# 통역가

진출 방법

시인이 되기 위해 요구되는 학력의 제한은 없지만, 전문대학이나 대학교의 문예창작, 국문학 관련학과를 졸업하는 것이 유리하다.

관련학과에 진학하면 다양한 작품과 작가를 분석하게 되고 습작훈련을 통해 문장력, 표현력, 창의력 등을 기를 수 있다. 또한 함께 시를 공부하는 동료 및 선후배 등과의 학문적 네트워크를 통해 시인으로 성장하는데 도움을 받을 수 있다. 문학작가의 경우 일간지의 신춘문예 당선, 전문지의 추천, 문학잡지, 출판사 등의 공모전 당선 등을 통해 등단함으로써 될 수 있다

언어학연구원

💻 직업 소개

언어학연구원은 과학적 연구방법을 통해 특정 집단이 사용하는 언어나 언어집단의 구조, 변천 및 발달과정을 체계적으로 연구한다. 고어와 현대어의 비교 및 연구를 통해 언어의 기원, 진화, 구조를 연구한다. 이를 바탕으로 언어의 기원에 따라 고대 및 현대의 불명료한 언어를 분류하고 조사한다. 특정 언어나 언어집단의 비교 연구를 통해 단어와 어휘, 문장구조의 기원 및 변천을 조사하고 음운론, 형태론, 의미론, 문법, 단어 및 언어구조의 특성을 연구한다. 자신의 전문성을 키우기 위해 끊임없이 새로운 이론을 배우고 연구방법을 익혀 미래 사회가 요구하는 역량을 키우기 위해 노력해야 한다.

❤ 〇 ◁ 관련 직업

역사학연구원　# 인공지능전문가
정치학연구원　# 경제학연구원
사회학연구원　# 지리학연구원
행정학연구원　# 법학연구원
심리학연구원　# 임학연구원
언어학자　# 철학연구원
환경 및 해양과학연구원

💡 적성 및 흥미　● ● ●

인간에 대한 관심, 언어에 대한 감각과 호기심을 가지고 있어야 한다. 언어에 대한 전공 지식 외에도 문학, 사학 등에 대한 해박한 지식이 요구된다. 다른 학문과의 연계를 통한 연구와 분석적 연구가 많이 이루어지므로 항상 새로운 연구 주제를 탐색하는 능력이 필요하다. 즉 연구 활동을 넓힐 수 있도록 예리한 통찰력, 창의적이고 분석적이며 논리적 사고 능력을 길러야 한다. 탐구형, 진취형, 사회형의 흥미를 가진 사람에게 적합하고, 독립성, 분석적 사고, 창의성, 개방성, 꼼꼼함 등의 성격을 가진 사람들에게 유리하다.

전공 서적이 영어 및 외국어로 이루어져 있는 경우가 많기 때문에 평소 학교에서 생활하는 동안 외국어 공부에 대한 즐거움과 호기심을 가지고 외국어 능력 향상을 위해 노력할 필요가 있다.

✈ 진출 방법

언어학연구원이 되기 위해서는 대학교를 졸업하고, 대학원에 진학하여 언어학 관련 분야의 석사 또는 박사 학위를 취득하는 것이 유리하다. 공채나 특채를 통해 대학교수나 기타 언어학 관련 연구소 즉, 언어연구교육원, 국립국어원, 언어연구소의 언어학연구원으로 진출하거나 언어치료 등의 직종에 종사할 수 있다. 또한 기업체 및 민간 기관인 통역회사, 번역회사, 국내외 언어교육원, 한국어 교육관련 업체, 교육기관, 출판사, 국제언어 교류분야 등에 진출할 수 있다. 최근 들어 기호논리학 및 언어학과 인공지능기술의 융합이 활성화되어 언어학연구원의 수요가 증가할 것으로 전망된다.

영화시나리오작가

직업 소개

영화시나리오작가는 영화 제작을 위해 작품의 주제를 선정하고, 주제에 따라 등장인물의 성격 및 시대적 배경, 장소, 스토리에 포함될 사건 등을 결정하고 전반적인 시놉시스를 그린다. 또한 주제 내용에 따른 역사적 현실이나 사건의 과정 등을 조사, 분석하여 작품의 줄거리를 구상한다. 그리고 각 장면의 특징에 따라 인물의 표정, 조명, 음향, 동작 등을 고려하여 시나리오를 작성한다. 문학 작품, 희곡 등을 선정하여 시나리오(대본) 형태로 재작성한다. 영화제작자, 연출가 등과 함께 작품의 내용을 협의하고 수정하며 다른 대본작가가 쓴 시나리오를 다시 재구성하기도 한다.

적성 및 흥미

✔ 관찰력
✔ 문장력
✔ 인내심

인간과 사물에 대한 세밀한 관찰력과 호기심, 그리고 관찰한 것을 글로써 잘 표현해낼 수 있는 문장력과 언어감각이 요구된다. 항상 새로운 아이디어를 생산해야 하는 스트레스를 잘 견디어낼 수 있는 인내심과 대처능력이 요구되며, 아이디어를 명확한 논리와 풍부한 감성으로 문장화할 수 있는 능력이 필요하다. 연출을 통해 시각적으로 보이는 작품을 쓰기 때문에 작가의 영상감각도 요구된다. 현실형과 예술형의 흥미를 가진 사람에게 적합하다.

영화산업 연구, 언어 연구, 독서토론, 문화예술, 논술, 신문, 문예 등의 교내 동아리활동에서 영화 및 작가와 관련된 내용을 다양한 매체를 통해 조사하여 발표하는 등 전공 관련 활동에 적극적으로 참여였다는 사실을 드러낼 필요가 있다. 또한 문학, 심리학, 역사, 철학, 예술학, 과학, 경제, 정치 등 다양한 분야의 독서를 통해 기본적인 소양을 기르는 것이 중요하다.

관련 직업

\# 방송작가   \# 평론가
\# 게임시나리오작가   \# 시인
\# 카피라이터   \# 극작가   \# 소설가

진출 방법

영화시나리오작가가 되기 위해 요구되는 학력의 제한은 없지만, 전문대학이나 대학교의 문학 관련학과를 졸업하는 것이 유리하다.

즉, 국어국문학과, 문예창작학과 등에서 공부를 하면 많은 도움을 받을 수 있다. 평소 호기심을 가지고 독서와 사색, 글쓰기 연습을 하며 다양한 경험을 쌓는 것이 필요하고, 무엇보다 영화를 좋아하고 영화 제작에 대한 기본적인 지식과 이해가 뒷받침되어야 한다. 영화 시나리오 작성 방법은 영화아카데미, 관련 협회 등 사설학원에서도 교육을 받을 수 있다.

13 출판물전문가

직업 소개

기획과 편집에 관련된 일과 기획안을 바탕으로 책을 제작하는 일 그리고 홍보 및 마케팅 등으로 나뉜다. 다양한 조사 등을 통해 독자의 욕구에 맞게 출판물의 내용과 출판시장 상황 등을 파악한다. 그리고 독자가 원하는 주제를 발굴하기 위해 다양한 조사와 연구를 수행하며 타 출판물과의 차별성, 시장성 및 최근 경향을 고려해 출판물 기획안을 작성한다. 작가를 섭외하고 집필된 원고를 검토하며, 내용상 필요한 그림이나 삽화, 사진 등을 수록하기 위해 미술가나 사진가와 업무 협의를 한다. 출간 이후의 홍보 및 시장성을 고려한 판매 방법 등을 타협하여 마케팅 전략을 수립한다.

적성 및 흥미 ● ● ●

출판환경에 대한 이해와 책에 대한 애정, 무엇보다 출판물 제작과정에 대한 이해가 필요하다. 다양한 책을 보고 직접 책을 기획해 보는 등 다양한 경험을 쌓는 것도 중요하다. 독창성과 창의력이 필요하며, 꼼꼼하고 섬세한 성격이 요구된다. 출판물의 표지뿐만 아니라 편집 등에 대한 감각을 키워야하므로 많은 경험을 하는 것이 중요하다. 인쇄 및 배포 일정에 맞춰 작업이 급하게 진행되는 경우도 있으므로 시간관리능력이 중요하다.

독서토론, 문학연구, 문화예술, 우리말 연구, 문예, 논술 등의 교내 동아리활동에서 인문학·언어와 관련된 내용을 탐색하고 정리한 후 발표하는 등 적극적인 태도를 드러낼 필요가 있다. 나눔과 배려, 문제해결능력, 경험의 다양성, 통찰력, 자기주도성, 관계지향성, 책임감 등이 학교생활기록부에 기록될 수 있도록 성실하게 학교생활을 하는 것을 권장한다. 또한 인문학, 철학, 언어학, 사회학, 문학 등 인문학적 소양을 갖출 수 있도록 폭넓은 분야의 독서를 할 수 있도록 해야 한다.

관련 직업

평론가 # 번역가 # 편집장
카피라이터 # 방송작가 # 소설가
출판물기획자 # 출판마케터 # 작가
만화출판기획자 # 출판물편집자

관련 자격

전자출판기능사(국가기술)

진출 방법

출판물전문가가 되기 위해서 반드시 관련학과를 전공해야 하는 것은 아니다. 일반적으로는 국문학과 및 어문계열 전공자들이 유리한 편이다. 책이 출간되는 전반적인 과정에 대한 지식을 요구하기 때문에 출판사 입사 후 관련 업무를 어느 정도 담당하며 일정 기간 경력을 쌓는 것이 필요하다. 비전공자나 출판 관련 경력이 없는 사람의 경우, 관련 협회의 아카데미나 문화센터 프로그램 등을 통해서 출판기획 및 편집에 관한 교육을 받으면 취업에 유리할 수 있다.

카피라이터

직업 소개

창의적인 아이디어나 감수성으로 광고물의 목적, 개념 등이 소비자에게 쉽게 기억될 수 있도록 언어적 표현 전략을 구상·수립하여 광고 문구나 문안을 작성하는 일을 담당한다. 광고물의 이미지 제고, 판매신장 등을 파악하고 전략회의를 통해서 개념을 정교화한다.

광고기획자, 광고그래픽디자이너 등과 함께 광고제작에 대한 전략을 구상하고 협의한다. 또한 상품 및 용역에 대한 시장조사, 소비자 성향조사, 광고 경향조사 자료 등을 분석·검토하여 광고 표현 전략을 수립하고 광고 전략에 따라 광고문 안을 작성한다.

관련 직업

시인　　# 출판물전문가

소설가　　# 평론가　　# 영화시나리오작가

작사가　　# 번역가　　# 방송작가

적성 및 흥미

✅ 창의력

✅ 융합적사고

✅ 대처능력

아이디어를 명확한 논리, 풍부한 감성 및 창의력으로 문장화할 수 있는 능력은 물론 소비자들이 추구하는 가치관이나 시대적 흐름을 파악하고 분석할 수 있는 능력이 요구된다. 항상 새로운 아이디어를 생산할 수 있도록 혁신적인 사고와 융합적 사고를 갖도록 노력해야 하며, 이에 대한 스트레스를 잘 견디어낼 수 있는 인내심과 대처능력 그리고 리더십이 필요하다. 외국의 상품광고, 외국어, 마케팅, 소비자 심리, 문화 등 다양한 분야의 지식과 폭넓은 상식이 요구된다. 탐구형과 예술형의 흥미를 가진 사람에게 적합하다.

언어학, 심리학, 철학, 사회학, 인문학 등 폭넓은 분야의 독서를 통해 기본적인 소양을 기르도록 한다. 또한 학교 교육계획에 의해 진행되는 학급활동, 봉사활동, 자율활동, 체험활동에 적극 참여하여 나눔과 배려, 의사소통능력, 문제해결능력, 인성 등을 드러낼 수 있도록 해야 한다. 문학·언어와 관련이 깊은 국어, 외국어 교과 내에서 전공과 관련된 활동에 적극 참여하고 확장·심화된 탐구주제를 통해 자신의 역량이 드러날 수 있도록 노력할 것을 권장한다.

진출 방법

카피라이터가 되기 위해서는 광고대행업체에 소속되는 방법과 프리랜서로 활동하는 방법이 있다.

한국방송광고진흥공사에서 주관하는 광고교육원의 교육과정이나 사설학원에서 카피라이팅을 배울 수 있다. 보통 공채와 특채를 통해 채용될 수 있으며, 각 광고 공모전의 입상 경력이 있으면 취업 시 매우 유리하다. 보통 대형 광고회사나 기업체의 광고부서, 이벤트 기획사, 홈쇼핑회사, 방송국, CF 프로덕션 등 광고 판촉을 필요로 하는 모든 다양한 분야에서 일할 수 있다.

15 평론가

🖥 직업 소개

문학 작품이나 미술, 음악, 영화, 연극 등 문화예술 작품의 가치를 평가하고, 방송 또는 출판을 위한 평론을 작성한다. 음악연주회, 미술전람회, 연극공연 등에 참석하여 작품을 검토한다. 예술작품의 주제, 표현, 기술 등의 요인을 분석한 다음, 개인의 해박한 지식과 경험을 바탕으로 판단을 내린 후 근거를 통해 작품에 대한 평론서를 작성한다. 신문이나 전문 잡지에 칼럼을 쓰거나 논평을 하고 방송 인터뷰 등에 응하기도 한다.

💡 적성 및 흥미　● ● ●

평론의 기본 원리와 평론의 대상이 되는 영역에 대한 폭넓은 지식을 가지고 있어야 한다. 예술작품에 대한 자신의 논평을 논리적, 체계적으로 표현하고 의사소통할 수 있는 능력이 요구된다. 예술형과 탐구형의 흥미를 가진 사람에게 적합하며, 독립성, 통합적 사고, 분석적 사고, 꼼꼼함, 자율성 등의 성격을 가진 사람들에게 유리하다.

인문 고전 토론, 문학 작품, 문화 탐구, 독서, 언어 연구, 사회문제 탐구 등과 같은 교내 동아리에서 진로와 관련된 내용을 조사·정리하여 발표하는 적극적인 태도를 보이는 것이 중요하다. 학교 수업 활동을 통해 학업 역량, 문제해결능력, 자기주도성, 학업에 대한 열의 등이 학교생활기록부 교과 세부능력 및 특기사항에 기록될 수 있도록 한다. 또한 진로관련 다양한 진로활동에 참여하여 성장·변화된 모습과 느낀 점을 중심으로 자신의 진로개발 역량을 강화하도록 한다. 학교교육계획에 의한 봉사활동, 체험활동, 자율활동에 적극 참여하여 공동체로서 함께 나눔과 배려를 실천하는 모습을 보이고, 학교생활 내에서 자신의 역량을 최대한 드러낼 수 있도록 노력할 것을 권장한다. 더불어 인문학, 철학, 사회학, 역사학, 문학, 예술학 등 폭넓은 독서를 통해 사고하는 힘을 기르도록 한다.

❤ 💬 ✈ 관련 직업

`# 문학평론가`　`# 연극평론가`
`# 음악평론가`　`# 무용평론가`
`# 대중문화평론가`　`# 영화평론가`
`# 미술평론가`

✈ 진출 방법

평론가가 되기 위해서는 대학교의 국문학이나 미술학과, 대중음악과, 영화학과 등 관련학과를 졸업하는 것이 유리하다. 해당 분야만을 전문적으로 평론하기 때문에 해당 분야를 끊임없이 연구하거나 집필 및 방송활동을 하다가 평론가로 입지를 다지는 경우가 많다. 또한 해당 전공분야의 대학 교수로 근무하거나 신문, 잡지 등을 통해 칼럼을 쓰거나 전문 서적의 출판을 통해 평론가로 활동할 수 있다.

국어국문학과

한국문화와 정신사의 근간을 이루는 한국어 및 한국문학에 대한 소양을 확충하고, 이를 토대로 새로운 문화를 창조할 수 있도록 교육하는 학과이다.

한국어 및 한국문학 자료를 자유롭게 감상하고 분석하는 능력을 기르며, 언어 이론 및 문학 이론에 근거해 한국어와 한국문학을 분석하고 탐구하여 다양한 장르의 문학 작품 창작자를 배양하는데 교육목표를 두고 있다. 우리말과 우리말로 된 문화유산을 연구하고, 한국문학을 세계적 수준으로 끌어올릴 수 있는 인재를 양성하는 학과이다.

개설 대학

가톨릭대학교, 건국대학교, 경기대학교, 경희대학교, 고려대학교, 단국대학교, 동덕여자대학교, 서울대학교, 성균관대학교, 성신여자대학교, 숭실대학교, 아주대학교, 연세대학교, 이화여자대학교, 인천대학교, 전남대학교, 전북대학교, 제주대학교, 중앙대학교, 충남대학교, 충북대학교, 한양대학교, 홍익대학교 등

관련 학과

국어국문학과	국어국문·한국어교육학과
글로벌지역학부	한국언어문화전공
문학영상학과	통상언어전공	국어국문전공
관광한국어학과	한국어문콘텐츠전공
한국어문학과	한국어문화학과
한국언어문화교육전공	한국언어문화전공
한국언어문화학과

고등학교 권장 선택과목 로드맵

교과 영역	선택과목	
	일반선택	진로선택
기초		실용 국어, 심화 국어, 고전 읽기, 영미 문학 읽기
탐구	한국지리, 세계지리, 동아시아사, 사회·문화, 생활과 윤리	여행지리, 사회문제 탐구, 고전과 윤리
체육·예술		
생활·교양	한문 I, 철학, 심리학, 논술	한문 II

졸업 후 진출 분야 및 직업

✏ 진출 분야

언어·민족·문화 관련 국가·민간연구소, 출판사, 광고기획사, 광고대행사, 신문사, 잡지사, 방송국, 한국교육학술정보원/한국고전번역원/한국언론진흥재단/한국출판문화산업진흥원 등 언어 관련 공공기관 등

✏ 진출 직업

광고·홍보전문가, 구성작가, 극작가, 기자, 네이미스트, 독서지도사, 방송기자, 방송연출가, 방송작가, 사서, 소설가, 스크립터, 시인, 신문기자, 아나운서, 애니메이션작가, 중등국어교사, 통번역가 등

노어노문학과

고급 러시아어 구사 능력을 갖추고 인문학의 심층적인 연구와 통섭적인 학습을 통한 전인교육의 완성을 바탕으로 21세기형 글로벌 전문 인재의 양성을 교육 목적으로 삼고 있다.

다문화적 국제환경에서 경제, 정치, 사회, 문화 등의 분야에서 활동할 실천적 인재 양성, 국제화 시대에 당면한 문제들에 대한 주체적 해결 및 갈등해소능력을 갖춘 전문가 양성을 교육목표로 삼고 있다.

졸업 후 진출 분야 및 직업

✎ 진출 분야

외국계 회사, 항공사, 일반계 회사의 해외 영업 마케팅, 호텔, 러시아 관련 학회 및 연구기관, 외교부/대사관/인천국제공항공사/한국국제협력단 등 러시아 관련 공공기관, 해외 및 통번역 관련 연구기관, 출입국관리사무소, 대한무역투자진흥공사, 한국관광공사, 중고등학교, 대학교 등

✎ 진출 직업

외교관, 무역담당자, 번역가, 언론인(기자, PD, 아나운서 등), 여행안내원, 인문과학연구원, 작가, 통역가, 출판물기획자, 교사, 대학 교수 등

개설 대학

경북대학교, 고려대학교, 부산대학교, 서울대학교, 연세대학교 등

관련 학과

노어과　노어노문학과　러시아어과　러시아어학과　러시아언어문화전공　러시아언어문화학과　러시아학과　외국어자율전공학부(러시아어전공)

고등학교 권장 선택과목 로드맵

교과 영역	선택과목	
	일반선택	진로선택
기초		실용 국어, 고전 읽기, 영미 문학 읽기
탐구	세계지리, 세계사, 사회·문화, 윤리와 사상	사회문제 탐구, 고전과 윤리, 여행지리, 생활과 과학
체육·예술	연극	
생활·교양	러시아 I, 논리학, 철학, 심리학, 논술	러시아 II

독어독문학과

독일어에 대한 기초적인 지식을 습득시킨다. 독일의 문화, 역사, 경제, 사회, 정치 등 독일에 대한 전반적인 상황을 다각도로 깊이 있게 연구하여 유럽문화에 정통한 전문인으로서 독일 및 서구 각국과의 업무를 유능하게 수행할 수 있는 전반적 지식을 제공한다는 교육 목적에 중점을 둔다.

유럽과 세계를 무대로 활동하는 독어독문학 인재와 매체학, 문화학, 문화사업 등에 대한 지식을 갖춘 문화 커뮤니케이터 그리고 독일어권 지역 전문가의 양성을 교육목표로 한다.

개설 대학

고려대학교, 서울대학교, 서울여자대학교, 성균관대학교, 숭실대학교, 연세대학교, 이화여자대학교, 인천대학교, 충남대학교, 한양대학교, 홍익대학교 등

관련 학과

독어독문화학과 | 독어학과 | 독일어과
독어독문전공 | 독일문화산업전공
독일문화전공 | 독일문화학과
독일어권지역학전공 | 독일어문·문화학과
독일어문학과 | 독일어문학전공
독일어통번역학과 | 독일언어문화학과

졸업 후 진출 분야 및 직업

 진출 분야

외국계 회사, 항공사, 일반계 회사의 해외 영업 마케팅, 호텔, 독일 관련 학회 및 연구기관, 외교부/대사관/인천국제공항공사/한국국제협력단 등 독일 관련 공공기관, 해외 및 통번역 관련 연구기관, 출입국관리사무소, 대한무역투자진흥공사, 한국관광공사, 중고등학교, 대학교 등

진출 직업

외교관, 무역담당자, 번역가, 언론인(기자, PD, 아나운서 등), 여행안내원, 인문과학연구원, 작가, 통역가, 출판물기획자, 교사, 대학 교수 등

고등학교 권장 선택과목 로드맵

교과 영역	선택과목	
	일반선택	진로선택
기초		실용 국어, 고전 읽기, 영미 문학 읽기
탐구	세계지리, 세계사, 사회·문화, 윤리와 사상	사회문제 탐구, 고전과 윤리, 여행지리, 과학사, 생활과 과학
체육·예술	연극	
생활·교양	독일어Ⅰ, 논리학, 철학, 심리학, 논술	독일어Ⅱ

동양어문학과

일본, 중국의 언어와 문학, 역사, 문화 등에 대한 폭넓고 다양한 교육을 통해 인문학 전반에 대한 이론을 탐구하고 실무를 습득하여 21세기 한중, 한일 양국 및 대외 우호관계에 기여할 글로벌 인재 양성을 목표로 한다.

중국어문학전공에서는 중국어의 체계적인 학습을 통해 수준 높은 언어구사력을 키우는 동시에 중국언어학, 문학, 문화, 예술에 대한 이론과 실제를 체계적인 커리큘럼에 따라 절차탁마한다. 일본어문학전공에서는 일본의 언어, 문화, 문학 등 일본학 전반에 걸친 전문 지식을 습득하여 동아시아의 공동번영에 기여할 전문인의 양성을 교육목표로 한다.

졸업 후 진출 분야 및 직업

진출 분야

외국계 회사, 항공사, 일반계 회사의 해외 영업 마케팅, 호텔, 외교부/대사관/인천국제공항공사/한국국제협력단 등 중국과 일본 관련 공공기관, 해외 및 통번역 관련 연구기관, 출입국관리사무소, 대한무역투자진흥공사, 한국관광공사, 중고등학교, 대학교 등

진출 직업

외교관, 무역담당자, 번역가, 언론인(기자, PD, 아나운서 등), 여행안내원, 인문과학연구원, 작가, 통역가, 출입국심사관, 출판물기획자, 교사, 대학 교수 등

개설 대학

가천대학교 등

관련 학과

말레이·인도네시아과   몽골어과

베트남어과   아랍어과   태국어과

고등학교 권장 선택과목 로드맵

교과 영역	선택과목	
	일반선택	진로선택
기초		실용 국어, 심화 국어, 영미 문학 읽기
탐구	한국지리, 세계지리, 세계사, 동아시아사, 사회·문화, 윤리와 사상	고전과 윤리
체육·예술		
생활·교양	중국어 I, 일본어 I	중국어 II, 일본어 II

말레이·인도네시아어과

인도네시아와 말레이시아를 주축으로 싱가포르와 브루나이를 포함하는 말레이 세계의 언어, 문학, 문화, 사회, 정치, 경제, 역사 등에 관한 학제 간 연구를 바탕으로 교육하고, 해외지역 연구에 필수적인 현지화 능력과 우수한 언어능력을 지닌 전문인 양성을 목표로 한다.

전공 언어 습득 이외에도 전공 지역에 대한 입체적인 학습을 병행하여 현지 지역전문가로서의 역량을 갖추도록 하고 있다. 또한 현지 기업체 현장실습 등과 같은 프로그램을 활용하여 언어와 지역 사정 그리고 현장에 대한 심층적인 학습을 통해 인도네시아, 말레이시아의 지역전문가로 성장할 수 있도록 한다.

졸업 후 진출 분야 및 직업

진출 분야

한국석유공사, 한국가스공사, 대우인터내셔널, STX에너지, 국민은행/우리은행/산업은행 등의 금융권, 외교부/대사관/인천국제공항공사/한국국제협력단 등 인도네시아 관련 공공기관, 해외 및 통번역 관련 연구기관, 출입국관리사무소, 대한무역투자진흥공사, 한국관광공사, 중고등학교, 대학교 등

진출 직업

외교관, 무역담당자, 번역가, 언론인(기자, PD, 아나운서 등), 여행안내원, 인문과학연구원, 작가, 통역가, 출판물기획자, 교사, 대학 교수 등

개설 대학

부산외국어대학교, 한국외국어대학교 등

관련 학과

말레이·인도네시아어통번역학과

인도네시아·말레이시아학과

고등학교 권장 선택과목 로드맵

교과 영역	선택과목	
	일반선택	진로선택
기초		실용 국어, 심화 국어, 영미 문학 읽기
탐구	한국지리, 세계지리, 세계사, 동아시아사, 사회·문화, 윤리와 사상	사회문제 탐구, 고전과 윤리, 여행지리, 과학사, 생활과 과학
체육·예술		미술 감상과 비평
생활·교양	말레이·인도네시아어	

문예창작학과

순수문학의 창작실기 및 이론연구에 중점을 둔다. 문학의 이론과 실기를 바탕으로 한국문학과 교육의 발전에 기여하고, 세계문학과 문화의 흐름을 주도할 진취적 문학인 양성에 교육 목적이 있다.

또한 동서의 고전에서 현대문학에 이르기까지 다양한 문학 장르의 섭렵뿐만 아니라, 창의적이고 독창적인 창작 역량을 제고시켜 훌륭한 문화예술인과 진취적 문학인의 양성에 교육목표를 두고 있다.

개설 대학

경기대학교, 계명대학교, 대진대학교, 명지대학교, 서울과학기술대학교, 우석대학교, 원광대학교, 한신대학교, 협성대학교, 순천대학교, 조선대학교 등

관련 학과

국어국문문예창작학부

디지털콘텐츠창작학과　문예창작과

문예창작비평학과　미디어문예창작학과

예술창작학부 문예창작전공

고등학교 권장 선택과목 로드맵

교과 영역	선택과목	
	일반선택	진로선택
기초		심화 국어, 실용 국어, 고전 읽기, 영미 문학 읽기
탐구	한국지리, 세계지리, 정치와 법, 사회·문화, 윤리와 사상	사회문제 탐구, 고전과 윤리, 여행지리, 과학사
체육·예술	연극	
생활·교양	철학, 심리학, 교육학, 논술	가정과학

졸업 후 진출 분야 및 직업

진출 분야

출판사, 광고기획사, 광고대행사, 기업 일반 사무직, 사설학원, 신문사, 잡지사, 방송국, 언어·문학 관련 국가·민간 연구소, 문화콘텐츠 관련 국가·민간 연구소, 한국교육학술정보원/한국고전번역원/한국언론진흥재단/한국출판문화산업진흥원 등 문학·문화 관련 공공기관 등

진출 직업

광고·홍보전문가, 구성작가, 극작가, 기자, 네이미스트, 독서지도사, 방송연출가, 방송작가, 번역가, 사서, 소설가, 스크립터, 시인, 인문과학연구원 등

베트남어과

베트남어 구사 능력과 베트남 지역학 지식을 바탕으로 국제교류 증진과 문화발전에 기여할 실무형의 베트남 지역전문인 양성을 교육목표로 두고 있다.

원활한 베트남어 소통능력으로 베트남 문화와의 비교 및 수용능력을 기르고, 베트남의 제도와 경제·정책의 이해 및 적용능력을 갖춘 인재를 양성하고자 한다. 또한 글로벌 봉사활동에 참여하여 베트남 현지에서 바로 적용할 수 있는 실무형 지역전문인을 길러내는 것을 교육 목적으로 삼고 있다.

 개설 대학

부산외국어대학교, 한국외국어대학교 등

 관련 학과

태국어통번역학과) (아시아언어문명학부

졸업 후 진출 분야 및 직업

 진출 분야

외국계 회사, 항공사, 일반계 회사의 해외 영업 마케팅, 호텔, 베트남 관련 학회 및 연구기관, 외교부/대사관/인천국제공항공사/한국국제협력단 등 베트남 관련 공공기관, 해외 및 통번역 관련 연구기관, 출입국관리사무소, 대한무역투자진흥공사, 한국관광공사, 중고등학교, 대학교 등

 진출 직업

외교관, 무역담당자, 번역가, 언론인(기자, PD, 아나운서 등), 여행안내원, 인문과학연구원, 작가, 통역가, 출판물기획자, 호텔지배인, 교사, 대학 교수 등

고등학교 권장 선택과목 로드맵

교과 영역	선택과목	
	일반선택	진로선택
기초		심화 국어, 실용 국어, 고전 읽기, 영미 문학 읽기
탐구	세계지리, 세계사, 사회·문화, 윤리와 사상	사회문제 탐구, 고전과 윤리, 생활과 과학
체육·예술		
생활·교양	베트남어 I , 철학, 심리학, 논술	베트남어 II

불어불문학과

프랑스 언어를 익히고 언어학의 기본적인 이론을 습득함으로써 프랑스인의 사고와 정서를 이해하는 데 중점을 두고 있다.

또한 프랑스 문학의 전통을 연구하며 문학과 언어, 인간과 세계를 인식하고 해석할 수 있는 깊은 안목을 기르는 데 교육 목적이 있다. 더불어 프랑스와 프랑스어권의 정치·사회·경제·문화·과학에 대한 폭넓은 지식을 습득하여 국제적 안목과 탁월한 역량을 바탕으로 국제화 사회에서 큰 역할을 담당하는 전문가 양성에 교육목표를 둔다.

개설 대학

경북대학교, 경상대학교, 고려대학교, 공주대학교, 부산대학교, 서울대학교, 서울여자대학교, 숭실대학교, 아주대학교, 연세대학교, 이화여자대학교, 인천대학교, 전남대학교, 창원대학교, 충남대학교, 홍익대학교 등

관련 학과

프랑스어·프랑스학과 프랑스어과

프랑스어교육과 프랑스어문·문화학과

프랑스어문학전공 프랑스어문화학과

프랑스어학과 프랑스언어·문화학과

졸업 후 진출 분야 및 직업

✏️ 진출 분야

외국계 회사, 항공사, 일반계 회사의 해외 영업 마케팅, 호텔, 프랑스 관련 학회 및 연구기관, 외교부/대사관/인천국제공항공사/한국국제협력단 등 프랑스 관련 공공기관, 해외 및 통번역 관련 연구기관, 출입국관리사무소, 대한무역투자진흥공사, 한국관광공사, 중고등학교, 대학교 등

✏️ 진출 직업

외교관, 무역담당자, 번역가, 언론인(기자, PD, 아나운서 등), 여행안내원, 인문과학연구원, 작가, 통역가, 출판물기획자, 호텔지배인, 교사, 대학 교수 등

고등학교 권장 선택과목 로드맵

교과 영역	선택과목	
	일반선택	진로선택
기초		심화 국어, 고전 읽기, 영미 문학 읽기
탐구	세계지리, 세계사, 사회·문화	사회문제 탐구, 고전과 윤리, 여행지리
체육·예술		
생활·교양	프랑스어 I, 논리학, 철학, 심리학, 논술	프랑스어 II

서어서문학과

고급 스페인어 구사 능력을 갖춘 글로벌 전문 인재를 양성하고, 스페인어와 스페인어를 사용하는 국가의 문학과 문화, 정치·경제, 사회 등을 연구하여 스페인어권 국가와의 교류 확대에 중요한 역할을 담당할 수 있는 전문가 양성을 교육 목적으로 한다.

더불어 인문학적 심층탐구를 토대로 학문 전반에 걸친 지식을 닦아 다원화된 국제환경에서 선도적인 역할을 담당할 전문가를 육성하는 데 교육목표를 두고 있다.

졸업 후 진출 분야 및 직업

진출 분야

외국계 회사, 항공사, 일반계 회사의 해외 영업 마케팅, 호텔, 스페인 관련 학회 및 연구기관, 외교부/대사관/인천국제공항공사/한국국제협력단 등 스페인 관련 공공기관, 해외 및 통번역 관련 연구기관, 출입국관리사무소, 대한무역투자진흥공사, 한국관광공사, 중고등학교, 대학교 등

진출 직업

외교관, 무역담당자, 번역가, 언론인(기자, PD, 아나운서 등), 여행안내원, 인문과학연구원, 작가, 통역가, 출판물기획자, 호텔지배인, 교사, 대학 교수 등

개설 대학

고려대학교, 서울대학교 등

관련 학과

스페인어과 스페인·중남미학과
스페인어통번역학과 스페인어학과
외국어자율전공학부(스페인어중남미전공)
스페인어중남미학과

고등학교 권장 선택과목 로드맵

교과 영역	선택과목	
	일반선택	진로선택
기초		심화 국어, 고전 읽기, 영미 문학 읽기
탐구	세계지리, 세계사, 사회·문화, 생활과 윤리	사회문제 탐구, 고전과 윤리, 여행지리
체육·예술		
생활·교양	스페인어 I, 철학, 심리학, 논술	스페인어 II

아랍어과

아랍어는 아라비아어라고도 한다. 아랍어과는 아랍·이슬람 세계와 연관된 제반 학문을 연구하고, 실용교육을 통해 아랍과 중동지역에 정통한 전문 인력 양성을 교육목표로 두고 있다.

언어·문학·사회·역사·문화·정치·경제 등 각 분야의 학습을 통해 아랍 지역에 대한 올바르고 균형 잡힌 지식을 함양한다. 아랍어를 모국어로 사용하고 있는 북아프리카 지역 국가들(이집트, 리비아, 알제리, 모로코, 튀니지 등) 및 중동 지역 국가들과 다방면에서 교류를 하는 데 중요한 역할을 할 수 있도록 아랍어와 현지 사정에 능통한 실무형 지역전문가 양성을 목적으로 하고 있다.

졸업 후 진출 분야 및 직업

✏️ 진출 분야

외국계 회사, 항공사, 일반계 회사의 해외 영업 마케팅, 호텔, 아랍 관련 학회 및 연구기관, 외교부/대사관/인천국제공항공사/한국국제협력단 등 아랍 관련 공공기관, 해외 및 통번역 관련 연구기관, 출입국관리사무소, 대한무역투자진흥공사, 한국관광공사, 중고등학교, 대학교 등

✏️ 진출 직업

외교관, 무역담당자, 번역가, 언론인(기자, PD, 아나운서 등), 여행안내원, 인문과학연구원, 작가, 통역가, 출판물기획자, 호텔지배인, 교사, 대학 교수 등

 개설 대학

부산외국어대학교, 한국외국어대학교 등

 관련 학과

아랍어통번역학과   아랍지역학과

중동학부 아랍지역학과   이란어과

 고등학교 권장 선택과목 로드맵

교과 영역	선택과목	
	일반선택	진로선택
기초		심화 국어, 실용 국어, 영미 문학 읽기
탐구	세계지리, 세계사, 동아시아사, 사회·문화, 윤리와 사상	사회문제 탐구, 고전과 윤리, 여행지리
체육·예술		
생활·교양	아랍어 I, 종교학	아랍어 II

언어학과

인간의 가장 커다란 특징인 언어를 과학적으로 연구하는 학문이다.

'언어의 과학적 연구'라는 정의에서 알 수 있듯이 자연과학적 연구방법을 적용하면서 과학성을 추구한다. 각 나라에서 쓰이는 언어들의 구조와 원리뿐만 아니라, 인간이 지닌 가장 특별한 능력인 '언어'로 이루어질 수 있는 다양한 과학적, 철학적, 사회적 현상의 기원과 과정을 포괄적으로 연구한다. 그리고 언어학과는 전통적인 이론언어학 분야인 음성학, 음운론, 통사론, 의미론, 화용론 등에 대한 체계적인 연구를 통해 언어의 본질을 탐구하고, 이를 응용함으로써 미래 사회의 핵심적인 인재를 길러내는 데 교육 목표를 두고 있다.

졸업 후 진출 분야 및 직업

진출 분야

출판사, 광고 회사, 통번역 회사, 신문사, 잡지사, 방송국, 한국교육학술정보원/한국언론진흥재단/한국고전번역원/한국출판문화산업진흥원 등 언어 관련 공공기관 등

진출 직업

광고·홍보전문가, 사회조사분석사, 언론인, 언어치료사, 언어학연구원, 음성처리전문가, 인문 교수, 출판물기획전문가, 통번역가 등

개설 대학

고려대학교, 서울대학교, 충남대학교 등

관련 학과

언어과학과 / 언어학과 / 언어문화학부 / 언어인지과학과 / 언어정보학과 / 국제한국어교육학과

고등학교 권장 선택과목 로드맵

교과 영역	선택과목	
	일반선택	진로선택
기초		심화 국어, 실용 국어, 고전 읽기, 영미 문학 읽기
탐구	한국지리, 세계지리, 사회·문화, 생활과 윤리, 윤리와 사상	사회문제 탐구, 고전과 윤리
체육·예술		
생활·교양	제2외국어 I, 한문 I, 정보, 심리학, 논술	제2외국어 II, 한문 II

영어영문학과

영어권의 언어 및 문학을 연구하여 뛰어난 영어 능력을 배양할 뿐만 아니라 영어학 및 영미문학을 폭넓게 이해하며, 영어문화권 지역의 문화에 대한 이해와 인식을 확장하는 데 목적을 두고 있다.

이를 통해 영미권의 사고방식을 이해하며 전문적인 언어 감각과 문학향유능력을 배양하고, 나아가 창조적인 사고와 융합적인 사고를 지닌 인재 양성에 지향점을 두고 있다. 이를 바탕으로 국제화 시대가 요구하는 유능한 인력을 길러내고자 하는 것이 학과의 목표이다.

졸업 후 진출 분야 및 직업

✎ 진출 분야

출판사, 무역회사, 여행사, 호텔, 해외 현지 기업, 언론사, 국제 경제·무역 관련 국가·민간 연구소, 인문과학 관련 국가·민간 연구소, 외교부/대사관/인천국제공항공사/한국수출입은행 등 영어 관련 공공기관, 출입국관리사무소, 대한무역투자진흥공사, 한국관광공사, 중고등학교, 대학교 등

✎ 진출 직업

외교관, 무역담당자, 번역가, 언론인(기자, PD, 아나운서 등), 영어교사, 여행안내원, 인문과학연구원, 작가, 통역가, 출판물기획자, 호텔지배인, 대학 교수 등

개설 대학

건국대학교, 경기대학교, 경북대학교, 경희대학교, 고려대학교, 서울과학기술대학교, 서울대학교, 서울시립대학교, 서울여자대학교, 성신여자대학교, 숭실대학교, 아주대학교, 연세대학교, 인천대학교, 인하대학교, 전남대학교, 전북대학교, 제주대학교, 중앙대학교, 충남대학교, 충북대학교, 한양대학교, 홍익대학교 등

관련 학과

| 관광영미어문학과 | 영미어문학과 |

글로벌지역문화학과(영미문화전공)

글로벌커뮤니케이션영어전공 · 영문학과

영미권통상통번역전공 · 영미문학번역전공

영미문화학과 · 영어산업학과

영어문학전공 · 테솔학과 · 테슬(TESL)전공

고등학교 권장 선택과목 로드맵

교과 영역	선택과목	
	일반선택	진로선택
기초		실용 국어, 영어권 문화, 진로영어, 영미 문학 읽기
탐구	세계지리, 세계사, 동아시아사, 윤리와 사상	사회문제 탐구, 고전과 윤리, 여행지리, 과학사, 생활과 과학
체육·예술		
생활·교양	제2외국어Ⅰ, 교육학, 철학, 심리학, 논술, 종교학	제2외국어Ⅱ, 창의경영

영어통번역학과 (EICC학과)

영어-한국어 통번역에 적성과 자질을 갖추고 적극성을 겸비한 인재들에게 최적화된 학과이다.

우수한 통번역 실무능력을 바탕으로 국제교류의 중앙 무대에서 활약할 수 있는 인재를 육성하고, 국제기구, 공공기관, 대기업 등에서 영미문화 및 국제관계에 대한 실무적인 이해를 바탕으로 영어를 능숙하게 구사하며 국위 선양에 이바지할 글로벌 커뮤니케이션 전문가를 배출하는 것에 교육목표를 두고 있다. 그리고 영미지역 및 문화에 대한 이해와 통찰을 바탕으로 다양한 국제영역을 넘나들 수 있는 통섭형 인재의 양성을 교육 목적으로 삼고 있다.

졸업 후 진출 분야 및 직업

진출 분야

출판사, 무역회사, 여행사, 호텔, 해외 현지 기업, 언론사, 국제 경제·무역 관련 국가·민간 연구소, 인문과학 관련 국가·민간 연구소, 외교부/대사관/인천국제공항공사/한국수출입은행 등 영어 관련 공공기관, 출입국관리사무소, 대한무역투자진흥공사, 한국관광공사, 중고등학교, 대학교 등

진출 직업

외교관, 무역담당자, 번역가, 언론인(기자, PD, 아나운서 등), 영어교사, 여행안내원, 인문과학 연구원, 작가, 통역가, 출판물기획자, 호텔지배인, 대학 교수 등

개설 대학

한국외국어대학교 등

관련 학과

응용영어통번역학과 / 영미학과
영미문학·문화학과 / 영어영문학전공
영미문화학과 / 영미문화전공
영미언어문화전공 / 영미인문학과
영미어문학과 / 영미언어문화학과

고등학교 권장 선택과목 로드맵

교과 영역	선택과목	
	일반선택	진로선택
기초		실용 국어, 영어권 문화, 진로영어, 영미 문학 읽기
탐구	세계지리, 세계사, 동아시아사, 사회·문화, 윤리와 사상	사회문제 탐구, 고전과 윤리, 여행지리, 과학사
체육·예술		
생활·교양	제2외국어Ⅰ, 철학, 심리학	제2외국어Ⅱ, 창의경영

일어일문학과

일본의 어·문학과 전통문화, 역사와 사회, 예술 등 인문학적 바탕위에 일본의 사회, 경제, 경영에 대한 지식을 겸비하여 대일 외교 및 통상에서 활약할 수 있는 일본 전문가를 양성하는 데 교육 목적이 있다.

또한 문화의 전파와 영향이 급속도로 세계화, 산업화되는 상황에서 일본문화 및 문학의 올바른 이해와 전문적 시각을 함양하여 동아시아 및 글로벌 문화 산업을 선도할 수 있는 전문가 양성에 교육목표를 두고 있다.

졸업 후 진출 분야 및 직업

진출 분야

출판사, 무역회사, 여행사, 호텔, 기업 일반 사무직 및 해외 영업직, 일본 현지 기업, 신문사, 잡지사, 방송국, 국제 경제·무역 관련 국가·민간 연구소, 인문과학 관련 국가·민간 연구소, 외교부/대사관/한국국제교류재단/아시아문화원 등 일본어 관련 공공기관, 출입국관리사무소, 대한무역투자진흥공사, 한국관광공사, 중고등학교, 대학교 등

진출 직업

외교관, 무역담당자, 번역가, 언론인(기자, PD, 아나운서 등), 여행안내원, 인문과학연구원, 작가, 통역가, 출판물기획자, 호텔지배인, 교사, 대학 교수 등

개설 대학

경북대학교, 고려대학교, 대구가톨릭대학교, 목포대학교, 부산대학교, 서울여자대학교, 숭실대학교, 영남대학교, 인천대학교, 전남대학교, 제주대학교, 창원대학교, 충남대학교 등

관련 학과

| 관광일본어학과 | 일본어과 | 일어통역전공 |

글로벌지역문화학과(일본지역전공)

동아시아학부(일어일문학전공)　일본문화전공

일본문학전공　일본문화관광콘텐츠학과

일본문화콘텐츠학과　일본비즈니스학과

일본어창의융합학부　일본어통번역학과

일본언어문화학과　커뮤니케이션일본어전공

고등학교 권장 선택과목 로드맵

교과 영역	선택과목	
	일반선택	진로선택
기초		실용 국어, 심화 국어, 고전 읽기, 영미 문학 읽기
탐구	세계지리, 세계사, 동아시아사, 사회·문화, 윤리와 사상	사회문제 탐구, 고전과 윤리
체육·예술		
생활·교양	일본어 I, 한문 I, 철학, 심리학, 보건	일본어 II, 한문 II

중어중문학과

중국어 능력뿐만 아니라 중국 언어와 문학을 중심으로 중국사회와 문화에 대한 식견을 넓히고 중국을 총체적으로 이해할 수 있게 하여 한중 교류에서 일익을 담당할 수 있는 인문학적 소양을 겸비한 인재를 양성하는 데 목적이 있다.

중국의 과거와 현재 그리고 경제, 사회, 문화, 역사, 철학 등이 모두 담겨 있는 언어와 문학교육을 통하여 한중 관계와 동아시아의 미래를 성찰할 수 있는 능력을 함양할 수 있도록 하는 것이 교육의 목표이다.

📖 개설 대학

건국대학교, 경기대학교, 경북대학교, 경상대학교, 고려대학교, 공주대학교, 동국대학교, 부산대학교, 서울대학교, 서울여자대학교, 성결대학교, 숭실대학교, 안동대학교, 연세대학교, 이화여자대학교, 전남대학교, 전북대학교, 제주대학교, 충남대학교, 충북대학교, 한양대학교 등

📋 관련 학과

중국어문학과　중국어과　관광중국어학과
중국어통번역전공　중국언어문화학과
중국언어문화학부　중국지역통상전공
커뮤니케이션중국어전공　중어중문학전공
중국학부(중국언어문화콘텐츠전공)
국제학부 중국학전공

졸업 후 진출 분야 및 직업

✏️ 진출 분야

출판사, 무역회사, 여행사, 호텔, 중국 현지 기업, 신문사, 잡지사, 방송국, 국제 경제·무역 관련 국가·민간 연구소, 인문과학 관련 국가·민간 연구소, 외교부/대사관/한국국제교류재단/아시아문화원 등 중국어 관련 공공기관, 출입국관리사무소, 대한무역투자진흥공사, 한국관광공사, 중고등학교, 대학교 등

✏️ 진출 직업

외교관, 언론인, 번역가, 여행안내원, 인문과학연구원, 작가, 출판물기획자, 호텔지배인, 중고등학교 중국어교사, 공기업 및 공무원, 통역가, 대학 교수 등

📚 고등학교 권장 선택과목 로드맵

교과 영역	선택과목	
	일반선택	진로선택
기초		실용 국어, 영어권 문화, 진로영어, 영미 문학 읽기
탐구	세계지리, 세계사, 동아시아사, 사회·문화, 윤리와 사상	사회문제 탐구, 고전과 윤리, 여행지리, 과학사
체육·예술		
생활·교양	제2외국어Ⅰ, 철학, 심리학	제2외국어Ⅱ, 창의경영

태국어과

태국어 구사 능력을 바탕으로 태국 문학과 정치, 경제, 사회, 문화 및 역사 등을 밀도 있게 연구함으로써 태국에 대한 높은 이해력과 전문지식을 지닌 태국지역 전문 인재의 배양, 한국과 태국과의 교류 증진에 기여할 수 있는 국제적 전문가 양성을 교육 목적으로 두고 있다.

태국어 소통 능력뿐만 아니라 태국 문화와의 비교 및 수용능력 배양, 그리고 융합지식에 기반을 둔 무역실무 실행 및 적용능력 배양을 교육 목표로 삼고 있다.

개설 대학

부산외국어대학교, 한국외국어대학교 등

관련 학과

태국어통번역학과   아시아언어문명학부

졸업 후 진출 분야 및 직업

진출 분야

외교통상부, 국가정보원, 법무부(출입국관리직), 인터폴, 주태 한국대사관, 주한 태국대사관, 태국 대학 한국어과, 태국진출 한국기업체, 타이항공 등 국내외 항공사, 여행사, 태국 내 한류 관련 기획사, 통번역가, 외교부/대사관/인천국제공항공사/한국국제협력단 등 태국 관련 공공기관, 대한무역투자진흥공사, 한국관광공사, 중고등학교, 대학교 등

진출 직업

외교관, 무역담당자, 번역가, 언론인(기자, PD, 아나운서 등), 여행안내원, 인문과학연구원, 작가, 통역가, 출판물기획자, 호텔지배인, 교사, 대학 교수 등

고등학교 권장 선택과목 로드맵

교과 영역	선택과목	
	일반선택	진로선택
기초		심화 국어, 고전 읽기, 영미 문학 읽기
탐구	세계지리, 세계사, 사회·문화, 윤리와 사상	사회문제 탐구, 고전과 윤리, 여행지리
체육·예술		
생활·교양	태국어, 논리학, 철학, 심리학, 논술	

한국어학과

외국인 및 재외 동포를 대상으로 한국어와 한국 문화를 교육하는 전문가를 양성하기 위한 학과이다.

외국어로서의 한국어 교육과 한국의 전통 및 현대 문화, 문학, 경제, 정치 등에 대한 이해를 바탕으로 한국 언어와 문화를 세계에 알리는 중요한 역할을 할 전문가 양성에 교육목표를 두고 있다. 또한 학문의 국제화 시대에 부응하여 한국어와 한국문화의 정체성을 확립하고, 이를 세계에 널리 알려 한국의 위상을 높일 수 있도록 하는 인재 양성을 교육 목적으로 삼고 있다.

졸업 후 진출 분야 및 직업

✏️ 진출 분야

국외 한국문화원, 출판사, 한국 언어·문화 관련 국가·민간 연구소, 외교부/대사관/한국국제교류재단/한국문학번역원 등 한국어 관련 공공기관 등

✏️ 진출 직업

국제상거래전문가, 번역가, 비교문화학연구자, 언어습득이론전문가, 외교관, 외국인을 위한 한국어교사, 이중언어 대조 연구자, 통역가, 한국문화지도사, 한국문화콘텐츠(영화, 드라마)개발자, 한국어교재개발자, 한국언어·문화연구자 등

📖 개설 대학

경희대학교, 남부대학교, 호남대학교 등

📋 관련 학과

한국어문학부　한국어학부
한국어교원학전공　한국언어문학과
한국어교육문화학과　한국어문학과
한국언어문화학과　한국어문화학부
한국어교육과　국어국문·한국어교육학과
다문화복지한국어학과　글로벌한국어전공

📚 고등학교 권장 선택과목 로드맵

교과 영역	선택과목	
	일반선택	진로선택
기초		심화 국어, 실용 국어, 고전 읽기, 영미 문학 읽기
탐구	한국지리, 세계지리, 사회·문화, 생활과 윤리 윤리와 사상	사회문제 탐구, 고전과 윤리
체육·예술		
생활·교양	제2외국어Ⅰ, 한문Ⅰ, 정보, 심리학, 논술	제2외국어Ⅱ, 한문Ⅱ

한국어교육학과

국제화 및 다문화적 공감능력을 바탕으로 한국어와 한국문화에 대한 지식을 갖춘 전문가를 양성하는 학과이다.

세계화·국제화 시대에 부응하여 한국어를 제2언어로 배우고자 하는 학생들에게 한국어와 한국문화를 교육하고, 이를 활용할 수 있는 한국어교육 전문가 양성을 목표로 한다. 더불어 다문화적 공감, 언어교수학습의 문제해결 역량 및 공동체 리더십 역량을 갖추어 한국어와 한국문화의 세계화에 기여하는 인재 양성을 교육 목적으로 삼고 있다.

졸업 후 진출 분야 및 직업

✏️ 진출 분야

국외 한국문화원, 출판사, 한국 언어·문화 관련 국가·민간 연구소, 외교부/대사관/한국국제교류재단/한국문학번역원 등 한국어 관련 공공기관, 한국어교육콘텐츠 개발 및 연구기관 등

✏️ 진출 직업

국제상거래전문가, 번역가, 비교문화학연구자, 언어습득이론전문가, 외교관, 이중언어 대조 연구자, 한국문화지도사, 한국문화콘텐츠(영화,드라마)개발자, 한국어교재개발자, 한국언어·문화연구자, 국내 한국어교육기관의 한국어교사, 해외중고등학교의 한국어 원어민 교사, KOICA/KF 파견 해외 대학 원어민교수 등

개설 대학

광신대학교, 광주여자대학교, 부산외국어대학교 등

관련 학과

한국어문학전공   한국어학부

한국어교원학전공   한국언어문학과

한국어교육문화학과   한국어문학과

한국언어문화학과   한국어교육과

국어국문·한국어교육학과

다문화복지한국어학과   글로벌한국어전공

고등학교 권장 선택과목 로드맵

교과 영역	선택과목	
	일반선택	진로선택
기초		심화 국어 실용 국어, 고전 읽기, 영미 문학 읽기
탐구	한국지리, 세계지리, 사회·문화, 생활과 윤리, 윤리와 사상	사회문제 탐구, 고전과 윤리
체육·예술		
생활·교양	제2외국어Ⅰ, 한문Ⅰ, 정보, 심리학, 논술	제2외국어Ⅱ, 한문Ⅱ

한문학과

한문으로 쓰인 동양 고전을 탐구하는 학문으로서 동양의 한문 고전에 대한 인문학적 소양을 갖추어 우리나라의 한문 고전과 문학을 중점적으로 연구하고, 전통문화를 올바르게 연구하며, 새로운 민족문화를 창조하는 인재를 양성하는 데 교육 목적이 있다.

한문기록에 담긴 선인들의 사상과 가치관을 이해하며, 한문 고전에 정통하여 앞으로 한국학 관련 분야에서 전문적으로 활약할 수 있는 연구 인력을 양성하는 데 교육목표를 두고 있다.

개설 대학

경북대학교, 경상대학교, 고려대학교, 부산대학교, 성균관대학교, 안동대학교, 충남대학교 등

관련 학과

한문교육과   한문학전공

고등학교 권장 선택과목 로드맵

교과 영역	선택과목	
	일반선택	진로선택
기초		실용 국어, 심화 국어, 고전 읽기
탐구	동아시아사, 생활과 윤리, 사회·문화, 윤리와 사상	사회문제 탐구, 고전과 윤리
체육·예술		
생활·교양	중국어Ⅰ, 한문Ⅰ, 논리학, 철학, 심리학	중국어Ⅱ, 한문Ⅱ

졸업 후 진출 분야 및 직업

✏️ 진출 분야

문화콘텐츠 회사, 언론사, 인문과학 연구기관, 중앙정부 및 지방자치단체, 한국고전번역원, 한국사학진흥재단 등 한문학 관련 공공기관 등

✏️ 진출 직업

대학교교직원, 동양서전문번역자, 서예전문가, 언론사, 인문 교수, 한문 고전 라이터, 한문교사 등

인문과학

인문과학은 인간과 인간의 문화에 관심을 갖는 학문분야로, 정치·경제·문화·학예·역사 등
인간과 인류문화에 관한 정신과학을 통틀어 이른다. 인간과 인간의 문화에 관심을 갖거나
인간의 내적가치와 삶의 본질, 인간만이 지닌 자기표현능력을 바르게 이해하기 위한 과학적인
연구방법에 관심을 갖는 학문분야로서 인문과학이라는 개념은
라틴어의 '후마니타스(humanitas)'라는 말에서 유래되었다.

인간 삶의 본질과 그 가치를 궁구하는 학문으로 인간의 본성과 내적가치를 직관할 수 있는
통찰력, 상황 속에서 스스로 문제를 발견하고 그 해결책을 모색하여 제시할 수 있는 창의력,
새로운 것을 구상하여 창출할 수 있는 상상력과 표현력을 갖춘 인재를 양성하고자 한다.
뿐만 아니라, 시대적 변화를 간파하고 현대사회의 제반 문제에 대하여 창조적으로 대처하는데
주도적 역할을 담당할 수 있는 미래지향적 사유능력을 가진 인재를 배출하는 것을
교육 목적으로 삼고 있다.

관련 학과

고고미술사학과, 고고학과, 국제지역학부, 글로벌학부, 문화인류학과, 문화재보존학과, 미학과, 사학과, 신학과, 역사문화학과, 인류학과, 정치행정학부 북한학전공, 종교학과, 철학과, 철학생명의료윤리학과

진출 직업

고고학자, 기록물관리사, 문화교류코디네이터, 문화재감정사, 문화재보존원, 문화재스토리텔링작가, 문화해설사, 미술관관리자, 상품·공간스토리텔러, 성직자, 아트컨설턴트, 여행작가, 역사학연구원, 인류학자, 철학연구원, 학예사 등

관련 자격

관광통역안내사, 문화재수리기술자, 문화재수리기능사, 박물관(미술관) 1급·2급·3급 정학예사, 준사서, 정사서 등

인재상

A 인간에 대한 깊이 있는 성찰과 통찰력을 갖춘 리더십이 있는 학생

B 인간의 본성과 삶의 본질 및 이치를 파악하고 사회에 관심이 있는 학생

C 언어와 문학에 관심이 많고 유연한 사고로 상상력과 창의력이 풍부한 학생

D 윤리와 사상, 역사와 관련된 교과 지식이 풍부해 인문학적 소양을 갖춘 학생

E 사회의 여러 현상에 대해 자기 나름의 해석을 할 수 있는 안목이 있는 학생

F 문화적 감수성이 풍부하고 새로운 사회적 가치를 창조하려는 자세를 지닌 학생

G 글로벌 시대의 다양한 문화에 대한 지적 호기심이 많고 국제적 안목을 갖춘 학생

H 비판적 사고와 합리적 의사소통능력을 갖추고 학문 영역 간의 전이능력을 가진 학생

고고학자

🖥 직업 소개

고고학자는 선사시대와 같은 오래된 인류의 유적 등을 연구하여 당시의 문화 등을 규명하는 것을 주요 연구대상으로 삼는다. 유적과 유물을 가지고 발굴조사 보고서를 내며 연구를 통해 논문으로 발표하기도 한다. '매장문화재 보호 및 조사에 관한 법률'에 의거하여 일정 면적 이상의 땅을 개발할 경우에는 반드시 발굴조사를 하게 되어 있다. 따라서 신도시 개발, 공장 개발 시에도 모두 발굴조사를 진행하는데 이러한 '구제발굴'이나 사적지나 유적지로 지정된 곳을 연구 목적으로 조사하는 '학술발굴'을 진행한다.

💡 적성 및 흥미 ● ● ●

지질, 역사, 생물 등 원초적인 근원과 의미 탐구에 대한 지적 호기심 및 다양한 시각을 가지고 있어야 한다. 그리고 역사, 문화, 사회, 철학 분야의 전문적인 지식이 요구된다. 특히 유적이나 유물 발굴 시 한문으로 기재되어 있는 경우가 많기 때문에 무엇보다도 한문 해석능력이 요구된다. 또한 고고학 분야의 자료 분석·고찰능력, 특히 문화 복원에 필요한 문화이론 및 한국을 비롯한 세계의 선사문화에 대한 거시적 안목을 바탕으로 역사를 파악하는 능력이 요구된다. 탐구형, 예술형의 흥미를 가진 사람에게 적합하며, 주어진 연구 과제를 끝까지 수행할 수 있는 계획성, 분석력, 인내력이 필요하다.

역사연구, 독서토론, 박물관 탐방, 신문, 학교소식지 등의 교내 동아리활동을 통해 자신의 진로와 연계하여 역사적 유적과 유물 및 문헌 등과 같은 심화 탐구 주제를 조사하여 발표하는 적극적인 태도를 드러낼 필요가 있다. 역사, 사회 및 한문 교과수업 활동에 적극 참여하여 전공적합성, 학업 역량, 문제해결능력 등이 학교생활기록부 교과 세부능력 및 특기사항에 기록될 수 있도록 한다. 또한 역사학, 예술학, 문화인류학, 문학, 문화, 철학 등 다양한 분야의 독서를 통해 기본적인 소양을 기르도록 한다.

❤ 💬 ✈ 관련 직업

#역사학연구원   #인류학자   #문화재보존원

📨 진출 방법

고고학자로 활동하기 위해서는 고고학 관련 석사 이상의 학위가 필요하다. 정부출연연구소나 규모가 큰 관련 연구소에서 대부분 석사나 박사학위 소지자를 채용하기 때문이다. 공채나 특채를 통해 대학 교수나 대학부설연구소의 연구원으로 진출할 수도 있다. 국립의 경우, 국립문화재연구소(본원: 대전, 분원: 강화/부여/나주/경주/창원/완주)가 있고 국공립 박물관도 있다. 공립기관으로는 경기문화재연구원, 울산발전연구원, 충청남도역사문화연구원, 백제고도재단 등이 있다. 공립기관은 직무에 맞는 자격을 갖추고 지원해야 한다.

기록물관리사
(기록물관리전문요원)

직업 소개

기록물관리사는 영구기록물이나 역사적 가치가 있는 기록물에 대해 평가한다. 또한 기록물에 기초한 조사활동에 참여하고 기록 자료의 안전한 보존을 감독한다. 정부기록물, 기업체의 회의록 등을 후손들에게 전하고 가치를 평가하기 위해 저술날짜, 저자 등을 확인하여 분석한다. 그리고 가치 있는 자료에 관한 목록을 작성하거나 해당 자료를 안전하게 보존하는 일에 종사하는 사람들의 활동을 감독한다. 조사·연구를 수행하는 정부기관·공공기관·학자·언론인 및 기타 조사자들에게 정치·군사·사회·경제 측면의 자료와 정보에 관해 조언하기도 한다.

적성 및 흥미

☑ 전문성

☑ 도덕성

☑ 판단능력

기록물관리사는 각종 전자 자료를 포함한 기록물들을 체계적으로 조사하여 연구를 수행하며 관리하므로 전문성과 통합적 사고력 및 객관적 판단능력이 필요하다. 특히 공공기록 관리업무를 하는 경우, 해당 업무 중 관련 정보를 누설하지 않는 도덕성과 정직성, 꼼꼼한 성격 및 일에 대한 자긍심이 필요하다.

기록물관리학, 고고학, 역사학과 관련이 깊은 국어, 역사, 한국사, 세계사, 한문 교과의 학업성취를 위해 노력할 필요가 있으며, 각 수업 활동에서 자신의 진로와 연계하여 확장 심화된 탐구주제를 발표하는 적극적인 태도를 드러낼 것을 권장한다. 진로와 관련 있는 다양한 진로활동에 주도성을 가지고 참여하여 성장, 변화된 모습을 중심으로 자신의 진로개발 역량을 학교생활기록부 진로 특기사항에 기록될 수 있도록 한다. 또한 문화인류학, 철학, 문학, 역사학, 고고학, 예술학 등 다양한 분야의 독서를 통해 기본적인 소양을 갖출 수 있도록 한다.

관련 직업

사서 및 기록물 관리사

진출 방법

기록물관리사가 되기 위해서는 기록물관리학, 역사학, 고고학, 문헌정보학 등을 전공해야 한다.

공공기관의 기록물관리사로 활동하기 위해서는 기록물관리학 석사학위 이상, 혹은 역사학 또는 문헌정보학의 경우 학사학위 이상을 취득하고 기록물관리학 교육과정을 이수해야 한다. 기록물관리사는 공공기관, 기업 및 관련 연구소 등에 진출하며, 기록물관리사 혹은 기록물관리를 담당하는 업무로 채용된다. 국공립 기관에서 근무하는 사서 및 기록물관리사는 공무원이므로 공무원의 승진 체계를 따른다.

03

문화교류코디네이터

💻 직업 소개

문화교류코디네이터는 국제문화교류의 현지 전문가로서 언어, 정치, 경제, 제도 등 교류대상 지역 및 국제정세에 대한 업무를 담당한다.

또한 국제행사에 초대한 인사의 방문 전 준비부터 귀국 후의 사무 처리까지 제반 업무를 담당하며, 국제 연수나 교류 등이 원활하게 진행될 수 있도록 해당 관계자와의 연락, 조정, 요구되는 작업을 수행한다. 또한 국내를 방문한 외국인학자 및 연구자를 대상으로 해당 연구 주제와 관련된 미술관, 박물관, 유적지 및 고궁, 관련 문화나 역사 등을 안내하는 업무를 담당하기도 한다.

💡 적성 및 흥미 ● ● ●

다른 문화적 배경을 가진 개인이나 조직을 연결하는 중재 역할을 하므로 통합적 사고력과 조정능력 및 리더십이 요구된다. 또한 다양한 분야에서 전문화된 문화교류에 필요한 해박한 지식이 요구된다. 더불어 외국정부나 기업 등과 연락을 주고받으며 프로그램을 코디네이팅하는 국제협력사업을 지원해야하므로 탁월한 외국어 구사 능력 및 의사소통능력이 필수적으로 요구된다. 역사, 문화, 철학, 경제 등 다양한 전문지식을 갖추고 사람과 함께 활동하고 나누는 것을 좋아하며 사회형, 진취적 성격을 지닌 사람에게 유리하다.

문화 교류, 외교, 통상 연구, 문화탐구, 신문, 방송 등의 교내 동아리에서 진로와 관련된 내용을 탐색하고 발표하는 적극적인 태도와 주도성, 발전가능성 등을 드러낼 것을 권장한다. 문학, 철학, 문화인류학, 역사학, 사회학 등 폭넓은 분야의 독서를 통해 기본적인 소양을 기르도록 한다.

❤ ○ ✈ 관련 직업

(# 통역사)

✒ 진출 방법

문화체육관광부와 (재)예술경영지원센터에서는 '권역별 국제문화교류전문가 양성사업'을 시행하여 국제문화교류 인재를 양성하고 있다.

이에 따라 재외 한국문화원에 공채로 입직할 수 있고, 아시아, 중남미, 유럽 등 각국 지역의 한국문화원에 파견되어 문화공연 및 교육기획, 리서치 코디네이터로서 업무를 수행하게 된다. 또는 교류문화 전문가로 활동한 이후 독립문화기획자로 활동하는 사람도 있다.

문화재감정사

직업 소개

문화재감정사는 문화재의 진위여부를 감정하고 예술적, 역사적, 시장적 가치를 평가하는 업무를 수행한다. 감정의뢰기관을 통해 감정 대상 문화재에 대한 사전 정보를 받고 감정에 필요한 자료를 수집한다. 그리고 감정대상물의 보존상태, 제작시기, 작가의 명성 등을 고려하여 가치를 평가하며, 타 감정위원과 함께 진위 여부와 가치에 대해 함께 협의하여 판단한다. 그리고 감정에 대하여 더 많은 조사와 의견수렴이 필요할 경우에는 감정을 연기하거나 보류하여 자료 수집과 재검정을 실시한다.

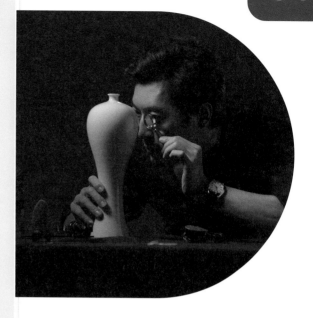

진출 방법

문화재감정사가 되기 위해서 공식적으로 요구되는 자격이나 학력은 없다. 하지만 일반인들이 잘 모르는 문화재에 대한 진위 여부뿐만 아니라 역사적, 예술적 가치를 평가하기 위해서는 예술품과 문화재 그리고 역사 및 철학에 대한 해박한 지식이 요구된다. 그러므로 고고학이나 미술사학 관련학과 등을 전공하고 관련 분야에서 오랜 경력을 쌓으면 많은 도움이 된다.

관련 직업

문화재감정평가사

문화재전문위원　　# 문화재감정위원

적성 및 흥미

꼼꼼하고 세심하며 차분한 성격을 가진 사람이 유리하며 이해관계에 따라 감정평가의 결과가 좌우되지 않도록 공정성과 정직성, 책임감 등과 같은 엄격한 직업의식을 갖추어야 한다. 또한 분석적 사고력과 판단력 및 의사결정능력을 갖추어야 한다. 현실형과 탐구형의 흥미를 가진 사람에게 적합하며, 문화재와 관련된 역사와 철학에 대한 관심이 많고 통합적 사고력을 바탕으로 타 감정위원들과 협조하는 역량도 요구된다.

문화재 연구, 수복 연구, 문화 탐구, 역사 탐구, 사회문제 연구 등의 교내 동아리활동을 통해 자신의 진로와 연계하여 심화·확장된 탐구주제를 조사하여 발표하는 등 주도적이고 적극적인 태도를 드러낼 필요가 있다. 문화재와 관련이 깊은 역사, 국어, 한국사, 세계사 교과의 학업성취를 위해 노력하고 수업 활동에 적극 참여하여 전공적합성, 학업 역량, 문제해결능력 등이 학교생활기록부 교과 세부능력 및 특기사항에 기록될 수 있도록 한다. 또한 학교교육계획에 의해 진행되는 학급활동, 봉사활동, 자율활동에 적극 참여하여 발전가능성, 인성, 나눔과 배려, 협업능력, 공동체 의식 등을 보이는 것이 중요하다. 또한 고고사학, 역사학, 보존과학, 문화인류학, 미술학, 문학, 철학 등 다양한 분야의 독서와 신문기사 읽기 등을 통해 기본적인 소양을 기르도록 한다.

문화재보존원

💻 직업 소개

문화재보존원은 문화적 가치가 있는 유형 또는 무형의 소산물로 사찰, 궁궐, 미술품, 공예품, 불상, 서적 등의 유형문화재를 보존하고 수리하며 관리·감독하는 일을 한다. 분야에 따라서는 원형 고증 조사를 하거나 혹은 전통적인 기법으로 연구 및 조사 관리업무를 한다. 또한 소장품을 효과적으로 분류 및 정리하고, 과학적으로 유지 관리할 수 있도록 전문적이고 기술적인 지식과 경험을 제공하며 문화재의 손실원인을 과학적으로 파악하여 그에 적합한 방법으로 보존 처리한다.

💡 적성 및 흥미 ●●●

문화적 현상들에 대해 호기심을 가지고 관찰하는 능력, 사물이나 기계 및 동물들을 명확하고 체계적으로 조작하는 능력, 과학적이고 수학적인 능력이 요구된다. 또한 약물처리 등을 해야 하기 때문에 화학적 지식도 필요하며 석조물, 공예품, 미술품 등을 정밀하고 정확하게 보존하고 복원하는 기술도 요구된다. 탐구형과 예술형의 흥미를 가진 사람에게 적합하며, 역사 및 문화재에 대해 흥미가 있는 사람으로 유적과 유물에 대한 해박한 역사적 지식이 요구된다.
문화재 연구, 수복연구, 문화 탐구, 역사 탐구, 사회문제 연구 등의 교내 동아리활동을 통해 자신의 진로와 연계하여 심화되고 확장된 탐구주제를 조사하여 발표하는 등 적극적인 태도를 드러낼 필요가 있다. 문화재와 관련이 깊은 역사, 한국사, 세계사, 국어 교과의 학업성취를 위해 노력하고, 수업 활동에 주도적이고 적극적으로 참여하여 전공적합성, 학업 역량, 문제해결능력, 발전가능성 등이 학교생활기록부 교과 세부능력 및 특기사항에 기록될 수 있도록 한다.

📇 관련 자격

문화재수리기술자   문화재수리기능사

❤ 💬 ✈ 관련 직업

#학예사   #아트컨설턴트   #사서

#기록물관리사

✈ 진출 방법

문화재보존원이 되기 위해서는 문화재 관련 다양한 분야의 전문적이고 해박한 지식이 필요하다. 대학이나 대학원에서 문화재보존학과 등 관련 분야를 전공한 후, 학교의 부설 연구소나 관련 업체에서 업무를 하며 경험을 쌓는 것이 일반적이다. 국가지정문화재의 보수 및 수리 업무를 맡기 위해서는 문화재청에서 시행하는 문화재 수리기술자 및 기능자 자격시험에 합격하여 자격증을 취득해야 한다. 국공립 박물관 및 미술관은 인력 규모를 적정수준으로 유지하는 편이어서 입직하려면 치열한 경쟁을 치러야 한다.

문화재스토리텔링작가

직업 소개

문화재스토리텔링작가는 문화재청이나 지자체의 문화관리기관 등에 종사하며 문화콘텐츠를 기획하는 일을 수행한다. 무형·유형의 문화재에 역사적 배경과 인물, 당시의 시대상, 문화 등 스토리를 더해 문화재와 관련된 가상의 이야기를 만들어낸다. 가상의 이야기지만 문화재 형성 당시의 역사와 생활, 문화 등이 사실을 바탕으로 이야기를 전개하기 때문에 완전한 허구는 아니다. 형태가 없는 무형문화재의 경우, 발생기원이나 생성과정 등을 알기 쉬운 이야기로 만들어내고, 유형의 문화재는 건립시기와 이유, 건립 목표와 과정 및 역사적 가치 등을 담아 이야기로 풀어낸다. 문화재스토리텔링을 통해서 문화재의 독특한 이미지를 끌어내고 대중이 문화적 가치에 공감할 수 있도록 돕는 일을 한다.

적성 및 흥미

- ✅ 자부심
- ✅ 사명감
- ✅ 감내성

문화재를 중심으로 이야기를 이끌어내야 하므로 고고학, 역사학 등 역사적 사실에 대한 해박한 지식과 글쓰기 능력 및 창의성이 요구된다. 또한 문화유산에 내재된 이야기를 관광자원으로 개발시킨다는 자부심과 사명감도 필요하다. 예술형과 탐구형의 흥미를 가진 사람에게 적합하며, 혁신, 스트레스 감내성, 적응성의 성격을 가진 사람에게 유리하다.

문화재 연구, 스토리텔링, 문화 탐구, 역사 탐구, 사회문제 연구, 신문, 학교소식지 등의 교내 동아리활동을 통해 자신의 진로와 연계하여 심화되고 확장된 탐구주제를 조사하고 발표하는 등 적극적인 태도를 드러낼 필요가 있다. 또한 고고학, 역사학, 문화인류학, 미술학, 언어학, 문학, 철학 등 다양한 분야의 독서와 신문기사 읽기 등을 통해 기본적인 소양을 기르도록 한다.

관련 직업

\# 방송작가   \# 창작작가

진출 방법

대학의 문화콘텐츠학부, 역사콘텐츠학과, 문화스토리텔링학과 등을 전공하면 문화재스토리텔링을 배우는 데 도움을 받을 수 있다. 관련 협회나 평생교육과정에도 스토리텔러 양성과정 등이 있다.

특히 서울시에서는 평생학습프로그램의 일환으로 '지역 역사문화 스토리텔러 양성과정'을 제공하고 있으며 교육 프로그램에 지역역사문화재, 박물관 등의 현장실습이 포함되어 있다. 또한 지자체나 문화재청, 관광공사, 한국문화재보호재단 등에서는 문화유산에 얽힌 이야기를 재조명하는 스토리텔링 공모전을 개최하기도 하는데, 이 공모전을 통해 문화재스토리텔링 작가로 데뷔하는 경우도 있다. 참여 조건에 제약이 없기 때문에 역사학과 교수나 연구진, 기존 작가, 일반인 등 다양한 사람들이 참여한다.

문화해설사

💻 직업 소개

문화해설사는 고궁이나 유서 깊은 사찰 및 지역 유적지 등을 방문한 관람객을 대상으로 지역의 역사나 무형·유형 문화재 및 전통문화 등을 이해하기 쉽고 재미있게 설명해 주는 일을 한다. 역사와 문화에 관심이 있거나 조예가 깊고, 역사, 과학, 미술 등 관련 경력의 소유자나 영어, 중국어 등과 같은 외국어 가능자, 관련 교육 이수자 등이 활동을 시작하는 데 유리하다. 문화재를 탐구하고 즐기며, 이를 통해 다양한 사람과 만나는 것을 좋아하는 사람에게 적합하다.

💡 적성 및 흥미 ● ● ●

문화재나 지역의 역사 및 전통문화에 관한 지식을 정확하고 재치 있게 설명할 수 있는 언어소통능력과 청중장악력 및 정보전달능력이 요구된다. 또한 지역 문화재에 대한 관심과 다양한 분야에 대한 폭넓은 전문지식이 있어야 한다. 지역 문화유산에 대한 애정과 지역사회 발전을 위한 봉사심과 자부심을 가져야 한다. 사회형과 탐구형의 흥미를 가진 사람에게 적합하며, 타인에 대한 배려와 융통성의 성격을 지닌 사람에게 유리하다.

문화재 연구, 문화 탐구, 역사연구, 외국어 연구, 신문, 학교소식지 등의 교내 동아리활동을 통해 자신의 진로와 연계하여 심화된 탐구주제를 조사, 발표하는 등 주도적이고 적극적인 태도를 드러낼 필요가 있다. 또한 학교교육계획에 의해 진행되는 학급활동, 봉사활동, 자율활동에 적극 참여하여 발전가능성, 인성, 나눔과 배려, 협업능력, 공동체 의식 등을 보이는 것이 중요하다. 더불어 역사학, 문화인류학, 미술학, 문학, 철학, 외국어 등 다양한 분야의 독서와 신문기사 읽기 등을 통해 기본적인 소양을 기르도록 한다.

📋 관련 자격

관광통역안내사

❤ 💬 ✈ 관련 직업

문화관광해설사   # 박물관해설사

문화유산해설사   # 역사문화체험지도사

✈ 진출 방법

문화재해설사는 문화재청을 통해 기간제로 채용되는 경우도 있다. 또한 지방자치단체나 각 문화재시설에서 자원봉사자로 활동할 수 있으며, 한국관광공사에서 인증하는 양성교육과정을 통해 필요한 지식을 습득한 후 채용될 수도 있다. 인증교육기관은 국제교류문화인증원, 경희사이버대학교, 경기도관광협회, 경북관광공사, 울산발전연구원, 전주대학교, 제주관광대학교 등이다. 문화관광해설사의 선발 및 배치는 지자체별로 진행되기 때문에 선발 시기나 채용규모 등에 대한 정보는 각 시도에 문의해서 준비하는 것이 효율적이다.

미술관관리자

직업 소개

미술관관리자는 한국화, 서양화, 공예, 판화, 조각, 설치미술 등의 미술작품을 전시하며 미술관의 운영을 총괄하고, 관련 종사원들의 활동을 지휘하고 감독하는 업무를 수행한다. 미술관에 보관된 한국화, 서양화, 조각, 공예 등 미술작품의 수량 및 종류를 점검하고 전시계획을 조율하며, 대여하거나 대출된 미술작품의 종류와 수량을 확인한다. 관리, 회계, 조사 등에 종사하는 작업원들의 활동을 총지휘하고 감독하며 예산을 편성 및 관리한다.

적성 및 흥미

- ✔ 기획력
- ✔ 성실함
- ✔ 적응성

미술사적인 지식과 더불어 미술시장의 전반적인 흐름에 대한 세심한 통찰력이 요구되며, 미술사적인 관점과 대중들의 필요를 잘 파악하고 조율하는 리더십도 필요하다. 공적자금에서 예산이 나오는 방식으로 미술관을 운영할 수도 있기 때문에 예산을 기획하고 집행하는 능력도 요구된다. 사회형과 진취형의 흥미를 가진 사람에게 적합하며 혁신, 분석적 사고, 적응성을 가진 사람에게 유리하다.

미술작품 연구, 문화예술 탐구, 역사 탐구, 신문, 학교소식지 등의 교내 동아리활동을 통해 자신의 진로와 연계하여 심화된 탐구주제를 조사하고 발표하는 등 주도적이고 적극적인 태도를 드러낼 필요가 있다. 미술 관련 교과수업 활동에 적극 참여하여 전공적합성, 학업 역량, 문제해결능력 등이 학교생활기록부 교과 세부능력 및 특기사항에 기록될 수 있도록 한다. 또한 학교교육계획에 의해 진행되는 진로와 관련 있는 학급활동, 봉사활동, 자율활동에 적극 참여하여 발전가능성, 인성, 나눔과 배려, 협업능력, 공동체 의식 등을 보이는 것이 중요하다. 또한 미술사학, 예술학, 역사학, 문화인류학, 문학, 철학 등 다양한 분야의 독서와 신문기사 읽기 등을 통해 기본적인 소양을 기르도록 한다.

관련 직업

미술관장

관련 자격

준학예사   정학예사

진출 방법

대학교 또는 대학원에서 미술관이나 박물관 관련 분야(고고학, 미술사학, 인류학, 예술학, 민속학, 자연사, 과학사, 박물관학, 역사학 및 보존과학)를 전공하는 것이 유리하다.

미술관 관장은 동양화, 서양화, 도예 등 미술 실기를 전공해도 도움이 된다. 보통 국·공립 박물관이나 미술관에 채용되며, 채용 시 지방학예연구관으로 제한하는 경우도 있다. 미술관 운영 총괄과 더불어 작품 및 전시계획, 학술자료 연구 등 미술관 운영 전반에 걸쳐 업무를 담당하게 된다.

09 상품·공간 스토리텔러

💻 직업 소개

상품·공간 스토리텔러는 제품 및 서비스, 공간 등과 연관된 스토리를 발굴한다. 즉, 제품의 이미지를 강화할 수 있는 차별화된 전략을 수립하여 제품에 담긴 감성과 이야기를 발굴한다. 상품스토리텔러의 경우에는 상품 이미지 강화전략, 차별화 전략을 수립하고, 제품에 어울리는 감성에 담긴 이야기를 끌어내어 고객이 상품을 구매하는 데 긍정적인 영향을 끼치는 일을 수행한다. 공간 스토리텔러는 특정 공간을 효과적으로 홍보하려는 목적으로 관련 스토리를 만들고, 이를 전달 및 확산시킴으로써 사람들의 공감을 이끌어내며, 발굴한 스토리를 전략적으로 관리한다.

💡 적성 및 흥미 • • •

기본적으로 이야기를 다루기 때문에 책을 많이 읽어야 하며, 예민한 감수성과 관찰력으로 사물을 포착할 수 있는 통찰력이 요구된다. 또 포착한 것을 자신만의 방식으로 변형하고 구성하는 풍부한 상상력과 창의적 사고 능력이 필요하며, 같은 상품 정보라도 그것을 쉽고 재미있게, 설득력 있게 알려주는 것이 중요하기 때문에 의사소통능력이 요구된다. 예술형, 탐구형의 흥미를 가진 사람에게 적합하며, 스트레스 감내성과 꼼꼼함, 사회성 등을 지닌 사람에게 유리하다.

스토리 탐구, 문화 탐구, 문학 작품 탐구, 국어 연구, 신문, 학교소식지 등의 교내 동아리활동을 통해 자신의 진로와 연계하여 심화된 탐구주제를 조사하고 발표하는 등 주도적이고 적극적인 태도를 드러낼 필요가 있다. 또한 문학, 역사학, 경영학, 철학, 문화사회학 등 다양한 분야의 독서와 신문기사 읽기 등을 통해 기본적인 소양을 기르도록 한다.

❤ 💬 ✈ 관련 직업

(# 스토리텔러) (# 작가)

✒ 진출 방법

상품·공간 스토리텔러로 진입하기 위해서는 대학에서 스토리텔링학, 문화콘텐츠학, 문예창작학, 홍보학 등을 전공하는 것이 유리하다. 현재 4년제 대학교의 경우 문예창작학과를 중심으로 스토리텔링 관련 교육 프로그램을 진행하고 있다. 동국대 문예창작학과, 한국예술종합학교 서사창작과 등이 대표적이다. 지역별 문화산업진흥원, 한국방송작가협회 등에서 진행하는 스토리텔러 교육 등을 받는 것도 효과적이다. 또 한국콘텐츠진흥원의 '문화콘텐츠 기획창작 아카데미'에서 시행하고 있는 기획자, 창작자 등 콘텐츠 실무자 양성을 위한 교육을 통해 준비하는 방법도 있다. 스토리텔링 전문 업체, 광고회사, 제품스토리텔링 전문 업체, 1인 기업 등에 입직할 수 있다.

성직자

직업소개

성직자는 신자들에게 정신적, 도덕적 지도를 하며 교리의 해설과 설교를 통해 신앙심을 고취시키며 종교의식을 거행한다. 성직자로는 승려, 신부, 목사 등이 있는데, 교리를 해석하여 전달하며 신자들의 고충을 들어주고 안식을 주는 등 상담자로서의 역할을 수행한다. 그리고 일반적으로 종교 의례와 의식을 거행하거나 관리하며 창조, 속죄 또는 구원 행사의 의식적 재연을 관장한다. 사회적 지도자로서의 역할을 충실히 이행하며, 병든 사람을 위로하고 가난한 사람을 도와주는 등 정신적 결핍을 호소하거나 안식을 갈망하는 사람들을 도와주어 신앙으로 인도한다.

적성 및 흥미

- ✅ 언어전달능력
- ✅ 자기성찰능력
- ✅ 대인관계능력

종교의 기능, 철학, 역사, 사회와 인류 등에 대한 높은 수준의 전문지식이 필요하며 언어전달능력, 자기성찰능력, 대인관계능력 및 상담능력이 요구된다. 다른 종교를 존중하고 이해하며 남을 위해 희생하고 봉사하는 투철한 사명감이 필요하다. 또한 성직자가 되기 위해서는 높은 소명의식과 도덕성 및 책임감이 요구된다.

심리학 연구, 종교 연구, 기독교, 독서토론 등 교내 동아리에서 심리와 관련된 내용을 조사 정리하여 발표하는 등 전공 관련 활동을 주도적으로 하고 의미 있는 역할을 수행할 수 있도록 한다. 진로와 연계하여 학교교육계획에 의해 진행되는 학급활동, 봉사활동, 자율활동에 적극 참여함으로써 발전가능성, 인성, 나눔과 배려, 협업능력, 공동체 의식 등을 보이는 것이 중요하다. 또한 역사학, 철학, 심리상담학, 정치경제학, 사회학 등 다양한 분야의 독서와 신문기사 읽기 등을 통해 기본적인 소양을 기르도록 한다.

관련 직업

\# 승려   \# 신부   \# 목사

진출 방법

성직자가 되기 위해서는 대학교 및 대학원의 불교학과, 신학과, 기독교학과, 목회학과, 종교교육과, 기독교교육과, 선교학과, 교리교육학과 등을 졸업하는 것이 유리하다.

성직자가 되기 위한 입직 방법은 종교마다 또 종교 내부의 종파마다 차이가 있어 매우 다양하다. 성직자 양성기관인 승가대학, 신학대학, 가톨릭대학에서 교육을 받은 뒤 일정 시험을 거쳐 임명이 되는 경우가 대부분이다.

아트컨설턴트

💻 직업 소개

아트컨설턴트는 고객에게 미술작품의 선정에 대해 조언하고, 미술품이 설치될 공간의 품격과 활용성을 높이기 위해 고객의 취향이나 분위기, 공간의 목적 등에 따라 공간에 조화롭게 어울리는 미술작품을 선정하여 이를 설치하고 관리하는 업무를 한다. 또한 고객과의 상담을 통해 고객의 취향이나 분위기, 가용 예산 등을 조사하고 분석한다. 설치될 미술품을 컴퓨터 시뮬레이션 기법이나 관련 소프트웨어를 활용하여 공간에 가상으로 위치시키고, 이를 고객에게 제시하여 상담한 후 고객의 결정에 따른다. 최종 선택된 미술품을 공간에 설치하거나 설치를 감독한다.

💡 적성 및 흥미 ● ● ●

아트컨설턴트가 되기 위해서는 회화, 조각 등 전반적인 미술 분야에 대한 해박한 지식과 경영학적 마인드가 요구된다. 화가 또는 개인이 설치하고자 하는 미술품을 소장하고 있는 경우에는 이들을 합리적으로 설득할 수 있는 논리적 사고능력이 필요하다. 미술품과 공간의 어울림을 시뮬레이션으로 표현해야 하므로 포토샵 등 소프트웨어를 다룰 수 있는 능력이 요구된다. 예술형과 탐구형, 사회형의 흥미를 가진 사람에게 적합하며, 그림이나 조각 등 미술품에 대한 지적 호기심과 관찰력, 사회성, 적응성을 가진 사람이 유리하다.

미술작품 탐구, 문화 탐구, 신문, 학교소식지 등의 교내 동아리활동을 통해 자신의 진로와 연계하여 심화·확장된 탐구주제를 조사, 발표하는 등 주도적이고 적극적인 태도를 드러낼 필요가 있다. 미술 관련 교과수업 활동에 적극 참여하여 전공적합성, 학업 역량, 문제해결능력, 융합 사고력 등이 학교생활기록부 교과 세부능력 및 특기사항에 기록될 수 있도록 한다.

♥ ◯ ◁ 관련 직업

(# 학예사)   (# 문화재보존원)

🖅 진출 방법

미술 관련학과를 전공하거나 경영학적 지식이 있으면 업무 수행에 많은 도움이 된다. 아트컨설턴트는 전문 미술임대 및 판매업체, 경매업체 등에서 근무한다. 아트컨설팅을 전문으로 수행하는 컨설턴트의 수는 많지 않은데, 기업들이 미술품을 이용하여 이용객들에게 편안함, 우아함, 아늑함과 같은 부가적인 환경을 제공하고자 할 때 아트컨설턴트의 도움을 받는 편이다. 다만, 아트컨설턴트들이 일할 수 있는 전문 업체 수의 증가나 시장 확대를 기대하기는 어려워서 이들의 고용은 다소 감소할 전망이다.

여행작가

직업 소개

여행작가는 국내외 여행 및 여행지에 관한 글과 사진으로 책을 엮거나 여행에 관한 글을 기고하며, 국내외 여행지에 대해 다양한 콘텐츠를 소개한다. 여행지에서 보고 느꼈던 것을 기록하고, 이를 통해 새로운 여행지나 명소들을 소개하는 콘텐츠를 생산하는 것이다. 생산한 여행 관련 콘텐츠를 신문이나 잡지 등에 기고하기도 하고 여행서적으로 엮기도 한다.

정보 소개가 목적인 가이드북의 경우에는 출판사와 취재 계획을 세운 후 취재 계획에 따라 여행지에서 직접 조사하며 정보를 수집·정리하고, 필요한 경우 사진을 찍어 기록하는 업무를 수행한다. 이렇게 수집된 정보와 사진에 관한 설명을 엮어서 가이드북 원고를 작성한다.

적성 및 흥미

✅ 문장력

✅ 사고력

✅ 독립성

여행을 좋아하고 여행지를 통해 사물이나 자연현상에 대한 느낌, 작가 자신의 경험을 자유로운 문장형식으로 나타내어 자신의 정서를 표현해야 하므로 글쓰기 능력이 무엇보다도 요구된다. 새로운 여행지에 대한 정보나 사물을 관찰하고 메모하는 습관도 필요하다. 또한 사진 및 영상을 다루는 능력과 여행지에 대한 다양한 분야의 해박한 지식이 요구되며, 새로운 명소를 소개하는 콘텐츠를 개발할 수 있는 창의력과 혁신적인 사고력도 요구된다. 예술형, 탐구형의 흥미를 가진 사람에게 적합하며, 스트레스 감내성, 혁신, 독립성의 성격을 지닌 사람에게 유리하다.

자신의 진로와 연계하여 교내 동아리활동에서 심화·확장된 탐구주제를 조사, 발표하는 등 주도적이고 적극적인 태도로 참여하여 전공적합성, 학업 역량, 문제해결능력, 융합 사고력, 비판적 사고력 등이 학교생활기록부 진로 특기사항에 기록될 수 있도록 하는 것을 권장한다.

관련 직업

여행에세이스트

여행정보작가

진출 방법

여행작가로 진출하는 경로는 다양하다. 대학의 국어국문학과, 문예창작학과, 관광학과 등에서 관련 교육을 받으면 습작훈련을 통해 문장력, 표현력 등을 기를 수 있기 때문에 작가 활동에 많은 도움을 받을 수 있다.

출판물, 잡지, 신문, 인터넷 등의 매체에 연재 및 기고를 함으로써 여행작가로 활동하기도 하며, 온라인 글쓰기 플랫폼을 통해 여행지 소개 글을 연재하기도 한다. 여행작가로서 여행지를 소개하거나 도서를 출간할 수 있으며, 대학이나 교육기관 등에서 여행지 소개 콘텐츠 개발이나 여행작가 양성 관련 강의를 할 수도 있다.

역사학연구원

🖥 직업 소개

역사학연구원은 기록보관소, 도서관 또는 개인이 소장하고 있는 자료들로부터 유용한 자료를 수집·분석하고 신빙성에 비추어 평가한다. 또한 역사의 시대구분, 역사관의 시대적 흐름, 역사의 인식문제 등을 연구하여 현대사학의 과제를 인식하며, 사료의 비판점이나 역사이론에 있어서의 문제를 연구한다. 특수한 시대, 민족, 지역 그리고 국가의 역사나 경제사, 사회사, 문화사 등과 같이 특정 전문분야를 연구하기도 한다.

💀 적성 및 흥미　　● ● ●

사람과 사회에 대한 지적 호기심과 폭넓고 다양한 시각을 가지고 있어야 하며, 역사, 문화, 사회, 철학 등 인문학과 사회과학 전반에 대한 해박한 지식이 요구된다. 역사적 사실에 대한 탐구정신과 호기심, 역사적 사실을 객관적으로 기술하고 평가할 수 있는 논리적 사고력 및 판단력이 요구된다. 또한 각종 문헌자료를 조사·분석하고 연구해야하므로 한문과 중국어, 영어 등 일정 수준의 외국어 구사능력과 정보수집능력이 요구된다. 탐구형, 예술형의 흥미를 가진 사람에게 적합하며, 주어진 연구 과제를 끝까지 수행할 수 있는 계획성, 성실함, 인내력이 필요하다.

역사연구, 문화 탐구, 민족사 연구, 신문, 학교소식지 등의 교내 동아리활동을 통해 자신의 진로와 연계하여 심화·확장된 탐구주제를 조사, 발표하는 등 주도적이고 적극적인 태도를 드러낼 필요가 있다. 역사 관련 교과수업 활동에 적극 참여하여 전공적합성, 학업 역량, 문제해결능력 등이 학교생활기록부 교과 세부능력 및 특기사항에 기록될 수 있도록 한다. 또한 역사학, 고고학, 예술학, 문화인류학, 문학, 문화, 철학 등 다양한 분야의 독서와 신문기사 읽기 등을 통해 기본적인 소양을 기르도록 한다.

♡ 💬 ✈ 관련 직업

(# 철학연구원) (# 사학자) (# 역사학자)

✈ 진출 방법

역사학연구원으로 활동하기 위해서는 역사학 관련 분야에서 석사 또는 박사 학위를 취득하는 것이 유리하며, 공채를 통해 대학부설연구소, 정부출연연구소의 연구원 및 대학 교수로 진출할 수 있다. 다만 역사학연구원이 진출할 수 있는 대학이나 정부출연연구소가 제한적이어서 채용 시 경쟁률이 치열한 편이다. 그러나 최근 현대사회의 융합적 지식 수요에 부응하는 지식정보 계발을 목적으로 역사학을 비롯해 철학, 문학 등 전통적인 인문과학 분야의 지식과 정보과학기술 사이의 학제적 연구가 활발해지면서 일자리 창출에 긍정적인 효과가 나타나고 있다.

인류학자

직업 소개

인류학자는 인류와 그 문화의 기원, 특질 따위를 연구하는 사람으로 오늘날 존재하는 다양한 문화에 대해 총체적으로 연구한다. 석기 사용 문화에서부터 현대 산업사회에 이르기까지 다양한 문화의 가족과 친족관계, 경제생활·정치생활·종교생활과 같은 여러 문화적 생활을 연구하여 해당 사회의 내적 규칙을 발견하는 연구를 한다. 연구방법으로 현지조사(fieldwork, 현지연구, 현장연구, 현장조사 등으로 번역됨)를 통해 연구대상에게 다가가는데, 현지조사는 내실이 중요하므로 참여관찰, 인터뷰, 설문조사법 등이 포함된다. 그밖에도 지도 그리기, 물질문화 수집, 영상촬영 및 녹음 등 다양한 방법이 동원된다.

진출 방법

인류학자로 활동하기 위해서는 인류학 관련 분야 석사 또는 박사 학위를 취득하는 것이 유리하다. 공채를 통해 대학부설연구소, 정부출연연구소의 연구원 및 대학 교수로 진출할 수 있다. 최근 기업들에서도 인류학자를 고용하는 추세이다.

관련 직업

고고학자　　# 언어학자　　# 사회학자

적성 및 흥미

인간, 사회 및 문화에 대한 지적 호기심과 다양한 시각을 가지고 있어야 하며, 역사, 문화, 사회, 철학 분야의 전문적인 지식이 요구된다. 인류의 다양한 행동방식과 동기에 관심을 가지며, 사회 집단 간의 공통점과 차이점에 대해 질문하고 총체적 관점에서 답을 찾으려는 탐구정신이 요구된다. 다른 문화에 대한 호기심이 크고, 자기 문화를 성찰해보고 싶은 사람에게 적합하다. 또한 글로벌 시대의 다양한 문화와 그 변화를 이해하고 분석하는 사고력과 판단력이 요구된다. 탐구형, 예술형의 흥미를 가진 사람에게 적합하며, 주어진 연구과제를 끝까지 수행할 수 있는 계획성, 인내력, 통찰력이 필요하다.

다문화 탐구, 민족사 연구, 사회문화 연구, 박물관 탐방, 신문, 학교소식지 등의 교내 동아리활동을 통해 자신의 진로와 연계하여 확장된 탐구주제를 조사하고 발표하는 등 주도적이고 적극적인 태도를 드러낼 필요가 있다. 역사, 사회 및 문화 관련 교과 수업활동에 적극 참여하여 전공적합성, 학업 역량, 문제해결능력 등이 학교생활기록부의 교과 세부능력 및 특기사항에 기록될 수 있도록 한다. 또한 역사학, 고고학, 예술학, 문화인류학, 문학, 문화, 철학 등 다양한 분야의 독서를 통해 기본적인 소양을 길러야 한다.

철학연구원

📖 직업 소개

철학연구원은 인간의 행위, 지식, 가치관, 규범, 문화, 예술 등 인간과 사회에 대한 다양한 문제 및 근원을 논리적이고 체계적으로 분석하고 연구하며, 사물의 근원 및 사물과 현상에 대한 기본 전제들을 탐구한다. 또한 종교와 도덕적 문제를 개념적·논리적으로 분석하고 삶의 의미와 실존적 관심에 대해 연구한다. 그리고 이성적 탐구 일반을 행함에 있어서 우리의 사고가 따라야 하는 법칙들이 무엇인지를 탐구하며, 지식의 본성과 범위, 그리고 그 한계가 무엇인지를 탐구한다.

💡 적성 및 흥미 ● ● ●

사람과 사회에 대한 다양하고 폭넓은 시각과 지적 호기심을 가지고 있어야 한다. 그리고 철학, 역사, 신학, 사회, 문화, 인류 등 인문학과 사회과학 전반에 대한 해박한 지식이 필요하다. 사물의 기본적인 현상과 인간의 사고 과정에 대한 의구심과 호기심을 바탕으로 사물과 사고의 기본 전제 과정에 대해 분석하고, 그에 대한 이론을 세울 수 있는 논리적이면서도 혁신적인 사고력, 통찰력이 요구된다. 탐구형, 예술형의 흥미를 가진 사람에게 적합하며, 분석적 사고, 독립성, 적응성을 가진 사람에게 유리하다.

철학 연구, 사회문제 탐구, 윤리문제탐구, 신문 등의 교내 동아리활동을 통해 자신의 진로와 연계하여 심화·확장된 탐구주제를 조사, 발표하는 등 주도적이고 적극적인 태도를 드러낼 필요가 있다. 철학 관련 윤리와 사상, 생활과 윤리 등의 교과수업 활동에 적극 참여하여 전공적합성, 학업 역량, 문제해결능력, 발전가능성 등이 학교생활기록부 교과 세부능력 및 특기사항에 기록될 수 있도록 한다. 철학, 예술학, 역사학, 문화인류학, 문학 등 폭넓은 독서와 신문기사 읽기 등을 통해 기본적인 소양을 기르도록 한다.

♥ ○ ✈ 관련 직업

철학자　# 서양철학자　# 동양철학자
국학자

✈ 진출 방법

철학연구원으로 활동하기 위해서는 철학 관련 석사 이상의 학위가 필요하다. 정부출연연구소나 규모가 큰 관련 연구소에서는 대부분 석사나 박사학위 소지자를 채용하기 때문이다. 공채나 특채를 통해 대학 교수나 대학부설연구소의 연구원으로 진출할 수 있다. 하지만 일자리 창출이나 성장이 매우 제한적이므로 취업경쟁이 치열한 편이다. 전문성이 요구되는 분야로서, 자기개발 가능성이 높지만 능력에 따른 승진이나 직장이동의 가능성은 낮은 편이다.

학예사

직업 소개

학예사는 박물관이나 미술관에서 관람객을 위해 예술작품의 전시회를 기획하고 작품을 수집하며 관리를 담당한다. 소장품과 관련된 예술성의 가치 및 학술적인 연구업무를 수행한다. 관람객들에게 소장품이나 자료에 대한 정보가 잘 전달될 수 있도록 창의력을 발휘하여 교육프로그램을 개발하고 실행한다. 또한 작품 선정과 수집이 끝나면 미술관의 공간과 작품의 수량을 확인하고, 주제를 고려하여 작품을 진열한다. 전시할 작품의 진위 여부를 정확히 판단하고 소장 작품인 경우에는 훼손되지 않도록 보관 관리한다.

적성 및 흥미

✅ 창의성
✅ 관찰력
✅ 타협성

예술적인 안목과 감각이 필요하며 계획한 전시가 관람객들에게 효과적으로 전달되도록 기획할 수 있는 창의성, 혁신적인 사고 및 통합적 사고가 요구된다. 세심하고 주의 깊은 관찰력과 탐구 자세를 갖추어야 하며 역사를 비롯해 다양한 문화권의 생활양식, 철학, 예술 등 문화 전반에 대한 흥미가 있는 사람에게 적합하다. 탐구형과 예술형의 흥미를 가진 사람에게 적합하며, 꼼꼼함, 타협성, 분석적 사고 등의 성격을 가진 사람들에게 유리하다.

미술작품 연구, 문화예술 탐구, 박물관 탐구, 수복연구 등의 교내 동아리활동을 통해 자신의 진로와 연계하여 심화·확장된 탐구주제를 조사, 발표하는 등 주도적이고 적극적인 태도를 드러낼 필요가 있다. 학교교육계획에 의해 진행되는 진로와 관련 있는 학급활동, 봉사활동, 자율활동에 적극 참여하여 발전가능성, 인성, 나눔과 배려, 협업능력, 공동체 의식 등을 보이는 것이 중요하다. 또한 미술사학, 보존과학, 고고학, 예술학, 역사학, 문화인류학, 문학, 철학 등 다양한 분야의 독서와 신문기사 읽기 등을 통해 기본적인 소양을 기르도록 한다.

관련 직업

큐레이터

관련 자격

박물관(미술관) 1급 정학예사

박물관(미술관) 2급 정학예사

박물관(미술관) 3급 정학예사

진출 방법

학예사가 되기 위해서는 대학교 또는 대학원에서 미술관이나 박물관 관련 분야(고고학, 미술사학, 예술학, 민속학, 인류학, 서지학, 자연사, 과학사, 박물관학, 역사학 및 보존과학)를 전공하는 것이 유리하다.

미술관 학예사의 경우, 동양화, 서양화, 도예 등 미술 실기를 전공하는 것도 도움이 된다. 보통 박물관이나 미술관의 경우 채용 시 4년제 대학 관련 분야 전공자 및 학예사 자격증 소지자로 응시자격을 제한하는 경우가 많다. 국·공립 박물관 및 미술관은 학예연구직 공무원으로 근무하게 되는데, 모집 채용 시 응시자격은 4년제 정규대학에서 해당분야인 고고, 미술·공예, 전통건축, 보존과 등을 전공한 사람들로 제한하기도 한다.

고고미술사학과

선사시대로부터 근대에 걸친 문화재와 유적을 연구하여 문화유산에 대한 올바른 인식과 안목을 갖추도록 하고, 우리 민족과 인류가 남긴 문화의 성격을 일상생활에서 예술분야에 이르기까지 폭넓게 규명하는 학문이다.

인류가 남겨놓은 유적과 유물을 발굴하고 조사·분석하여 과거의 문화를 복원하고 문화변동의 과정을 규명하는 것을 교육 목적으로 한다. 미술사학은 과거의 미술품을 연구하여 시대와 지역에 따라 다양한 양상으로 전개된 인간미술 활동의 변천과정과 역사적 의의 및 가치를 밝히는 것을 교육 목적으로 한다.

졸업 후 진출 분야 및 직업

✏ 진출 분야

대학, 박물관, 문화재청, 발굴조사전문기관, 민족문화연구원 등

✏ 진출 직업

문화재보존가, 문화콘텐츠전문가, 미술관장, 박물관장, 인문 교수, 학예사(큐레이터), 학예연구사, 전시기획자, 유적발굴원, 문화관광해설사, 문화체육공무원, 문화재스토리텔링작가, 문화재감정평가사, 전시디자이너, 디자인전시기획자, 문화보존가, 미술품감정사, 문화예술정책평가연구원, 미술사학자, 미술품경매사, 아트 딜러, 미술 전시안내인(도슨트) 등

개설 대학

서울대학교, 충북대학교 등

관련 학과

| 고고학전공 | 미술사학전공 | 고고학과 |

고고미술사학전공   고고인류미술사학과

역사고고학과

🗄 고등학교 권장 선택과목 로드맵

교과 영역	선택과목	
	일반선택	진로선택
기초		심화 국어, 고전 읽기, 영미 문학 읽기
탐구	한국지리, 세계지리, 세계사, 동아시아사, 사회·문화	과학사
체육·예술	미술	미술 감상과 비평
생활·교양	제2외국어 I, 한문 I, 철학, 종교학	지식 재산 일반, 제2외국어 II, 한문 II

고고학과

과거 선조들이 남긴 흔적 즉, 유물·유적 등의 물질자료를 통해서 과거의 문화와 역사를 밝히는 학문으로 문헌기록이 부족한 역사시대를 연구하는 학과이다. 우리의 역사와 문화를 연구하여 세계 속의 한국에 대한 올바른 역사적 인식을 고취하고, 한국인의 정체성을 확립하며 문화재 보존과 복원에 기여하여 우리 문화산업이 나아갈 올바른 방향을 제시하는데 교육목표를 두고 있다.

고고학은 특성상, 유적의 발굴 조사 등 지속적인 야외합동 연구조사를 필요로 하는 학문이므로 고도의 협동심과 사물에 대한 뛰어난 관찰력 및 분석력을 갖춘 전문적인 고고학자 인재 양성을 교육목적으로 삼고 있다.

졸업 후 진출 분야 및 직업

진출 분야

출판사, 초·중·고 및 대학 도서관, 기업의 문헌자료실, 언론사, 인문·사회과학 관련 국가·민간 연구소, 문화재 관련 연구소, 중앙정부 및 지방자치단체의 문서실, 한국사진흥재단, 국립박물관문화재단 등 역사 관련 공공기관, 발굴조사 전문기관 등

진출 직업

국사·세계사교사, 언론인(기자, PD, 아나운서 등), 인문과학연구원, 인문 교수, 작가, 문화재보존가, 유적발굴원, 고고학자 등

개설 대학

부산대학교, 충남대학교 등

관련 학과

고고미술사학과 · 미술사학전공 · 고고미술사학전공 · 고고인류미술사학과 · 고고학과 · 역사고고학과 · 융합고고학과

고등학교 권장 선택과목 로드맵

교과 영역	선택과목	
	일반선택	진로선택
기초		고전 읽기, 심화 국어
탐구	한국지리, 세계지리, 세계사, 동아시아사	고전과 윤리, 여행지리, 사회문제 탐구, 과학사
체육·예술		
생활·교양	제2외국어 I, 한문 I, 철학, 종교학, 논술	제2외국어 II, 한문 II

국제지역학부

정치·경제·사회·역사·문화 등에 대한 종합적인 지식과 균형 있는 이해력을 갖추도록 하고, 통상, 문화, 국제협력 분야에서 전문성과 경쟁력을 갖춘 전문 인재 양성을 교육 목적으로 하고 있다.

국제관계의 발달 과정, 현대 국제관계의 제 이론, 분석 방법, 국제관계와 제3세계에 대해 깊이 있게 배우고, 각 나라의 해당 지역이 사용하고 있는 언어에 대한 소양 및 폭넓은 지식을 쌓아 창의적 사고, 커뮤니케이션 능력을 배양할 수 있도록 교육목표를 두고 있다.

개설 대학

대진대학교, 부경대학교, 평택대학교 등

관련 학과

동양학전공 베트남지역전공 유럽학전공

아시아학전공 언더우드 국제학전공

동북아지역전공 인도네시아지역전공

국제지역전공 글로벌지역학부

인도지역전공 중국일본학부

중남미학전공

졸업 후 진출 분야 및 직업

🖉 진출 분야

무역회사, 여행사, 기업체 일반 사무직 및 해외 영업직, 해외 현지 기업, 금융 기업, 언론사, 연구소, 국제 경제·무역 관련 국가·민간 연구소, 사회과학 관련 국가·민간 연구소, 외교관/대사관/한국국제교류재단/대한무역투자진흥공사 등 국제외교 관련 공공기관 등

🖉 진출 직업

무역담당자, 언론인(기자, PD, 아나운서 등), 여행안내원, 외교관, 인문과학연구원, 출판물기획자, 통번역가 등

고등학교 권장 선택과목 로드맵

교과 영역	선택과목	
	일반선택	진로선택
기초		
탐구	세계지리, 세계사, 동아시아사, 사회·문화, 윤리와 사상	사회문제 탐구, 고전과 윤리, 과학사, 생활과 과학
체육·예술		
생활·교양	제2외국어 I, 한문 I, 철학, 논리학, 심리학, 종교학, 논술	제2외국어 II, 한문 II

글로벌학부

지역사회와 문화에 대한 지식을 기반으로 국제화 시대를 선도할 글로벌 인재 배출을 교육목표로 두고 있다.

체계적인 외국어 교육뿐만 아니라 한국, 중국, 영미, 독일의 언어, 문화, 사회, 역사, 정치, 경제 등 다방면에 능통한 국제적 인재로 성장할 수 있도록 교육하고 있다. 국제화에 대한 종합적 이해와 과학적 판단력 배양을 위한 교양교육을 통해 국제화 시대에 부응하는 전문지식과 국제적 감각을 겸비한 인재 양성을 교육 목적으로 삼고 있다.

졸업 후 진출 분야 및 직업

진출 분야

기업체 연구원 및 기술직, 정부기관 및 국영 기업체 등

진출 직업

공무원, 관광통역안내원, 방송기자, 번역가, 출판물기획자, 통역가, 문화기획자, 통상전문가(물류관리전문가), 다문화교육종사자 등

 개설 대학

경성대학교, 고려대학교(세종), 목포대학교, 영산대학교, 한림대학교 등

 관련 학과

글로벌커뮤니케이션전공 　 국제학부

국제개발협력학부 　 국제협력학부

고등학교 권장 선택과목 로드맵

교과 영역	선택과목	
	일반선택	진로선택
기초		
탐구	세계지리, 세계사, 동아시아사, 사회·문화, 윤리와 사상	사회문제 탐구, 고전과 윤리, 과학사, 생활과 과학
체육·예술		
생활·교양	제2외국어Ⅰ, 한문Ⅰ, 철학, 논리학, 심리학, 종교학, 논술	제2외국어Ⅱ, 한문Ⅱ

문화인류학과

인류학의 한 분야로서 특정한 사회나 시대의 문화를 비교·연구하는 인류학·민속학·고고학의 학제연구와 융합교육이 활발하게 이루어지는 학문이다.

문화의 의미와 가치를 탐구하는 인류학적 현장연구, 문화재 및 유물과 유적의 발굴과 실측을 통한 고고학 연구, 민속생활의 현장에 관한 민속학적 연구가 이루어진다. 전 세계의 문화를 바라보는 올바른 관점과 이해의 방법에 대한 교육 기회를 통해 문화 간 교류를 선도적으로 이끌어나갈 문화적 감수성과 통합적 사고력이 풍부한 인재의 양성을 주요 교육 목적으로 삼고 있다.

졸업 후 진출 분야 및 직업

진출 분야

박물관, 언론사, 출판사, 도서관, 문화재연구소, 문화재 관련 국가·민간 기관, 국립박물관문화재단, 한국문화재재단 등 문화재 관련 공공기관 등

진출 직업

감정평가사, 문화재보존원, 예술품복원기술자, 인류학자, 학예사(큐레이터), 공무원(문화직) 등

개설 대학

강원대학교, 연세대학교, 영남대학교, 한양대학교(ERICA) 등

관련 학과

고고문화인류학과	고고문화인류학전공
고고인류문화학과	고고인류학과
문화인류고고학과	문화인류학전공
민속학과	인류·지리학과군	인류학과

고등학교 권장 선택과목 로드맵

교과 영역	선택과목	
	일반선택	진로선택
기초		
탐구	한국지리, 세계지리, 세계사, 동아시아사, 사회·문화, 윤리와 사상	여행지리, 사회문제 탐구, 고전과 윤리, 과학사
체육·예술		
생활·교양	제2외국어Ⅰ, 한문Ⅰ	제2외국어Ⅱ, 한문Ⅱ, 지식 재산 일반

문화재보존학과

과거의 역사와 문화를 과학기술에 접목시켜 현재의 문화유산을 보존하고, 문화재에 대한 전문적인 연구 및 체계적인 실무 중심의 교육을 통해 민족 고유문화를 전승·발전시키는 분야이다.

전통 문화재에 대한 조사, 연구, 보존을 위한 특성화된 인재 양성 및 사회와 소통할 수 있는 실무 중심의 전인적인 전통 문화재 전문가 양성 그리고 고고학, 미술사, 보존과학, 박물관학 등 학제 간 융·복합 교육을 통한 문화재 전문 글로벌 인재 육성을 교육목표로 삼고 있다.

개설 대학

한서대학교 등

관련 학과

문화재관리학과 문화재보존과학과
문화재전공 보존과학과 박물관학전공

고등학교 권장 선택과목 로드맵

교과 영역	선택과목	
	일반선택	진로선택
기초		고전 읽기, 영미 문학 읽기
탐구	한국지리, 세계지리, 세계사, 동아시아사, 사회·문화	사회문제 탐구, 여행지리, 고전과 윤리
체육·예술	미술	미술 감상과 비평
생활·교양	한문 I, 철학, 종교학	한문 II, 지식 재산 일반

졸업 후 진출 분야 및 직업

진출 분야

언론사, 박물관, 미술관, 문화재 관련 학계 및 연구기관, 문화재 관련 국가·민간 기관, 국립박물관문화재단/한국문화재재단 등 문화재 관련 공공기관 등

진출 직업

기록물관리사, 문화관광해설사, 문화재감정평가사, 문화재보존원, 학예사(큐레이터), 공무원(문화직) 등

미학과

미와 예술, 그리고 그것을 가능하게 하는 인간적인 특성과 사회·문화적 요소들을 이론적으로 탐구하는 학과이다.

이성과 감성의 조화, 인문학적 성찰능력을 갖춘 인재를 길러낸다는 교육목표를 두고 있다. 예술적 감성의 자유로움과 철학적 사유의 엄밀함이 조화를 이룬다는 학문적 특징을 가지고 있으며, 철학적 방법론을 주로 사용하지만 심리학적, 역사적, 사회학적 방법론을 동원하기도 한다. 미학과의 연구 영역으로는 순수 미학 사상 및 예술 철학을 탐구하는 미학 이론 분야, 개별 예술 장르에 대한 이론적 탐구와 비평적 성찰을 시도하는 예술 이론 분야가 있다.

개설 대학

서울대학교 등

관련 학과

예술학과   철학과

졸업 후 진출 분야 및 직업

진출 분야

출판사, 신문사, 잡지사, 방송국, 광고회사, 마케팅·리서치 회사, 중앙정부 및 지방자치단체의 문화예술 분야, 문화체육관광부, 윤리위원회, 중고등학교, 대학교 등

진출 직업

학예사, 미술사학자, 예술비평가, 홍보관리연구원, 기자, 평론가, 갤러리 관장, 문화자료연구원, 기록과학연구원, 학예연구관 등

고등학교 권장 선택과목 로드맵

교과 영역	선택과목	
	일반선택	진로선택
기초		심화 국어, 고전 읽기, 영미 문학 읽기
탐구	세계지리, 세계사, 생활과 윤리	사회문제 탐구, 고전과 윤리, 과학사
체육·예술	음악, 미술, 연극	미술 창작, 미술 감상과 비평
생활·교양	제2외국어 I, 종교학, 철학	제2외국어 II, 지식 재산 일반

사학과

민족의 문화적 유산을 발굴하고, 인류의 지적 유산의 핵심을 형성하는 역사와 문화에 대한 폭넓은 지식과 올바른 세계관을 배양하며, 세계 문화 속에서 한국문화의 위상을 정립할 수 있는 능력을 갖추도록 하는 것을 교육목표로 삼고 있다.

상호협력과 공동체 의식, 시민윤리의식과 인문학적 상상력을 겸비하고 과거의 역사를 바탕으로 현대사회의 변화에 능동적으로 대처할 수 있는 자기주도적 능력을 배양하도록 한다. 더불어 자료들을 다양한 시각으로 분석 및 정리하며 창의적이고 비판적인 사고능력을 배양하도록 하는 것을 교육 목적으로 두고 있다.

졸업 후 진출 분야 및 직업

📝 진출 분야

출판사, 초·중·고 및 대학 도서관, 기업의 문헌자료실, 기업체의 사무직, 언론사, 인문·사회과학 관련 국가·민간 연구소, 문화재 관련 연구소, 중앙정부 및 지방자치단체의 문서실, 한국사학진흥재단/국립박물관문화재단 등 역사학 관련 공공기관 등

📝 진출 직업

감정평가사, 국사·세계사교사, 언론인(기자, PD, 아나운서 등), 인문과학연구원, 인문 교수, 작가, 국사편찬위원회 편수관, 박물관 및 지방자치단체 학예직공무원, 일반 행정직공무원, 문화콘텐츠 기획·제작자, 문화유산해설사, 축제 및 행사 기획자 등

📖 개설 대학

강릉원주대학교, 건국대학교, 경기대학교, 경북대학교, 경상대학교, 경희대학교, 계명대학교, 고려대학교, 공주대학교, 단국대학교, 동국대학교, 목포대학교, 부산대학교, 서울여자대학교, 성균관대학교, 성신여자대학교, 순천대학교, 숭실대학교, 아주대학교, 안동대학교, 연세대학교, 이화여자대학교, 인하대학교, 전남대학교, 전북대학교, 제주대학교, 충남대학교, 충북대학교, 한국외국어대학교, 한남대학교, 한양대학교 등

📋 관련 학과

국사학과 / 동양사학과 / 미술사학과 / 사학과 / 서양사학과 / 역사문화학전공 / 역사문화학과 / 역사어문학부 / 역사철학부 / 역사학과 / 한국사학과 / 한국역사학과

고등학교 권장 선택과목 로드맵

교과 영역	선택과목	
	일반선택	진로선택
기초		고전 읽기, 심화 국어
탐구	한국지리, 세계지리, 세계사, 동아시아사	고전과 윤리, 여행지리, 사회문제 탐구, 과학사
체육·예술		
생활·교양	제2외국어Ⅰ, 한문Ⅰ, 철학, 종교학, 논술	제2외국어Ⅱ, 한문Ⅱ

신학과

세상의 빛과 소금으로서 국가, 인류 사회에 봉사할 숭고한 사제직의 목적을 달성하기 위해 사역할 전문적 목회자 양성에 필요한 지·영·체의 전인교육을 목표로 신앙과 학문의 통합교육을 실시한다.

전인적 인간교육, 성경에 기초한 신앙교육, 지식과 실천력을 겸비한 전문인 교육, 인류의 영적 구원을 위한 선교인 교육, 인류 사회를 구원하기 위한 봉사교육을 통해 현대사회를 선도할 지도자가 갖추어야 할 인격적 성숙과 폭넓은 문화적 소양의 배양, 성공적인 목회와 선교활동을 이끌 인재 양성을 교육 목적으로 한다.

졸업 후 진출 분야 및 직업

진출 분야

언론사, 교회, 사회복지시설, 기독교 기업 유관단체, 신학 관련 연구기관, 중앙정부 및 지방자치단체 등 종교 관련 공공기관 등

진출 직업

성직자, 신학연구원, 중등학교 종교교사, 각종 특수선교기관 사역자, 일반목회자, 문화사역자, 교회교육전문가 등

개설 대학

가톨릭대학교, 광주가톨릭대학교, 대전가톨릭대학교, 목원대학교, 삼육대학교, 서울장신대학교, 서울한영대학교, 수원가톨릭대학교, 안양대학교, 연세대학교, 인천가톨릭대학교, 총신대학교, KC대학교, 평택대학교, 한세대학교, 협성대학교, 호남신학대학교 등

관련 학과

교회실용교육학과　　복지신학과　　신학부
신학과경배찬양학과　　신학전공
통일신학과

고등학교 권장 선택과목 로드맵

교과 영역	선택과목	
	일반선택	진로선택
기초		심화 국어, 고전 읽기, 영미 문학 읽기
탐구	세계사, 동아시아사, 생활과 윤리, 윤리와 사상	여행지리, 사회문제 탐구, 고전과 윤리
체육·예술		
생활·교양	철학, 심리학, 종교학, 논술	

역사문화학과

우리나라와 세계의 역사와 문화에 대한 다양한 탐구를 통해 인류문명을 이해하고, 인간이 나아가야 할 길과 그 방향을 모색하는 것을 교육목표로 삼고 있다.

세부전공인 한국사·동양사·서양사에 대한 체계적인 학습과 연구를 바탕으로 정치, 사회, 경제, 문화 등 다양한 분야의 지식에 대한 융합적 사고가 가능한 창조적 인재 양성을 교육 목적으로 한다. 또한 역사적 사고방식과 지식을 습득하고 학문에 대한 응용력을 길러 올바른 역사의식과 역사관을 정립하고, 21세기의 다문화·다변화 사회가 요구하는 새로운 비전을 제시할 수 있는 역량을 강화하는 데 중점을 두고 있다.

졸업 후 진출 분야 및 직업

진출 분야

출판사, 초·중·고 및 대학 도서관, 기업의 문헌자료실, 기업체의 사무직, 언론사, 인문·사회과학 관련 국가·민간 연구소, 문화재 관련 연구소, 중앙정부 및 지방자치단체의 문서실, 한국사학진흥재단, 국립박물관문화재단 등

진출 직업

감정평가사, 언론인(기자, PD, 아나운서 등), 인문과학연구원, 인문 교수, 학예연구사, 문화콘텐츠제작자, 역사전문스크립터, 문화예술기획자 등

개설 대학

숙명여자대학교, 신라대학교, 조선대학교 등

관련 학과

사학과 　역사학과 　한국역사학과

역사문화콘텐츠학과

고등학교 권장 선택과목 로드맵

교과 영역	선택과목	
	일반선택	진로선택
기초		심화 국어, 고전 읽기, 영미 문학 읽기
탐구	한국지리, 세계지리, 세계사, 동아시아사, 사회·문화, 윤리와 사상	여행지리, 사회문제 탐구, 고전과 윤리, 과학사
체육·예술		
생활·교양	제2외국어 Ⅰ, 한문 Ⅰ, 철학, 종교학	제2외국어 Ⅱ, 한문 Ⅱ

인류학과

인간과 문화의 다양성과 보편성을 연구하는 학문이다.

인류학의 이론과 방법에 관한 기초적 훈련을 통해 인류학적 시각을 형성하는 데 주안점을 두고 있다. 시공간적으로 다양한 인간 집단의 사회 및 문화를 조사하고 비교·연구함으로써 인간과 사회에 대한 본질적인 이해에 도달하고자 한다. 이를 바탕으로 낯익은 것과 낯선 것 사이의 경계에서 문화적 감수성과 비판적 안목을 지닌 인재를 양성하고, 특히 다문화, 문화산업, 문화정책, 국제협력 등의 영역에서 뛰어난 전문가를 배출하는 것을 교육목표로 삼고 있다.

졸업 후 진출 분야 및 직업

진출 분야

신문사, 잡지사, 방송국, 유네스코, 출판사, 광고 회사, 이벤트 홍보 회사, 박물관, 문화재청, 국제개발협력, 한국사회과학자료원, 각 지역 문화재단, 국립문화재연구소, 민족문제연구소 등

진출 직업

감정평가사, 문화재발굴관리사, 문화재보존원, 신문기자, 학예사, 전시기획자, 인류학자, 대학교수 등

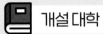

개설 대학

서울대학교 등

관련 학과

고고문화인류학과   고고인류학과

문화인류학과

고등학교 권장 선택과목 로드맵

교과 영역	선택과목	
	일반선택	진로선택
기초		실용 국어, 심화 국어, 고전 읽기, 영미 문학 읽기
탐구	한국지리, 세계지리, 동아시아사, 세계사, 사회·문화	여행지리, 사회문제 탐구, 고전과 윤리, 과학사
체육·예술		
생활·교양	철학, 심리학, 보건	가정과학

정치행정학부 북한학전공

북한을 포함한 사회주의권 나라들의 정치, 경제, 사회, 문화 전반에 걸친 전문지식과 평화체제로의 이행을 체득하여 북한 및 남북한 관계에 대해 심도 있는 연구를 하는 학과이다.

통일 전까지의 남북·북미·동북아에 대한 연구뿐만 아니라, 통일에 대한 준비와 함께 통일 이후 있을 여러 가지 정치·행정·경제·법·사회적 문제들에 대한 전문적인 연구를 한다. 이를 바탕으로 사회에서 요구하는 남북한 교류 협력 및 통일관련 전문 인력(통일교육요원, 통일행정요원)과 북한개발지원 전문가(북한개발행정요원, 북한전문NGO요원) 등 북한학 전문가의 양성을 교육 목표로 하고 있다.

개설 대학

동국대학교 등

관련 학과

북한학전공   정치행정학부 북한학전공

고등학교 권장 선택과목 로드맵

교과 영역	선택과목	
	일반선택	진로선택
기초		실용 국어, 심화 국어, 고전 읽기
탐구	한국지리, 동아시아사, 정치와 법, 생활과 윤리	사회문제 탐구, 고전과 윤리
체육·예술		
생활·교양	철학, 교육학, 보건	창의 경영

졸업 후 진출 분야 및 직업

진출 분야

NGO단체, 외교·안보 관련 전문기관, 신문사, 언론사, 남북 교류를 추진하는 국내외 민간 기업, 일반 기업체의 사무 관리직, 통일부, 북한인권정보센터, 여론조사기관, 중고등학교, 대학교 등

진출 직업

기자, 북한 및 통일문제전문가, 통일교육담당강사, 인문과학연구원, 군인, 경찰, 중고등학교 교사, 대학 교수 등

종교학과

여러 종교를 연구하고 종교적 이해를 도모하여 일류사회에 이바지할 수 있는 방법을 찾는 학문으로, 상호간 이해 부족으로 인해 발생하는 세계 각국의 크고 작은 종교적 충돌에 대한 문제점을 찾아 해결하는 중요한 역할을 하고 있다.

신학, 종교학, 종교 실천분야를 골고루 접할 수 있으며, 다양한 종교이론과 실천으로 구성된 교육과정을 통해 평화로운 세계를 만들어갈 성숙한 종교 전문가를 양성하고자 한다.

 개설 대학

서울대학교 등

 관련 학과

대순종학과 성서학과 원불교학과

종교문화학과 종교학과

크리스천커뮤니케이션전공

졸업 후 진출 분야 및 직업

📝 진출 분야

종교 관련 출판 및 언론사, 종교 관련 단체, 종교 관련 학계 및 연구기관, 중앙정부 및 지방자치단체 등 종교 관련 공공기관 등

📝 진출 직업

성직자, 언론인(기자, PD, 아나운서 등), 인문과학연구원, 인문 교수, 작가, 중등학교 교사, 출판물기획전문가 등

고등학교 권장 선택과목 로드맵

교과 영역	선택과목	
	일반선택	진로선택
기초		실용 국어, 심화 국어, 고전 읽기
탐구	세계지리, 세계사, 동아시아사, 윤리와 사상	여행지리, 사회문제 탐구, 고전과 윤리, 과학사
체육·예술		
생활·교양	제2외국어Ⅰ, 한문Ⅰ, 철학, 종교학, 심리학, 교육학	제2외국어Ⅱ, 한문Ⅱ

철학과

성숙한 인격 함양과 깊이 있는 철학적 이론지식 습득을 통해 자아와 인간, 그리고 사회와 자연에 대한 보다 깊이 있는 성찰을 바탕으로 철학적 사유능력과 현장의 문제해결능력을 길러 인생을 보람 있게 설계하려는 창조적인 젊은이들을 위한 학문분야이다.

성숙한 인품과 정확한 판단능력으로 넓고 깊게 소통할 줄 아는 인격자, 각종 철학사적 이론을 비판적으로 성찰할 줄 아는 전문가 그리고 다양한 문화 이해 및 외국어 능력을 기반으로 국제적 활동을 하는 글로벌 인재 양성을 교육목표로 두고 있다.

📖 개설 대학

가톨릭대학교, 강릉원주대학교, 건국대학교, 경북대학교, 경상대학교, 경희대학교, 고려대학교, 단국대학교, 동국대학교, 부산대학교, 서울대학교, 서울시립대학교, 성균관대학교, 순천대학교, 숭실대학교, 연세대학교, 영남대학교, 울산대학교, 원광대학교, 이화여자대학교, 인하대학교, 전남대학교, 전북대학교, 조선대학교, 중앙대학교, 충남대학교, 충북대학교, 한국외국어대학교, 한양대학교 등

📋 관련 학과

철학-동아시아문화학전공   동양철학과
문화철학전공   역사철학부(철학전공)
철학윤리문화학부   철학윤리학과

졸업 후 진출 분야 및 직업

✏️ 진출 분야

언론사, 금융사, 문화콘텐츠 기획 및 경영 회사, 철학 관련 연구소, 중앙정부 및 지방자치단체, 경제·인문사회연구회, 한국노동연구원 등 인문·사회과학 관련 공공기관 등

✏️ 진출 직업

언론인(기자, PD 등), 윤리교사, 인문과학연구원, 작가, 출판물기획전문가, 평론가, 독서 및 논술지도자, 교육콘텐츠제작자, 인성개발사, 개인 및 인생철학 카운슬링, 커뮤니케이션 컨설턴트, 저널리스트 등

🗂️ 고등학교 권장 선택과목 로드맵

교과 영역	선택과목	
	일반선택	진로선택
기초		실용 국어, 심화 국어, 고전 읽기
탐구	세계지리, 세계사, 동아시아사, 사회·문화, 윤리와 사상	사회문제 탐구, 고전과 윤리, 과학사
체육·예술	연극	
생활·교양	제2외국어Ⅰ, 한문Ⅰ, 철학, 논리학, 종교학, 심리학, 논술	제2외국어Ⅱ, 한문Ⅱ, 창의경영

철학생명의료윤리학과

철학에 대한 심도 있는 연구를 바탕으로 다른 모든 분야 즉 과학의 철학, 법의 철학, 예술의 철학, 영화의 철학, 심리의 철학 등으로 접목할 수 있는 학과이다. 최근 들어 생명과학과 의료기술의 급격한 발전으로 인하여 생명의료윤리학의 중요성과 생명의료윤리 전문가에 대한 사회적 수요는 더욱 증가하고 있다.

철학·윤리적 기초 교육, 생명의료윤리 이론 및 전문 실무 교육, 생명과학 및 의학 기초 지식 교육을 통해 생명과학기술시대에 필요한 생명의료윤리 전문 인력 양성을 교육 목적으로 삼고 있다.

 개설 대학

동아대학교 등

 관련 학과

철학과 철학전공 역사철학부

졸업 후 진출 분야 및 직업

✏ 진출 분야

언론사, 금융사, 문화콘텐츠 기획 및 경영 회사, 철학 관련 연구소, 중앙정부 및 지방자치단체/경제·인문사회연구회/한국노동연구원 등 인문·사회과학 관련 공공기관, 민족문화연구원 등

✏ 진출 직업

언론인(기자, PD, 아나운서 등), 윤리교사, 인문과학연구원, 작가, 출판물기획전문가, 평론가, 노무사, 라이프코치, 철학연구원, 문화재보존원, 사회복지사, 분쟁조정사 등

고등학교 권장 선택과목 로드맵

교과 영역	선택과목	
	일반선택	진로선택
기초		실용 국어, 심화 국어
탐구	세계지리, 세계사, 생명과학 Ⅰ, 사회·문화, 윤리와 사상	여행지리, 사회문제 탐구, 고전과 윤리, 생명과학 Ⅱ, 과학사
체육·예술		
생활·교양	한문 Ⅰ, 철학, 논리학, 종교학, 심리학, 논술	한문 Ⅱ, 창의경영

MEMO

학생부 바이블
인문계열

부록

인문계열 진출 분야 공공기관

수록내용

국립국어원 https://www.korean.go.kr

국립국어원은 국어를 발전시키는 어문 정책을 수립·시행하고, 국민의 바른 언어생활을 선도하는 다양한 연구 사업을 수행하고자 설립된 문화체육관광부 소속기관이다.

 설립목적

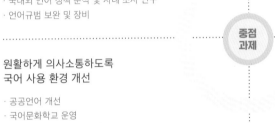

합리적인 국어 정책 추진에 필요한 체계적 조사, 연구

· 언어 실태 및 통계 조사 수행
· 국내외 언어 정책 분석 및 사례 조사 연구
· 언어규범 보완 및 장비

국가 언어 자원의 수집 및 통합정보 서비스 강화

· 국가적 규모의 언어 자원 수집, 정리, 관리
· 국가 언어 자원 통합 정보 서비스 강화

중점 과제

원활하게 의사소통하도록 국어 사용 환경 개선

· 공공언어 개선
· 국어문화학교 운영
· 국어생활종합상담실 운영

한국어교육의 질을 높이는 기반 조성

· 한국어 표준 모형을 비롯해 기초 자료 구축
· 한국어 교원 자질 향상, 지원 강화
· 한국어 교육 자료 개발, 보급

조직도

국립국어원 원장 ─ 기획연수부 ─ 기획운영과 / 공공언어과 / 교육연수과

어문연구실 ─ 어문연구과 / 언어정보과 / 한국어진흥과 / 특수언어 진흥과

 위치 서울시 강서구 금낭화로 154(방화동 827번지)

국립국제교육원 http://www.niied.go.kr

국립국제교육원은 글로벌 시대에 부합하는 대한민국의 인재개발과 인재육성을 목표로 하는 교육부 소속 책임운영기관으로서 대한민국의 교육국제화를 위해 일하는 기관이다.

 **주요사업 (기능)**

외국인 유학생 유치·초청·관리

GKS 운영
Global Korea Scholarship

한국어능력시험 운영
TOPIK,Test of Proficiency in Korean

교육개발 협력 및 국제교육교류

재외동포 교육 지원

외국어 교육 지원

조직도

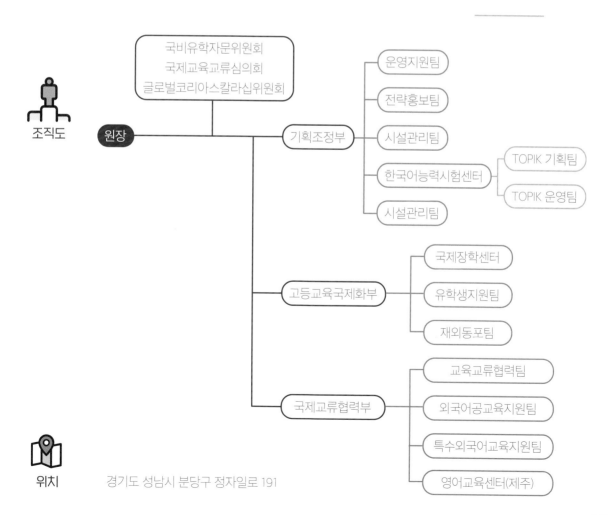

국비유학자문위원회
국제교육교류심의회
글로벌코리아스칼라십위원회

원장

기획조정부
- 운영지원팀
- 전략홍보팀
- 시설관리팀
- 한국어능력시험센터
  - TOPIK 기획팀
  - TOPIK 운영팀
- 시설관리팀

고등교육국제화부
- 국제장학센터
- 유학생지원팀
- 재외동포팀

국제교류협력부
- 교육교류협력팀
- 외국어공교육지원팀
- 특수외국어교육지원팀
- 영어교육센터(제주)

위치

경기도 성남시 분당구 정자일로 191

국립중앙박물관

https://www.museum.go.kr

국립중앙박물관은 한국과 세계의 문화유산을 체계적으로 보전·연구·전시·교육하여 국민의 창조적 문화창출과 행복추구에 기여하는 종합문화기관이다.

비전

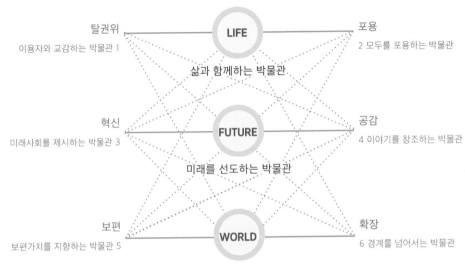

탈권위
이용자와 교감하는 박물관 1

포용
2 모두를 포용하는 박물관

LIFE
삶과 함께하는 박물관

혁신
미래사회를 제시하는 박물관 3

공감
4 이야기를 창조하는 박물관

FUTURE
미래를 선도하는 박물관

보편
보편가치를 지향하는 박물관 5

확장
6 경계를 넘어서는 박물관

WORLD
세계로 나아가는 박물관

조직도

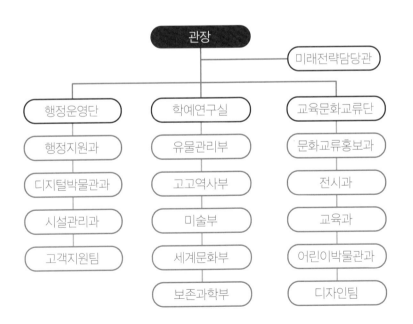

관장

미래전략담당관

행정운영단 | 학예연구실 | 교육문화교류단
행정지원과 | 유물관리부 | 문화교류홍보과
디지털박물관과 | 고고역사부 | 전시과
시설관리과 | 미술부 | 교육과
고객지원팀 | 세계문화부 | 어린이박물관과
 | 보존과학부 | 디자인팀

위치

서울시 용산구 서빙고로 137(용산동6가 168-6)

경제인문사회연구회

https://www.nrc.re.kr

경제인문사회연구회는 정부출연연구기관을 지원·육성하고 체계적으로 관리함으로써 국가의 연구사업 정책 지원 및 지식산업발전에 이바지하는 기관이다.

실천과제

3대 혁신

연구 기획 혁신	연구 생태계 혁신	연구회 내부 혁신
1-1 발전국가 패러다임 전환을 위한 새로운 국가비전 정립·체계화	**2-1** 전주기적 연구성과 관리체계 확립(TRM)	**3-1** 발전국가 패러다임 전환을 위한 새로운 국가비전 정립·체계화
1-2 3대국가역량 (인간,시간,공간역량) 강화를 위한 정책 연구 기획·지원	**2-2** 연구몰입을 위한 매트릭스 조직운영 및 연구환경 개선	**3-2** 에자일(Agile) 조직전환을 위한 선도적 교육 프로그램 운영
1-3 코로나19시대 새로운 국가전략 수립을 위한 정책연구 기획·지원	**2-3** 연구성과 확산 다각화 및 정보인프라 기반 강화	**3-3** 포용적 조직문화 조성을 위한 다양한 소통체계 구축

조직도

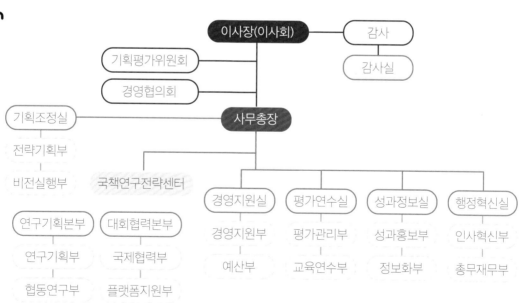

위치

세종특별자치시 시청대로 370(반곡동) 세종국책연구단지 연구지원동(A동)

한국국제교류재단

https://www.kf.or.kr

한국국제교류재단은 대한민국의 매력을 세계에 알리고, 상호우호적인 국제 민간 네트워크가 뿌리내릴 수 있도록 공공외교를 수행하고 지원하는 기관이다.

전략방향

17대 전략 과제

미래공공외교 선도 기반 구축	지한 네트워크 구축및 국제지지기반 확보	글로벌 한국학 보급확대	문화교류를 통한 우호적 한국인식 확산	사회적 가치 기반 지속 가능한 경영체계 확대
4차 산업혁명T기술 기반 공공외교 사업추진	인적교류 활성화를 통한 차세대 친한 인사 육성	맞춤형 한국학 지원 강화	빅데이터 기반의 문화예술 사업 지능화 추진	소외계층 공공외교 참여 기회 확대
미래혁신 공공외교 기반 조성	외교정책 연계 국가별 맞춤형 정책 공공외교 확대	한국전문가 지원 전략 다변화	창의적 아젠다 발굴 및 확산을 통한 한국위상제고	지식 기반 일자리 창출 및 경제 활성화 기여
공공외교 자체역량 제고	공공외교 외연 확대를 위한 지한 네트워크 강화	한국학 온라인 플랫폼 강화	국민 참여형 공공외교 고도화	윤리·인권경영 체계 정립
			지식 기반 한국 컨텐츠 보급 확산	투명하고 공정한 인사 시스템 운영

조직도

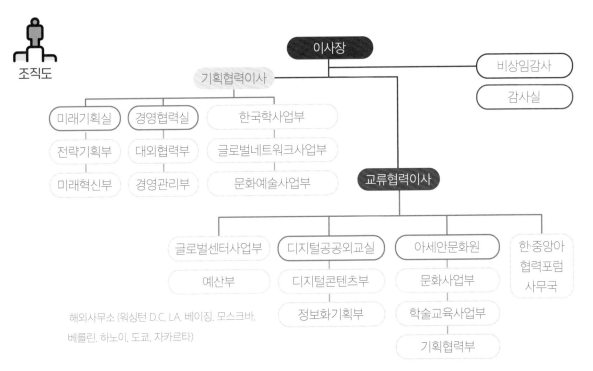

해외사무소 (워싱턴 D.C, LA, 베이징, 모스크바,
베를린, 하노이, 도쿄, 자카르타)

위치   제주특별자치도 서귀포시 신중로 55

한국문학번역원

https://www.ltikorea.or.kr

한국문학번역원은 한국의 문학과 문화를 해외에 전파하여 세계문화의 형성에 기여하고자 하는 한국 정부의 뜻을 실천하는 기관이다.

전략방향

한국문학 해외보급 확대
· 해외시장 맞춤형 지원 강화
· 한국 문학 번역출판 지원 다변화

문학번역 전문교육 수준 제고
· 번역 아카데미 교육 역량 강화
· 해외 신진 번역 인력 양성 확대

세계 속 한국문학 향유층 확대
· 쌍방향 국제교류 행사 확대
· 한국문학 정보 접근성 향상

지속 가능한 경영체계 구축
· 조직 및 업무 효율화
· 인권 윤리 경영
· 고객 중심 경영

조직도

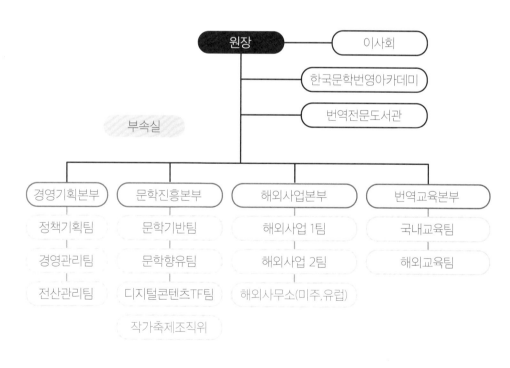

위치

서울특별시 강남구 영동대로 112길 32(삼성동)

한국저작권보호원 (https://www.kcopa.or.kr/)

한국저작권보호원은 저작권 보호를 위한 시책 수립지원 및 집행, 저작권 보호 관련 사항 심의 등 저작권 보호에 필요한 사업을 수행하여 문화 및 관련 사업의 향상발전에 이바지하는 것을 목적으로 설립된 기관이다.

방향

온라인 저작권 보호망 구축	저작권 보호 현장 대응력 제고	취약분야 저작권 보호 밀착환경 조성	글로벌 저작권 보호기반 강화	조직 혁신과 사회적가치 실현
저작권 침해유형별 대응 다각화	포렌식 활용 수사 지원 확대	맞춤형 저작권 침해 예방 서비스 강화	해외 진출기업 지원 확대	조직 효율성 제고 및 좋은 일자리 창출
기술 기반 실효적 보호체계 구축	저작물 유통현장 점검·관리 강화	환경변화를 반영한 조사·연구 강화	해외사이트 침해 대응 고도화	사회적 책임과 윤리·인권 경영 정착

조직도

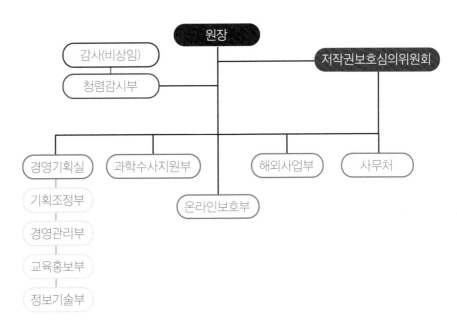

위치

서울특별시 마포구 월드컵북로 400(상암동 1602)

한국출판문화산업진흥원 https://www.kpipa.or.kr

한국출판문화산업진흥원은 책을 통해 국민의 삶의 질이 향상될 수 있도록 출판콘텐츠 지원, 출판유통구조 개선, 독서문화 활성화, 지역출판문화 확대 등 다양한 사업을 지원하며 현장과 독자 중심의 출판산업 전담기관이다.

 설립목적

한국 출판산업 육성으로 국가 혁신성장 선도
현장과 독자 중심의 출판산업 전담기관

전문성　지속가능성　공공성

출판문화산업의 진흥·발전을 효율적으로 지원·육성
출판문화산업을 종합적·체계적 진흥
국가 지식 경쟁력 강화에 기여

 조직도

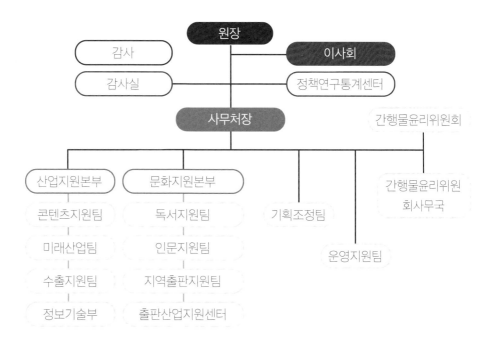

 위치

전라북도 전주시 덕진구 중동로 63

MEMO

01

직업 바이블

직업 탐색이 필요할 땐, 이 책이 답!

10% sale
44,100원/권당

국내 최대 직업 정보 수록! 진로 탐색을 위한 최고의 바이블
총 205개의 대표 직업과 약 1,000개의 관련 직업 소개
직업별 로드맵(관련학과, 관련교과, 적성, 흥미, 미래전망) 소개

02

학과 바이블

학과 선택이 고민 될 땐, 이 책이 답!

10% sale
44,100원/권당

계열별 대표학과 및 관련학과까지 1,000여개 학과 수록
계약학과&특성화학과 정보까지 수록되어
더 강력해진 개정판

03

교과세특 플래너

교과세특 관리를 위한 **필수 플래너!** 강력추천!

20% sale
8,800원/권당

탐구활동 기록 가이드 역할
체계적인 탐구활동 관리

도서 시리즈 01

나만의 진로 가이드북 시리즈

총 6개 계열별
대표 20개 직업과 20개 학과를 연결한 진로 도서
● 인문 ● 사회 ● 자연 ● 공학 ● 의료보건 ● 예체능

10% sale
16,650원/권당

각 직업과 학과에 대한 심도 있는 이해 OK!
실질적인 직업 진출 계획을 위한 진로 가이드북

도서 시리즈 02

교과세특 탐구주제 바이블 시리즈

교과세특 탐구주제 완벽대비를 위한 필수활용서
● 인문 ● 사회 ● 자연 ● 공학 ● 의약 ● 예체능 ● 교육

10% sale
19,800원/권당

2015개정 교육과정
국/영/수/사/과 교과군 58개 과목 모두 수록
1권으로 3년 세특준비 해결! 4053개 탐구주제 수록!

도서 시리즈 03

'어떻게 되었을까?' 시리즈

현직 직업인의 생생한 스토리가 담긴 직업가이드북

10% sale
13,500원/권당

실무자의 생생한 직업 이야기
각 분야 전문가들의 다양한 커리어패스
경험담을 통해 진로 설계의 동기부여

50가지의 직업 시리즈 출간!

학교 맞춤제작 도서

고교학점제 바이블

더 자세한 고교학점제에 대한 정보가 필요할 때!

10% sale

단행본 – 9,900원/권당

고교학점제 A부터 Z까지 모두 담은 도서
고교학점제 정책에 대한 이해부터 대학 계열별
선택과목 안내까지! 한 번에 해결!

맞춤제작 – (권당) 11,000원

자세한 견적은 전화로 문의주세요 :)
Tel) 02-333-5966(내선 2번)

표지/내지 수정 가능!
학교별 교육과정 편제표 및 학업계획서 양식 추가(무료)
고교학점제 안내 책자 제작 시간과 비용 절감 효과

내지구성 미리보기

고교학점제 바이블 맞춤제작 특별 혜택

고교학점제 수업에 활용할 수 있는 총 4차시 강의안 PPT파일 무.료.제.공

선생님들을 위한 교육 교구몰   캠퍼스멘토 교구몰

도서/교구/활동지/워크북 등 다양한 교육 교구재를 한 번에 만날 수 있습니다.

[캠토몰 링크]   www.campusmentor.co.kr

나에게 필요한 모든 것이 있는 곳   MOYACOMPANY

일상 속 변화를 이끄는 교육콘텐츠 전문기업, 모야컴퍼니를 만나보세요.

[모야컴퍼니 홈페이지]   moyamall.com   [모야몰 링크]   smartstore.naver.com/moya_mall

※ 참고문헌

- 2021학년도 학교생활기록부 기재요령, 교육부(2021)
- 2015 개정교육과정 총론 해설, 교육부(2015)
- 4차 산업혁명을 대비한 청소년 진로교육의 방향, 이지연, 한국직업개발원(2016)
- 2020 고등교육기관 졸업자취업통계연보(한국교육개발원)
- 건국대학교 KU학생부종합전형 가이드북, 건국대학교(2021)
- 경희대학교 학생부전형 가이드북, 경희대학교(2021)
- 국민대학교 학생부전형 가이드북, 국민대학교(2021)
- 나는 학종으로 대학 간다, 대구교육청(2019)
- 대학 전공 선택 길라잡이, 전라남도교육청(2018)
- 동국대학교 학생부위주전형 가이드북, 동국대학교(2021)
- 서울과학기술대 학생부전형 가이드북, 서울과학기술대학교(2021)
- 서울대학교 학생부종합전형 안내, 서울대학교(2021)
- 서울시립대 학생부종합전형 가이드북, 서울시립대학교(2021)
- 인문계열 진출 직업, 한국고용정보원(2015)
- 인하대학교 학생부전형 가이드북, 인하대학교(2021)
- 중앙대학교 학생부전형 가이드북, 중앙대학교(2021)
- 학과 바이블, 캠퍼스멘토&모야, 한승배 외(2021)
- 학생부종합전형 학년별 학생부, 길위의 책, 어준규 외(2020)
- 학생부종합전형의 학생부 평가 방안 연구, 건국대, 중앙대, 한양대 공동연구(2020)
- 한양대학교 학생부종합전형 가이드북, 한양대학교(2021)
- 2022학년도 학교생활기록부 개재요령(교육부)

※ 참고사이트

- 국립국어원 (https://www.korean.go.kr)
- 국립국제교육원(http://www.niied.go.kr)
- 국립중앙박물관 (https://www.museum.go.kr)
- 경제인문사회연구회 (https://www.nrc.re.kr)
- 대입정보포털 어디가(http://www.adiga.kr)
- 워크넷(https://www.work.go.kr)
- 전국 각 대학 홈페이지
- 커리어넷(https://www.career.go.kr)
- 한국국제교류재단(https://www.kf.or.kr)
- 한국문학번역원(https://www.ltikorea.or.kr)
- 한국저작권보호원(https://www.kcopa.or.kr/)
- 한국출판문화산업진흥원(https://www.kpipa.or.kr)

학생부 바이블 인문계열

1판 1쇄 찍음   2021년 10월 28일
1판 3쇄 펴냄   2023년 8월 18일

출판   (주)캠퍼스멘토
제작   (주)모야컴퍼니
저자   이남순, 김준희, 강서희, 근장현, 전소영, 이남설, 이명주

총괄기획   박선경 (sk@moyacompany.com)
책임편집   (주)모야컴퍼니
연구기획   김예솔, 민하늘, 최미화, 양채림
디자인   (주)모야컴퍼니
경영지원   지재우, 윤영재, 임철규, 최영혜, 이석기
마케팅   이동준, 신숙진, 김지수, 김연정, 박제형, 강덕우, 박지원
발행인   안광배, 김동욱

주소   서울시 서초구 강남대로 557(잠원동, 성한빌딩) 9F
출판등록   제 2012-000207
구입문의   (02) 333-5966
팩스   (02) 3785-0901
홈페이지   www.campusmentor.co.kr (교구몰)
             smartstore.naver.com/moya_mall (모야몰)

ISBN   ISBN 978-89-97826-84-1(44080)